어느 시인의 죽음

어느 시인의 죽음

보리스 파스테르나크
안정효 옮김

Okhrannaya gramota(Safe Conduct), Detstvo Lyuvers(The Childhood of Luvers), Vozdushnye puti(Aerial Ways)

by Boris Pasternak

역자 **안정효**(安正孝) 1941년 서울에서 태어나서 서강대학교 영문학과를 졸업했다. 1975년 번역활동을 시작하여 현재까지 150여 권을 출간했다. 1982년 제1회 한국번역문학상과 1992년 김유정 문학상을 수상했으며, 1999년부터 2002년까지 이화여자대학교 통번역대학원 초빙교수로 재직했다. 저서로는 「하얀 전쟁」, 「은마는 오지 않는다」, 「할리우드 키드의 생애」, 「태풍의 소리」, 「미늘」, 「낭만파 남편의 편지」, 「착각」, 「학포 장터의 두 거지」, 「동생의 연구」, 「한 마리의 소시민」, 「하늘에서의 명상」, 「안정효의 영어 길들이기」, 「가짜 영어사전」, 「번역의 공격과 수비」 그리고 창작론 「글쓰기 만보」 등이 있다.

© 1992 까치글방

어느 시인의 죽음

저자 / 보리스 파스테르나크
역자 / 안정효
발행처 / 까치글방
발행인 / 박후영
주소 / 서울시 용산구 서빙고로 67, 파크타워 103동 1003호
전화 / 02 · 735 · 8998, 736 · 7768
팩시밀리 / 02 · 723 · 4591
홈페이지 / www.kachibooks.co.kr
전자우편 / kachibooks@gmail.com
등록번호 / 1-528
등록일 / 1977. 8. 5
초판 1쇄 발행일 / 1977. 11. 10
3판 1쇄 발행일 / 2011. 5. 25
　　6쇄 발행일 / 2025. 5. 27

값 / 뒤표지에 쓰여 있음

ISBN 978-89-7291-504-1 03890

차례

자전적 에세이

어느 시인의 죽음 _ 9

보리스 파스테르나크의 단편소설들

제니아 류베르스의 소녀 시절 _ 151
―길고 긴 나날

제니아 류베르스의 소녀 시절 _ 182
―낯선 사람

하늘의 길 _ 235

툴라에서 온 편지 _ 252

해설 _ 265

자전적 에세이
어느 시인의 죽음

제1부

1 1900년 어느 무더운 여름날 아침, 급행열차가 쿠르스크 역을 떠나려고 하는 참이었다. 기차가 막 출발하려는 순간에 검은색 티롤 케이프를 걸친 남자가 차창에 모습을 나타냈는데 — 그는 키가 큰 어떤 여자와 함께였다. 여자는 그의 누이나 어머니처럼 보였다. 두 사람과 나의 아버지는 그들 모두에게 익숙한 무슨 이야기를 열심히 다정하게 주고받았지만, 여자는 가끔씩이라도 러시아어로 어머니와 대화를 주고받았던 반면에, 남자는 독일어만 했다. 나는 독일어를 꽤 잘 알았지만, 이 남자의 독일어는 어딘가 좀 별나서, 처음 듣는 외국어 같았다. 그래서 대화에 끼어들지 못했던 나는 사람들이 붐비는 승강단의 두 종탑 사이에 서서 지켜보기만 했고, 그 남자가 현실이라는 커다란 화폭 속의 한 조각 환상처럼, 우뚝 솟은 무슨 그림자처럼 느껴졌다.

여행을 하다가 툴라가 가까워질 무렵에, 그들 남녀가 다시 나타났는데, 이번에는 우리 객실로 찾아왔다. 그들은 기차가 코즐로프카-자세카에서 제대로 정차할지 잘 모르겠다고 했으며, 차장이 기관사더러 톨스토이 역에 기차를 대도록 미리 세대로 알려주거나 할지 궁금하다고 걱정했다. 다음에 이어진 이야기를 좀더 들어보니, 부인은 교향곡을 연주하러 모스크바로 간다고 했으니 소피아 안드레예브나로 가는 길이었겠고, 그들이 얼마 전 우리 집에 들른 적이 있었음을 나는 곧 알게 되었으며 — L. N.이라는 머리글자로만 통하는 어느 백작의 이름이 중요한 주제로 끊임없이 대화에 떠올랐지만, 그들의 대화만 들어서는 L. N. 백작이 우리 집안과는 별로 깊은 관계가 없는 인물이라고 여겨졌는데도, 그들은 지칠 줄 모르고 언급을 계속했고, 그래도 나는 그 사람의 인간적인 성품 따위에 대해서는 전혀 짐작이 가지를 않았다. 그때 나는 무척 어린 나이였다. 그래서 그때 내가 보았던 인물의 백발 머리는, 훗날 내가 아버지나 레핀(일리야 예피모비치 레핀 : 1844-1930, 러시아의 화가/역주)이나 다른 사람들이 그린 그림을 볼 때마다 기억이 되살아나기는 했지만, 그 백발에 대한 내 기억은 내가, 아마도 나중에, 훨씬 자주 만났던 다른 노인 니콜라이 니콜라예비치 가이의 백발과 내 어릴 적 기억 속에서 자주 헷갈리고는 했다.

그러고 나서 두 사람은 작별인사를 한 다음에 그들의 객실로 돌아갔다. 잠시 후에 갑자기 기차가 멈추면서, 밖에서 미끄러져 달아나던 철로변의 둑이 멈춰 섰다. 멀리 자작나무들이 눈에 띄었다. 철로 위에 길게 늘어선 기차 칸들을 연결하는 완충 장치가 서로 부딪히며 앞뒤에서 삐걱대거나 덜컥거렸다. 날카로운 소리를 내며 회오리치는 모래 바람으로부터 해방된 하늘에는 구름이 겹겹으로 쌓여 올라갔다. 기차에서 방금 내린 승객들을 마중하려고 빈 마차 한 대가 숲을 돌아서 루스카야 춤이라도 추듯 뛰면서 경쾌하게 달려 나왔다. 철로변의 적막함이 우리와는 아무런 관계가 없기는 했지만, 황량함은 총성처럼 잠시 내 마음을 어지럽혔다. 여기는 우리가 내릴 곳이 아니었다. 두 사람은 우리에게 손수건을 흔들어 작별을 고했다. 우리도 손을 마주 흔들어주었다. 우리는 소매가 긴 붉은 옷을 입은 마부가 그들이 마차에 타도록 부축하고, 부인에게 무릎덮개를 주고, 허리띠를 고쳐 매려고 허리를 편 다음에 길게 늘어진 외투자락을 가다듬는 모습을 보았다. 그는 곧 출발할 준비를 했다. 그러는 사이에 우리가 탄 기차는 구부러진 산모롱이에 이르렀고, 간이역을 하나 지나갔고, 다 읽고 넘기는 책장처럼 천천히 옆으로 돌더니, 시야에서 사라졌다. 그날의 사건과 얼굴을 나는 곧 잊었고, 영원히 잊은 듯싶었다.

2 3년이 흘러갔고, 집밖에는 겨울이 왔다. 모피 외투를 걸친 사람들 위로 석양이 깃든 풍경 속에서, 길거리는 적어도 3분의 1은 축지(縮地)된 듯싶었다. 등불을 밝힌 육면체 마차들이 조용히 갈 길을 서둘렀다. 변함없이 이어지는 어떤 흐름이 멈춘 일은 전에도 여러 번 있었다. 전통은 더 막강한 인물이 등장하면 — 그가 일으키는 파도에 휩쓸려 멀리 사라진다.

그 전에 무슨 일이 일어났었는지는 일일이 설명하지 않겠다. 이른바 구밀료프가 말한 영감(靈感)이라고나 할까, 신비한 감정에 휩싸였던 열 살의 나에게 자연이 펼쳐낸 계시에 대해서도 말하지 않겠다. 다섯 개의 꽃잎을 펼치는 식물의 집요함에 감동하여 식물학에 첫 정열을 바쳤던 사연도 말하지 않겠다. 리네우스(1707-1778, 스웨덴의 식물학자/역주)의 분류법에 따라 도감에서 찾아낸 이름들이, 망각의 세계에서 깨어나 갑자기 명성을 휘날리기 시작하듯, 향기를 가득 내뿜으며 평화스러움을 어떻게 꽃의 눈에 전해주었는지에 대해서도.

1901년 봄에 다호메이(아프리카 서부에 있는 공화국인 베냉의 옛 이름/역주) 원주민 여자들이 동물원에서 공연했던 일에 대해서도. 여자에 대한 첫 감각이 어떻게 나체 악단에 대한 감각, 비참할 정도로 질서정연하게 줄을 맞춰, 그리고 북소리에 맞춰 추었던 열대지방의 춤에 대한 감각과 결부되었는지에 대해서도. 그리고 그 여자들에게서 너무 일찍 노예의 형태를 보아버렸기 때문에 남들보다 먼저 내가 어떻게 형식의 노예가 되었는지도. 1939년 여름 스크랴빈(알렉산드르 니콜라예비치 스크랴빈 : 1872-1915, 러시아의 작곡가/역주) 일가가 우리 옆집에 살았던 오벨렌스키에서, 개신교 교구 저편에 살던 친지들의 마을이 거의 물에 잠겼던 일도. 한 여자의 생명을 건지려고 달려간 학생이 떨어져 죽은 다음에, 여자도 투신자살을 하려고 몇 차례나 절벽으로 갔다가 끝내 미쳐버리고 만 일도. 내 다리가 부러져 앞으로 두 차례의 전쟁에 나가지 않아도 좋게 된 어느 날 저녁, 깁스를 한 채로 꼼짝 않고 누워 오한으로 떨고 있을 때, 강 건너 마을 친구들의 집에 화재가 났다고 미친 듯이 울려대던 종소리도. 하늘 높이 솟아오르는 연처럼 뾰족하고 날카로운 불꽃이 솟구치다가, 갑자기 격자 틀과 굴뚝이 비틀려 떨어져 나와서는, 여러 켜를 이룬 검붉은 연기 속으로 곤두박이를 치며 처박히던 광경도. 그날 밤 말로야로슬라베츠에서 의사와 함께 말을 달려 돌아오던 길에, 3킬로미터 밖 숲길 위로 구름처럼 피어오르던 불꽃을 보고 파랗게 질린 아버지가, 소중한 그의 아내가 세 아이와 함께 불길에 휩싸여서는, 45킬로그램이나 나가는 깁스를 들어 옮기려고 하다가 잘못하여 내가 평생 다리병신이라도 될까봐 쩔쩔매는 모습을 상상하며 걱정에 가슴을 졸였던 일도.

  그런 이야기는 내가 여기에서 서술하지 않더라도, 독자가 대신 해주리라고 믿는다. 독자란 우화나 괴담을 좋아하고, 역사를 끝없이 계속되는 어떤 옛날이야기라고 생각한다. 어떤 이야기의 결론이 합리적인지 따위는 독자가 따지려고 하지 않는 듯싶다. 그는 자신의 삶에서 여태껏 가본 적이 없는 곳들을 가장 동경한다. 독자는 머리말과 서론에만 빠져들기가 쉽지만, 그러나 나에게는 그들이 결론을 지으려고 하는 부분이 되어서야 인생이 펼쳐진다. 역사에서의 내면적인 요소들이 내 머릿속에 삶과 죽음의 영상으로 남았음은 말할 나위도 없고, 인생에서도 역시, 마련된 요리를 다 먹고 났을 때에야 한껏 앞에 펼쳐진 자유의 포만감이 느껴지듯이, 나는 이것저것 준비를 하느라 지루한 기다림이 끝난 다음에야 충만한 삶을 누렸다.

그리하여 문밖은 겨울이었으며, 석양이 물든 거리는 적어도 3분의 1쯤이 축소된 듯싶었고, 시간은 하루 종일 서둘렀다. 눈발이 소용돌이치며 흩날리는 사이로 가로등 불빛도 자기들끼리 소용돌이를 일으키며 달려갔다. 학교에서 돌아오는 길에 음악회 광고지에 나온 스크랴빈의 이름이 눈보라와 함께 날아와서 내 잔등에 내려앉았다. 나는 책가방에 얹힌 그 이름을 메고 집으로 돌아왔으며, 가방에서는 창턱으로 물이 뚝뚝 떨어졌다. 그를 향한 동경심은 열병처럼 광적으로, 그리고 잔인하게 나를 휘감았다. 그를 보기만 하면 나는 얼굴이 창백해졌고 그런 다음에는 곧 부끄러워져서 얼굴을 붉히고는 했다. 그가 어쩌다 나에게 말을 걸어오면 나는 정신이 나가서, 두서없이 엉뚱한 대답을 지껄여 남들의 웃음거리가 되었으며, 나는 그의 이야기를 하나도 알아듣지 못하고 말기가 일쑤였다. 나는 그가 나의 심리 상태를 잘 알면서도, 나를 그런 난처한 입장에서 조금이라도 도와주려고 하지 않음을 알았다. 그는 나를 동정하지 않았고, 이것이야말로 내가 목말라하던 난해하고도 근본적인 바로 그런 감정이었다. 오직 이 감정만이, 불타오르면 불타오를수록 그만큼 더, 내가 이해하지 못하던 그의 음악에서 느끼던 소외감으로부터 나를 보호해주었다.

이탈리아로 떠나기 전에 그는 작별인사를 하려고 우리 집을 찾아왔다. 그는 말로 형언할 수 없는 그런 연주를 했고, 우리와 함께 저녁식사를 했고, 철학을 주제로 꺼냈으며, 꾸밈없는 농담까지 했다. 그러나 나는 그가 속으로는 지루해한다는 느낌이 자주 들었다. 그들은 잘 있으라느니 잘 가라느니 하는 말을 주고받았다. 잘 지내라는 말도 다시 주고받았다. 그들이 주고받은 따스한 인사말 가운데 피가 맺히는 듯한 나의 말도 끼어들었다. 이런 모든 말은 걸음을 옮기면서 주고받

앉고, 방문을 나설 때 소란하던 그들의 말소리는 천천히 현관을 향해 내려갔다. 그곳에서 같은 말이 다시 오갔으며, 격렬한 감정 때문이었는지 아니면 목을 꼭 조이는 옷깃 때문이었는지 몰라도 모두들 목이 메는 듯했다. 문이 쾅 닫히고, 열쇠를 돌리는 소리가 두 번 들렸다. 기러기발 악보 받침대의 조명을 받으며 연주하던 스크랴빈의 손길이 그대로 뛰노는 듯한 피아노 앞에서 걸음을 멈춘 어머니는, 의자에 앉아서 그가 남겨두고 간 연습곡을 훑어보았고, 서곡의 첫 16소절이 화음을 이루어 울려퍼지자, 나는 갑자기, 놀랍게도 마치 기다리기라도 했다는 듯, 어떤 대가를 받고 싶어서가 아니라 무조건, 굴러 떨어지듯 층계를 마구 뛰어 내려가서, 외투와 모자조차 걸치지 않고, 어두컴컴한 미아스니츠카야 거리로 달려 나가서, 스크랴빈을 다시 데려오려고, 그저 다시 한 번 그를 보고 싶어서, 막 뛰어가기 시작했다.

이러한 감정은 누구나 경험했을 것이다. 누구에게나 전설이 찾아와서, 우리 모두에게 어떤 한 얼굴을 만나게 해주겠다는 기약을 하고, 그 약속은 어떠한 형태로든지 꼭 지킨다. 우리는 누군가를 사랑했던 정도에 따라서, 그리고 사랑할 기회를 맞았던 상황에 따라서, 모두가 저마다의 인간이 된다. 인간이 자아를 발견하게 되는 매개체의 별명 뒤에 숨어서, 전통은 그것을 둘러싸고 이루어진 중복된 영상을 보고 결코 만족하지 못하여, 가장 결정적인 예외라고 생각하는 누구인가를 우리에게 보내고는 했었다. 그런데 왜 거의 모든 사람이, 이해하기도 어렵고 참을 수도 없는 막연한 일반성에 가려 눈에 띄지 않은 채로 그냥 지나쳐버릴까? 그들 대부분은, 어린 시절에게서 전통이 요구하는 갖가지 희생에 대한 두려움 때문에, 어떤 뚜렷한 얼굴보다는 차라리 얼굴이 없는 모습을 선택하고는 했다. 온갖 정성을 다 하여, 무조건 헌신적으로 사랑한다는 것은, 우리가 어린 시절에 마땅히 지녀야 할 마음가짐이다.

3

물론 나는 스크랴빈을 쫓아갔으나 잡지는 못했으며, 그럴 생각은 아예 하지도 않았던 듯싶다. 그가 6년 뒤 해외에서 돌아온 다음에 우리는 다시 만났다. 그때 나는 사춘기였다. 사춘기라는 시기가 한 사람의 생애에서 얼마나 무한한 때인지는 누구나 잘 안다. 사춘기가 지나서 몇십 년을 더 살아도, 사람들은 연료 공급을 받으러 격납고로 계속해서 되돌아가는 연습용 비행기처럼, 그때의 개별적인 추억 또는 수많은 추억을 한꺼번에 찾아보려고, 밤낮을 가리지 않고 되돌아가고는 한다. 다시 말하면, 이 시절은 나머지 삶을 모두 다 해도 따라가지 못할 만큼 소중한 때이며, 그래서 그 시절을 두 번이나 살았던 파우스트는, 수학으로는 풀이가 되지 못하는 삶을, 상상조차 할 수가 없는 삶을 살았던 셈이다.

스크랴빈이 도착했고 「황홀」의 연습이 곧 시작되었다. 꼼꼼하게 포장한 비누 상자의 냄새를 풍기는 그 제목을 더 잘 어울리는 다른 제목으로 바꿨으면 하는 생각이 나에게 얼마나 간절했던가! 연습은 아침마다 이루어졌다. 연습을 하러 가려면, 미지근하고 시큼한 맥주에 담근 차가운 빵처럼 얼음이 녹아내리는 푸르카소프스키와 쿠즈네츠키 거리를 지나가야 했다. 잠들어버린 듯한 길거리를 따라 종탑마다 종의 불알이 안개 속에서 혓바닥처럼 축 늘어졌다. 종들은 저마다 한 번씩만 뎅그렁 울렸다. 울리지 않는 다른 종들은 마치 단식을 하는 쇠붙이들처럼 한껏 참아가면서 함께 다정히 침묵을 지켰다. 니키츠카야 거리에서 가제트노이로 가까워지자 사거리에서 들려오는 소란한 갖가지 소음이 뒤섞여 시끄러웠다. 눈썰매의 날이 요란한 소리를 내며 웅덩이로 달려들어갔으며, 걸음을 재촉하는 관현악단 단원들의 지팡이 끝에서는 부싯돌처럼 불꽃이 튀었다.

연주회장은 마치 아침 청소 시간의 꽃바난 같았다. 원형극장 안의 좌석들은 아직 텅 비어 있었다. 천천히 특별석의 자리가 찼다. 거역하지 못할 힘에 밀려서, 나무로 된 오르간의 앞면에서는 음악이 울려나왔다. 마치 점령당한 도시에서 줄지어 떠나는 피난민의 행렬처럼, 갑자기 사람들이 한꺼번에 나타나기 시작했다. 음악이 제멋대로 쏟아져 나왔다. 무수한 파편으로 깨어지며, 온갖 빛깔을 뿜으며, 음악은 빛살처럼 무대에서 쏟아져 내리더니 사방으로 흩어졌다. 소리의 섬광은 솟아올랐다가, 숨 가쁘게 서둘러 수그러져서 조화를 이루었고, 갑자기 생소한 융화의 극치에 달했다가는, 묵직한 소리의 소용돌이가 일어나는 절정에서 와해되더니, 서서히 생을 다하며 각광을 따라 무대 위에 깔렸다.

그것은 마스토돈(유사 이전에 살았던 거대한 코끼리/역주)이나 다른 상상의 동물에게 바그너가 소개하는 세상 최초의 인간 취락이었다. 허구적이지 않고 서정적인 거주지가 한 곳에 이루어졌는데, 물질적으로 그것은 마치 우주 전체를 완전히 갈아서 빚어낸 벽돌로 쌓아올린 부락과 같았다. 교향악의 울타리 위로는 반 고흐의 태양이 타올랐다. 창턱에는 쇼팽의 옛 작품들이 가득 쌓여서 기다렸다. 연주자들은 먼지로 뒤덮인 쇼팽의 작품에 코를 처박고 옛 소리를 되살리는 대신, 조상들의 손을 거친 온갖 편곡을 뒤져 최상의 증언을 재현시켰다.

나는 그 음악을 들으면 나도 모르게 눈물이 흘러내렸다. 소리가 아연판에 옮겨져 처음 악보로 찍혀 나오기 오래 전에, 이 음악은 이미 내 기억 속에 깊이 새겨졌다. 이것은 전혀 이상한 일이 아니었다. 이 음악을 지어낸 바로 그 손이, 6년 전에 나를 지금처럼 묵직하게 쓰다듬어주고는 했었다.

지난 오랜 세월이란, 성장의 의지 때문에 포기해야 했던, 생생한 각인의 연속이 아니고 무엇이겠는가? 그 교향악으로 인해서 내가 흠모하는 현대인을 만났다는 사실은 놀라운 일이 아니다. 음악에서 느껴지는 공감이 그것을 가까이하는 사람에게, 내 인생 설계에, 내 삶 전체에 반영되었다는 사실은 당연할 따름이다. 그리고 그 사실은 이런 형태로 나타난다.

나는 음악을 무엇보다도 좋아했고, 스크랴빈을 어느 음악인보다도 더 좋아했다. 나는 그를 알게 되기 얼마 전부터 음악의 걸음마를 시작했다. 그가 다시 돌아왔을 때, 나는 현재까지 살아서 건재한 어느 작곡가로부터 음악을 공부하던 중이었다. 이제 남은 공부라고는 관현악 편곡뿐이려니 했다. 남들은 여러 가지 말이 많았지만, 중요한 사실은 오직 한 가지, 모든 사람이 내 음악 공부를 반대했더라도 음악이 없는 내 인생은 상상조차 할 수가 없었다는 점이다.

그러나 나에게는 절대 음감이 없었다. 그것은 소리로 표현한 모든 음의 감각을 파악하는 재능을 뜻하는 말이다. 음악에 대한 전반적인 감각과는 실제로 아무 관계가 없는 한 가지 재능이 나에게는 부족했지만, 어머니가 완전히 갖추었다고 해서, 나도 그렇게 되겠거니 하는 막연한 기대도 하기가 어려운 처지였다. 만일 내 직업이 음악이었더라면, 음악과는 전혀 관계가 없는 사람처럼, 절대 음감에 대해서는 고민하지 않았을 터이며, 또한 나는 그 당시의 뛰어난 작곡가들조차 절대 음감을 가지지 못했고, 바그너나 차이코프스키조차도 그것을 완벽하게 구사하지는 못했음을 알고 있었다. 그러나 나에게 음악은 하나의 신앙과 같아서, 나의 내면에서 가장 미신적이고 자아를 부정하는 모든 힘이 한 덩어리로 뭉치는 정점에까지 이르렀고, 그로 인해서 저녁에 영감을 받아 의지력에 날개가 돋아날 때마다, 내가 지녔다는 결점을 스스로 다시 상기하고는, 날이 밝으면 서둘러 날개를 접고는 했다.

그럼에도 불구하고 나는 몇 곡의 진지한 작품을 만들었다. 나는 그 작품들을 나의 우상에게 보여주고 싶었다. 그래서 나는 온 힘을 기울여, 우리 두 집안의 우정에 입각해서 볼 때 아주 자연스러운 상황이라고 여겨질 만한 만남의 기회를 마련하려고 애썼다. 다른 때 같으면 무척 성가시게 느껴졌을 그 일이 그때 내 눈에는 일종의 성스러운 임무처럼 느껴지기까지 했다. 그리고 약속이 이루어진 날, 그때 스크랴빈이 당분간 거주하던 글라조프스키로 가는 길에, 나는 내가 작곡한 작품을 보여주게 된 기쁨보다는, 말로 표현하기 어려울 정도로 그동안 쌓이고 쌓인 흠모의 마음과, 너무나 뻔한 핑계로 만나자고 한 듯싶은 미안함에 사과를 하고 싶은 심정이었다. 무릎까지 물에 잠기며 스몰렌스키로 가는 말과 통행인, 털이 거칠게 자라서 땀을 흘리는 소들과 뒤섞여, 4호선 만원 전차가 아르바트 거리(많은 문인과 예술가를 배출한 모스크바의 지역으로, 이곳에는 지금도 스크랴빈의 집이 기념관으로 보존되어 있음/역주)의 목적지를 향해 나아가는 사이에, 이런 감정은 무섭고도 무자비하게 짓눌리고 뒤흔들렸다.

4 그때 나는, 우리의 얼굴 근육이 잘 훈련되어 있어서 퍽 다행이라고 고마워했다. 초조해서 숨도 제대로 쉬지 못하던 나는 바짝 마른 혀로 두서없이 말을 늘어놓았고, 대답에 궁해지면 잘못 말을 했다가 입장이 난처해질까 봐 두려워서 공연히 차만 자꾸 마셨다.

이마의 돌출부와 턱뼈를 덮은 피부가 어느새 당기기 시작했으며, 나는 눈썹을 찡긋거렸고, 공연히 머리를 끄덕이거나 선웃음을 치면서, 그러다가 서투른 표정 때문에 생겨난 콧등의 주름살을, 땀에 젖어 거미줄처럼 끈적이는 주름살을 만지작거리다가, 손으로 움켜쥔 내 손수건이 심하게 떨리고 있음을 알아채고는 자꾸만 손수건으로 이마에서 커다랗게 방울져 흐르는 땀을 연거푸 닦아내고는 했다. 나의 등 뒤에서는, 면사포로 묶은 다발처럼, 이른 봄의 따사로움이 연기처럼 마구간 집(뒷골목 길가에 지은 마구간을 뜻하는데, 말과 마차가 사라지고 전차가 등장하면서 대부분 주거용으로 개조했음/역주) 위로 피어올랐다. 내 앞에서는, 당황해서 어쩔 줄 모르던 나를 진정시킬 생각으로 스크랴빈 부부가 두 배나 많은 이야기를 자꾸 계속했고, 그러는 사이에 찻잔에서는 향기로운 냄새가 풍겼으며, 주전자에서는 소리를 내며 김이 뿜어져 나왔고, 그 수증기는 안개를 이루어 햇살을 타고 빙글빙글 돌며 천장으로 솟았다. 여송연 토막에서 피어오르던 연기는, 거북 잔등의 무늬처럼 모락모락 피어올라서, 재떨이로부터 창틈으로 들어온 햇살을 향해 힘겹게 솟다가, 햇살에 닿으면 형겊 조각처럼 빛을 타고 여유만만하게 옆으로 미끄러져갔다. 왜 그런 생각이 들었는지 이유는 모르겠지만, 아무튼 나는 보이지 않는 공기가 이렇게 맴을 돌고, 와플에서 김이 피어오르고, 설탕과 은박지가 연기처럼 타오르자, 견디기 어려울 만큼 초조감이 심해졌다. 나의 초조한 기분은 큰 방을 가로질러 건너가서 피아노 앞에 앉은 뒤에야 서서히 가라앉았다.

내가 작곡한 음악 가운데 첫 곡을 칠 때까지 나는 여전히 불안감을 떨쳐버리지 못했고, 둘째 곡을 칠 때는 거의 제정신을 차렸으며, 셋째 곡을 치는 동안에 나는 새로운 미지의 대상에 나 자신을 맡기고 몰두했다. 나는 어쩌다가 우연히 스크랴빈에게로 눈길이 갔다.

연주가 진행되는 동안 귀를 기울이면서, 처음에 그는 머리를 들었고, 그리고는 이맛살이 올라갔고, 나중에는 얼굴이 잔뜩 상기되어 몸을 일으키고는, 선율의 변조(變調)에 따라 반주를 하는 듯이 그의 미소가 미묘하게 변화를 일으켰고, 음률에 몸을 실은 듯이 나에게로 미끄러져 다가왔다. 그는 꽤 마음에 들어했다. 나는 서둘러 연주를 마쳤다. 당장 그는 나에게 격려의 말을 하기 시작했는데, 그는 내가 전하고 싶은 내용을 음악으로 표출하려고 할 때는, 훨씬 더 웅대한 어떤 가능성이 눈앞에 보이는 단계이므로 나의 음악적인 재질을 평가하는 일은 삼가야 되겠다고 말했다. 순식간에 기니기미린 너러 소절을 언급하면서, 그는 피아노 앞에 앉더니, 특히 그의 관심을 끌었던 부분을 그대로 연주했다. 화음이 몹시 복잡한 부분이었기 때문에, 나는 그가 겨우 한 번 듣고 그것을 되풀이해서 연주하지는 못하리라고 생각했었지만, 예상하지 못했던 놀라운 일이 다시금 벌어져서, 그는 조를 바꿔 그 소절을 반복했는데, 지난 몇 년간 나를 괴롭혔던 결함이 그의 손가락 끝에서는 마치 스크랴빈이 직접 작곡한 음악처럼 자연스럽게 뛰놀았다.

그리고 이번에도 다시 추측의 막연함보다는 사실의 명료함을 택하고 싶어서, 나는 떨리는 마음으로 이런 생각을 했다. 만일 그가 스스로 "보리야, 그래, 그런 재능은 나 자신조차도 갖추지 못했단다"라고 솔직하게 인정한다면, 그렇다면 아무 문제가 되지 않아서, 그때는 내가 음악에 억지로 끌려 다니지 않아도 되겠지만, 그러나 나에게는 음악이 운명이기도 했다. 만일 대화가 바그너와, 차이코프스키와, 피아노 조율사 따위로만 계속해서 쏠린다면— 하지만 나는 오랫동안 나를 괴롭혀 온 문제로 이미 접근하던 참이었고, 질문을 하다 말고 흐지부지 말꼬리를 흐리고 말았다. "절대 음감이라고? 여태까지 내가 한 말을 하나도 못 알아들은 모양이구나. 바그너가 어쨌다는 말이냐? 차이코프스키는 또 뭐고? 그건 수많은 피아노 조율사들이나 걱정할 문제 아니겠니?"

우리는 방 안에서 오락가락 거닐었다. 그는 내 어깨에 손을 얹거나 팔을 잡아주고는 했다. 그는 즉흥적인 연주의 폐해에 대해서, 그리고 언제, 왜, 어떻게 작곡을 해야 하는지에 대해서도 이야기했다. 모든 사람이 추구해야 할 단순성의 예를 보여주기 위해서, 그는 자신의 소나타들 가운데 너무나 복잡해서 악평을 들은 몇 곡을 조금씩 연주했다. 그리고 그는 복잡성의 단점을 설명하려고 지극히 하찮은 여러 편의 통속소설을 예로 들었다. 나는 그의 모순된 비교에 당황하지는 않았다. 나는 무형(無形)이 유형(有形)보다 훨씬 더 복잡하다는 그의 말에 공감했다. 그는 장황한 달변은 속이 비었기 때문에 배우기가 쉬워 보인다는 말도 했다. 그런 의미 없는 반복의 공허함에 젖은 다음에는, 형식의 타성에 오랫동안 퇴락해버린 침체기를 거치며 생긴 지나친 능변을 우리가 그냥 쉽게 받아들인다는 말에도 나는 공감했다. 그리고 조심스럽게 그는 더 은근하고도 구체적인 충고를 나에게 했다. 그는 내가 받은 교육에 대해서 묻고, 법의 단순성 때문에 내가 법률 공부를 선택했음을 알고는, 당장 역사철학의 철학 부문을 공부하도록 방향을 전환하라고 충고했으며, 나는 그의 충고를 받아들여 다음 날로 실천에 옮겼다. 그리고 그가 이야기를 계속하는 동안에 나는 방금 어떤 상황이 벌어졌는지를 돌이켜 생각해보았다. 나는 운명과의 약속을 깨뜨리지는 않았지만, 나의 잘못된 추측이 머리에 떠올랐다. 이 새로운 발견은 나에게 신처럼 여겨지던 스크랴빈에 대한 존경심을 환멸로 바꿀 것인가? 아니다. 절대로 그렇지가 않아서 — 그는 내 마음속에서 더 높고 숭고한 자리를 차지하게 되었다. 왜 그는 내가 그토록 목마르게 기다리던 말을 해주지 않고 나를 실망시켜야 했을까? 그것은 그만이 아는 비밀이었다. 아마도 너무나 늦어버린 어느 날엔가, 그는 그냥 넘기고 만 이 비밀을 나에게 털어놓을지도 모른다. 그는 젊은 날의 회의와 고뇌를 어떻게 이겨냈을까? 그것도 또한 그의 비밀이었으며, 그는 그런 비밀을 간직했기 때문에 나에게 보다 숭고한 사람으로 느껴졌다. 아무튼 방 안에는 한참 전부터 어둠이 깔려 있었고, 마구간 집들은 등불을 밝혔으며, 나는 이미 돌아갈 시간이 지났음을 깨달았다.

문을 나서면서 나는 그에게 어떻게 감사를 드려야 할지 몰랐다. 마음속에서 무엇인가 벅차게 부풀어 올랐다. 무엇인가 가슴을 찢고 자유를 찾아 뛰쳐나오는 듯했다. 무엇인가는 흐느껴 울었고, 무엇인가는 환희했다.

바깥으로 나와 밤거리에서 왈칵 몰려드는 차가운 바람을 처음 느끼는 순간에 집들과 거리감이 내 의식으로 돌아왔다. 실거리의 시끄러운 소음이 하늘로 떠올랐고, 자갈 바닥에서 울리는 소리와 함께 어우러져 모스크바 밤의 일상적인 화음을 이루었다. 지금쯤 물어볼 말을 준비해 놓고 초조하게 나를 기다리는 부모님의 모습이 머리에 떠올랐다. 내가 무슨 말을 하던지 간에 그들은 틀림없이 가장 기쁜 의미로만 해석하리라. 그리고 이쯤이 되어서야, 얼마 후에 연주회가 열린다는 논리에 순응하면서, 오늘의 다행스러운 사건들을 사실로서 직시하게 되었다. 현실은 내 앞에서 그런 가면을 쓸 필요가 없었다. 기정사실이 된 사건들은 오직 다른 사람들에게만 미래의 결과를 점치는 근거가 되었다. 내가 부모님에게 전해야 할 소식이 아무리 나를 흥분시키는 것이라고 해도, 나는 마음이 평화롭지 못했다. 그러나 이 슬픔만큼은 어느 누구에게도 털어놓아서는 안 되고, 내 미래와 마찬가지로 그것은 저기 길바닥에, 과거의 언제보다도 더 가깝게 느껴지는 나의 도시 모스크바와 함께 저곳에 남겨둬야 되겠다는 결심은, 차라리 행복감에 훨씬 더 가까웠다. 나는 샛길로 걸어가면서, 쓸데없이 자꾸 길을 오락가락 건너다녔다. 내가 전혀 모르는 사이 어느 틈엔가, 하루 전만 해도 영원히 나와 한 덩어리일 듯싶던 세계가 내 속에서 무너지고 와해되는 중이었다. 길모퉁이를 돌 때마다 점점 더 빨리 걸음을 재촉하며 걸었고, 그리고 나는 그날 밤 내가 음악과는 작별을 고하고 있음을 미처 깨닫지 못했다.

    그리스 시대는 역사적으로 다른 어느 시대와 비교해도 뛰어난 시대였다. 그리스는 완전히 은폐되고 독립된 하나의 기본적인 핵을 이루는 어린 시절의 감정을 소중히 다루었다. 이런 재능에서 그리스인들이 얼마나 대단했었는지는 가니메데스(제우스의 술시중을 들었던 소년/역주) 이야기나 그와 비슷한 여러 신화에서 쉽게 확인이 가능하다. 이러한 믿음은 영웅과 제신에 대한 그들의 해석에서도 잘 나타난다. 여러 등장인물이 상당한 비극과 모험을 어린 시절에 겪은 다음, 어느 한순간에 섬광처럼 빛나는 깨달음을 얻는다고 그리스인들은 믿었다. 그들은 앞으로 완성할 커다란 건물을 고려하면서, 아예 처음부터 구성물의 어떤 부분들, 그리고 그중에서도 특히 중요한 운명론의 출입문을 일단 완전하게 먼저 지어야 한다고 믿었다. 그리고 마지막으로, 어느 소중한 비유의 순간에 죽음 자체를 경험해야 한다고 믿었다.

그리고 이런 이유에서 고대인들은, 동화처럼 매혹적이고 전혀 예측이 불가능하면서도 일반화한 예술을 보유했지만, 낭만주의가 무엇인지를 미처 이해하지 못했다.

초현실적인 모험이나 문제가 지배하는 세상에서, 나중에 다른 어느 누구에게서도 세상이 다시는 요구하지 않게 될 부담을 짊어지고 성장해야 했던 그들은, 개인이 저마다 누리는 초현실 세계에 대해서는 완전히 무지했다. 그리스는 그들의 세상에서 접했던 경이적인 일들이 모두 어린 시절의 몫이라고 믿었다. 그래서 그들의 전통에 따라, 그리스는 인간이 거대한 발걸음으로 거대한 현실에 들어가서, 어른이 되어 문을 나서면, 그의 성장과 주변 세상이 모두가 예사로워질 뿐이라고 생각했다.

5 그로부터 얼마 후 어느 날 저녁, 십여 명의 자유분방한 시인과 음악가와 화가의 모임인 "시르다르드(sirdard, 힌두어로 귀족이나 족장처럼 지체가 높은 사람을 일컫는 말/역주)"에 참석하러 길을 나선 나는, 데멜(1863-1920, 독일 시인/역주)의 훌륭한 번역 작품을 우리들한테 자주 낭송해주던 줄리안 아니시모프에게, 현대 시인들 가운데 내가 가장 좋아하던 또다른 독일 시인의 작품을 모임에 가져가겠다고 약속했던 일이 생각났다. 아주 힘겨웠던 시기에 나는 「나의 축제를 위하여(*Mir zur Feier*)」라는 시집을 우연히 손에 넣게 되었으며, 그런 일이 처음은 아니었지만, 그 시집과 함께 숲이 우거지고 진눈깨비가 흩

날리는 라즈굴리아이 습지로 떠나, 젊은 날의 약속과 운명이, 그리고 지나간 나날이 끈끈하게 뒤엉킨 세상으로 들어가서는, 포플러 나무 아래의 다락방에 틀어박혀 미친 듯이 책에 파묻혀서 지내다가, 새로운 우정을 하나 맺은 다음에 집으로 돌아왔는데, 그 우정은 아직 찾아갈 집이 별로 없는 도시에서 새로운 문이 하나 열렸다는 감동을 마련해주었다. 이제 나는 내가 어떻게 시집을 손에 넣게 되었는지 설명하려고 한다.

그러니까 6년 전, 여기에서 내가 두 차례나 서술하려고 했던 12월의 어느 날 해질 무렵에, 바깥 길거리에는 신비스러운 눈송이들이 주름을 지으며 사방으로 조용히 내렸고, 나는 무릎을 꿇고 앉아 아버지의 책장을 치우던 어머니를 돕고 있었다. 총채로 속을 털고 걸레로 네 모서리를 깨끗이 닦아낸 책들은 말끔히 치운 빈 책장 선반에 줄지어 진열했는데, 아까부터 말을 듣지 않고 까불어대는 바람에 정리하기가 유난히 힘들었던 어느 책 더미에서, 표지가 허옇게 바랜 책 한 권이 굴러 떨어졌다. 철저한 우연의 소치였지만 나는 이 책을 다시 제자리에 꽂지 않았고, 나중에야 바닥에서 집어들고는 그냥 내 방으로 가져갔다. 오랜 시간이 흘러갔고 그러다가 나는 점점 그 책을 좋아하게 되었으며, 같은 사람이 쓴 글씨로 아버지의 이름이 적힌 다른 책 한 권도 얼마 후에 찾아낸 나는 두 권을 나란히 간직하게 되었다. 그리고는 세월이 좀더 흐른 뒤에야 나는, 두 책의 저자인 라이너 마리아 릴케가, 아주 오래 전 어느 여름에 기차 여행을 하다가, 한 외딴 숲 간이역의 회오리가 불던 철둑에서 헤어진 바로 그 독일 사람이었음을 알게 되었다. 흥분한 나는 아버지에게로 달려가서 내가 알아낸 놀라운 사실을 확인하려고 했고, 아버지는 그까짓 일에 내가 왜 그토록 흥분하는지 모르겠다는 듯 귀찮아했다.

이것은 나의 자서전이 아니다. 필요와 때에 따라서 나는 알지 못하는 사람의 자서전을 읽기는 한다. 나는 영웅들만이 참된 전기(傳記)의 주인공이 될 자격이 있다고 생각하며, 시인의 생애는 그런 형식을 취해서 전해지면 안 된다고 믿는다. 그런 전기는 강압이나 연민에서 야기된 타협을 증언하기 위해서 수집한 쓸데없는 행위들의 기록으로 이루어진다. 시인의 전체적인 삶은 워낙 굴곡이 심해서, 우리가 예상하는 그런 식의 수직적인 형태로는 서술하기가 불가능하다. 시인의 이야기는 그 시인의 이름이 담긴 책에서는 찾기가 어렵고, 오히려 훗날 타인들이 남기는 사적인 기록에서나 드러날 따름이다. 한 사람의 삶을 이끌어가는 개성이 알차면 알찰수록, 아무런 비유도 필요가 없는 사실이겠지만, 그에 대한 이야기도 그만큼 더 집합적이다. 천재의 세계에서는 잠재의식의 범주가 측정의 대상이 되지 않는다. 그의 잠재의식은 독자가 받는 모든 느낌의 총체이며, 천재는 자신을 구성하는 총체의 윤곽을 모른다. 나는 내 회상록을 릴케에 대한 추억에 바칠 생각은 없다. 오히려 나는 그에게서 회상을 선물로 받았다.

6 비록 여태까지 내가 한 이야기가 독자로 하여금 그런 기대를 하게 부추기는 경향을 보이기는 했지만, 나는 여기에서 음악이 무엇이며, 무엇이 음악에 도달하는 길인지는 내세울 생각이 없었다. 내가 그러지 않았던 까닭은, 세 살이 되던 해 어느 날 밤 잠에서 깨어났을 때, 앞으로 15년이 넘는 세월 동안 음악의 빛으로 찬란하게 빛나게 될 지평선을 보았으며, 그로 인해서 음악의 어려움이 무엇인지를 경험할 기회가 없었기 때문만이 아니라, 그것이 이제는 더 이상 우리의 주제와 아무런 연관이 없었기 때문이기도 하다. 그렇기는 하더라도 나는 편애하는 대상으로서의 예술에 대하여, 전체적인 예술에 대하여, 다시 말해서 시(詩) 예술에 대하여, 똑같은 질문을 불가피하게 제기해야 한

다. 나는 그 문제에 대해서 일반적이고 이론적인 답을 하지는 않겠으며, 여기에서 내가 하려는 이야기의 상당한 부분은, 다만 나 자신에 대한, 그리고 나의 시에 대한 설명으로서만 의미를 가질 것이다.

태양은 우체국 뒤에서 떠올라 키셀노이를 따라 미끄러져가서 네글린카 거리를 비추었다. 햇빛이 우리 집 옆쪽에 금박을 입히더니, 저녁 식사 때부터는 식당과 부엌 안으로까지 들어와서 비추었다. 내가 살던 거처는 교실을 방으로 개조해서 만든 정부 건물 안에 있었다. 나는 대학교에 다녔다. 나는 헤겔과 칸트를 읽었다. 당시에는 친구들을 만날 때마다 지식의 심연이 나타났고, 한 사람씩 그들은 앞으로 나서서 어떤 새로운 견해를 밝히고는 했다.

우리는 걸핏하면 한밤중에 서로를 깨워 일으켰다. 자다가 일어난 사람은 마치 약점이 우발적으로 발각당하기라도 한 듯, 잠들었던 사실을 부끄럽게 여겼다. 그때만 해도 하나같이 존재하지도 않는 인간처럼 취급을 받았던 가엾은 하인들이 기겁할 일이었지만, 우리는 숙소를 벗어나 소콜니키로 가서, 야로슬라브 철로 저편 교차로까지 찾아갔다. 나는 어느 부잣집 딸과 친했다. 내가 그녀를 사랑한다는 사실을 누구나 다 알았다. 그녀는 이런 외출이 이루어질 때마다, 우리 가운데 잠을 덜 자고 적응을 더 잘 하는 친구들의 입에 오르고는 했다. 나는 아버지한테서 돈을 타다 쓰기가 싫어서 이곳저곳 몇 군데에서 싼 값을 받고 가르쳤다. 여름이 되어 식구들이 떠나고 나면, 나는 완전히 혼자 남게 되었다. 나는 그런 생각을 하면 벌써부터 해방감에 젖어 끼니를 놓치기가 일쑤였으며, 아무런 속박이 없는 숙소에서 멋대로 굶고 밤을 낮 삼아 지냈다. 여태껏 미련을 버리지 못했던 음악은 나의 마음속에서 이제 문학과 뒤엉켜 한 덩어리가 되었다. 벨리(안드레이 벨리 : 1880-1934, 상징주의 시인이며 소설가였던 보리스 부가예프의 필명/역주)와 블로크(알렉산드르 알렉산드로비치 블로크 : 1880-1921, 러시아의 유명한 후기 상징주의 시인/역주)의 심오하고 아름다운 세계가 내 앞에 끝없이 펼쳐졌다. 단순한 무지를 능가하는 어떤 독창적인 방식으로, 그들의 영향력이 강력한 힘을 불어넣으며 하나로 뭉쳤다. 어휘로부터 구속받던 열다섯 살 소년은, 소리의 제단에 제물로 올라서, 곡예를 부려야 하는 운명을 맞은 불구의 팔다리나 마찬가지로, 독창성이라는 운명의 문 앞에 섰다. 나는 친구 몇 명과 함께 문인들의 모임인 무사구에트(Musaguet)에 가입했다. 다른 사람들에게서 나는 마르부르크에 대해서 알게 되었다. 칸트와 헤겔 대신에 나는 플라톤과 코헨(헤르만 코헨 : 1842-1918, 독일계 유대인 철학자로 마르부르크 학파의 신칸트주의 창시자/역주) 그리고 나토르프(39쪽의 역주를 참조)에 탐닉했다.

당시에 내가 살아온 삶을 나는 일부러 이렇게 두서없이 늘어놓는다. 물론 그때 내가 느끼고 겪었던 여러 가지 증상을 나는 과장하거나 남들에게 잘 알려주려고 내용을 바꿀 수도 있다. 그러나 여기에서 한 이야기만으로도 충분하리라고 믿는다. 그때 나에게 현실이 어떠했는지를 나타내는 지표처럼 이렇게 털어놓았으니, 어디에서 그리고 그곳에 얽힌 어떤 사연으로 인해서 시가 탄생하게 되었는지를 이쯤에서 나 자신에게 물어야 하겠다. 나는 답을 말하기 위해서 오래 생각할 필요가 없다. 이 느낌에 대한 내 기억이 워낙 생생하기 때문이다.

시는 이런 여러 흐름이 갈등하는 물결들 속에서, 그들이 유동하는 틈바구니에서, 보다 느린 흐름이 뒤로 처지고 그래서 쌓인 퇴적으로부터, 기억의 심오한 지평선 위에서 태어났다.

그러나 무엇보다도 사랑이 가장 격렬한 흐름을 이루었다. 사랑은 자연의 모든 것에 앞서서 태양과 앞을 다투며 달렸다. 그러나 비록 사랑이 어쩌다가 두드러지게 마음을 지배하기는 했어도, 우리 십 한쪽을 황금으로 물들이고 다른 한쪽을 청동빛으로 물들이며, 날씨를 다른 날씨로 씻어내고는 한 해의 네 차례 계절마다 무거운 문을 밀어 열었던 태양은, 거의 언제나 사랑과 경쟁을 벌이며 줄곧 당당하게 앞으로 나아갔다. 그리고 멀찌감치 뒤안길에는 멀고 가까운 갖가지 감정의 자취가 유유히 뒤따르고는 했다. 나는 나의 내면이 아닌 곳에서 들려오는 절망의 앙칼진 소리도 가끔 들었다. 뒤에서 소리가 뒤따라와서 나를 잡고는 두려워하며 불만을 털어놓기도 했다. 그것은 박탈을 당한 하루의 일상으로부터 발현하여, 현실의 발목을 잡아 묶어두려고 하거나, 이미 오래 전에 지나간 시간에 합류하여 생명을 숨쉬게 해달라고 애원하기도 했다. 그리고 이렇게 지난날을 돌이켜보는 시선에서 시적인 영감이 일어났다. 보다 비창조적이고 곪아터진 존재의 조각들은, 밀려나간 머나먼 거리만큼이나 두드러지게, 생생히 되살아나기도 했다. 생명력이 없는 사물들은 그보다도 더 힘차게 움직였다. 그런 대상은, 미술가들에게 특별히 소중하게 여겨지는 표현의 수단인, 정물화를 위한 살아 있는 모델 노릇을 했다. 살아 움직이는 우주에서 가장 멀리 떨어진 언저리에 쌓여서 꼼짝도 하지 않는 그들의 모습은, 대조의 경계선이라고 우리가 인식하는 모든 테두리와 마찬가지로, 우리들로 하여금 움직이는 전체를 완전히 이해하도록 도와주는 매개체였다. 그들은 놀라움이나 공감을 전혀 강요하지 않는 저편을 갈라놓는 변경에 위치했다. 그곳에서는 과학이 현실을 구성하는 인자를 찾아내는 데에만 열중했다.

그러나 한 세계에서 현실의 앞머리를 마구 낚아채어 끌어내서 제2의 현실로 끌고 가기도 불가능했으므로, 모든 대상을 똑같은 하나의 평면상에 놓고 상징으로 크기만을 가리도록 제한하는 대수(代數)에서처럼, 현실에서 외면으로 드러나는 바를, 상징의 형태로서 조작하는 길밖에 없었다. 그렇지만 언제나 이런 상징은 내가 어려움을 벗어나는 하나의 수단은 될지언정, 자체로서 목적은 되지 못하는 듯싶었다. 목적이란 이미 살아버린 과거를 궤도에 올려놓고 인생을 추적하는 과정에서 상징이 차가운 축으로부터 뜨거운 축으로 옮겨가는 변화라고 나는 벌써부터 파악했었다. 내가 얻은 결론들은 예나 지금이나 별로 다를 바가 없으며, 그때 내가 얻은 결론은 다음과 같다. 우리는 상징에 변천을 씌워 흐려놓으려고, 인간을 상징으로서 취하고는, 그들이 타고난 환경에 상징을 배치한다. 그리고 우리는 변천, 또는 결국 변천과 똑같은 개념이기는 하지만, 본성을 취하고— 그것을 우리의 정열로 뒤덮어 흐려놓는다. 그리고 우리는 시를 얻으려고 일상적인 대상들을 산문으로 끌어들인다. 우리는 음악을 얻으려고 산문을 시로 이끌어간다. 그렇다면 이것은 살아가는 인간의 새로운 세대가 태어날 때마다 한 번씩 종을 치는 시계가 설정하는 것으로, 나는 그것을 가장 광범위한 의미로서의 예술이라고 불렀다.

그래서인지 나는 내 생애의 한 조각이 흘러간 곳을 도시라고 인식하기가 어렵다. 어떤 정신적인 부담으로 인해서 그것은 항상 글로 서술한 인식의 깊은 곳으로 자꾸만 되돌아가고는 한다. 그곳에서는 구름이 춤을 추듯이 바람에 밀려 이리저리 날아가며, 수많은 벽난로에서 피어올라 하나로 뭉쳐 하늘을 가로지르며 비스듬히 걸린 연기처럼 피어오른다. 그곳에서는 폐허가 된 집들이 부둣가를 따라 늘어선 부락처럼, 눈 속에 반쯤 파묻혀서 줄을 지었다. 그곳에서는 보기 싫게 썩어버린 초목이 술에 취해서 조용히 기타 줄을 뜯는 손가락 끝에서 사라졌고, 술병을 앞에 놓고 앉아 오랜 시간을 보내느라고 얼굴이 붉어지고 완전히 냉담해진 점잖은 여인들이 비틀거리는 남편과 함께 문간으로 나가면 밤거리 마차꾼들이 소란스럽게 마중했으며, 목욕탕의 뜨거운 욕조에서 자작나무만큼이나 시원한 휴게실로 몰려나온 사람들처럼 그들은 한바탕 웃음판을 벌였다. 그곳에서는 사람들이 사랑의 경쟁자에게 황산을 뿌려 화상을 입히고, 독살하고 불에 태워 죽였으며, 비단옷을 차려입고 제단으로 나아가거나 털외투를 전당포에 저당잡혔다. 그곳에서는 낡아빠진 질서의 겉만 번지르르한 미소가 은밀하게 서로 곁눈질을 주고받았으며, 그리고 그곳에서는 나의 가르침을 받으려는 기대감에 책을 꺼내면서, 샛노란 꽃처럼 화장한 학생들이 자리를 잡고 앉았다. 그리고 또한 그곳에서는 낡은 녹회색 대학 건물의 수많은 교실에서 우렁찬 소리가 울려나오다가 다시 잠잠해지고는 했다.

교수들은 안경을 쓰고 회중시계를 꺼내 시간을 보았고, 머리를 들고 둥근 천장과 좌석을 둘러보았다. 학생들의 머리는 양복 저고리 위에 얹혀서, 질서정연하게 둘씩 짝을 지어 기다란 줄에 매달아 초록빛 전등갓을 씌운 듯이 보였다.

날마다 이렇게 시내로 갈 때마다 나는 언제나 가슴이 두근거리고는 했다. 만일 의사가 진찰을 했더라면 내가 말라리아라도 걸린 줄 알았으리라. 그러나 이런 만성적인 초조함은 키니네로 고칠 성질의 것이 아니었다. 이상하게도 오한이 났던 까닭은 이런 세상의 고집스러운 우매함 때문이었고, 세상 사람들이 타고난 경박함을 올바르게 이끌어주려는 어떤 기능도 내부에서 통제하지 못한다고 느꼈기 때문이었다. 사람들은 마치 거짓 몸짓인 양 살고 움직였다. 그들을 모아 어떤 하나의 집단으로 결합시키면서, 미리 정해진 어떤 운명을 퍼뜨리는 더듬이가 그들 한가운데서 기둥처럼 솟아올랐다. 나는 이 촉각의 피뢰침이 일어선다고 상상할 때마다 몸에서 열이 난다고 느꼈다. 이 기둥이 반대편 막대로 전류를 보내면 더듬이가 생명을 얻었다. 멀리 떨어진 천재의 촉각과 대화를 시작하여, 더듬이는 그곳 여러 지역에서 새로 등장한 발자크 같은 인물을 호출했다. 그러나 누구라도 당장 평온함을 되찾고 싶다면, 운명의 기둥에서 조금 옆으로 비켜서기만 하면 그만이었다.

그래서 예를 들면, 나는 사빈 교수의 강의를 들을 때는 열띤 감정을 조금도 느끼지 않았는데, 그것은 그가 그런 유형에 속하지 않았기 때문이다. 그는 해독(解讀)의 재능이 정말로 뛰어났고, 주제가 제대로 잡히면 그 재능은 점점 더 뚜렷해졌다. 시간은 그에게 화를 내지 않았다. 시간은 그의 언설(言說)을 박차고 달아나지 않았으며, 환풍구로 뛰어들거나 문을 향해 정신없이 도망치지도 않았다. 시간은 연기와 함께 굴뚝을 타고 올라가서, 지붕으로부터 터져나가 눈보라 속으로 사라진 전차의 연결쇠 고리를 잡으러 쫓아가지도 않았다. 아니, 영국의 중세나 로베스피에르 의회에 마음과 영혼을 쏟아넣으며, 시간은 우리를 휩쓸고 이끌어, 대학의 높다란 창문 너머에서 분주히 벌어지리라고 우리가 상상할 만한 모든 것이 하나도 처마 끝을 벗어나지 못하게 했다.

나는 그때 건강했으며, 싸구려 가구를 들여놓은 방에서 여러 학생들과 함께 지내면서 나이 먹은 사람들에게 공부를 가르쳤다. 그곳에서는 아무도 빛나지를 않았다. 어떤 별다른 보상을 기대하지 못할 처지였으므로, 가르치는 사람이나 배우는 사람이나 모두 똑같이, 죽음의 시점을 벗어나 삶이 그들을 덮치려고 기다리는 지점으로 나아가려고 발버둥친다는 공감대를 통해서 하나가 되었다는 사실만으로 우리는 만족했다. 배우러 오는 학생들은 그들의 직업에 어울리는 그런 인물이 아니었으며, 비록 몇 명은 대학에서 받아주어 눌러앉기는 했지만, 공부를 가르치는 우리도 마찬가지였다. 말단 직원과, 회사원과, 노동자와, 식당 종업원과, 우편집배원으로 일하던 그들은 나중에라도 무엇인가 더 나은 삶을 찾기 위해서 이곳으로 왔다.

나는 열성적인 그들에게 둘러싸인 자리에서도 별로 정열을 느끼지 못했으며, 그래서 가끔 마음의 평화를 찾게 될 때마다, 인근 마구간 집들로 한눈을 팔았고, 꽃가게가 줄지어 늘어선 즐라토우스틴스키 성당 뒷길을 배회하고는 했다. 페트로브카에서 꽃을 팔려고 손님을 불러대며 돌아다니던 소년들은 바로 이곳에 리비에라의 꽃들을 쌓아두고는 했다. 니스에서 도매상들이 보낸 소중하고 비싼 꽃을 여기에서는 헐값으로 팔았다. 나는 퍽 오랫동안 전깃불도 없이 수업을 계속했고,

3월의 눈부신 황혼이 점점 더 자주 더러운 방으로 찾아들었으며, 나중에는 수업이 끝날 즈음에 하숙집 문턱을 넘어오기까지 했던 학기 초의 어느 화창한 저녁에 특별히 나의 관심을 끌었던 이곳을 찾았다. 땅바닥에는 여느 때처럼 겨울밤의 나지막한 자락이 드리우지 않았으며, 문간에서는 지하로부터 어둠이 솟아올라, 겨우 입을 열어 무엇인가 하찮은 이야기라도 하려는 듯싶었다. 매끈한 보도를 따라 봄바람이 이리저리 돌아다녔다. 마치 살아 있는 살갗으로 덮어놓기라도 한 듯, 마구간 집들의 윤곽이 추위에 떨며 흔들리다가 첫 별이 떠오르기를 기다리며 얼어붙었고, 심술이 심한 하늘은 따분하다면서 동화를 구연하듯 한없이 느긋하게 별의 입장을 지연시켰다.

향기가 풍겨나오던 점포에는 이탈리아의 소인이 선명한 외국 우표가 잔뜩 붙은 빈 광주리들이 천장까지 차곡차곡 들어찼다. 두툼하게 덧씌운 낡은 문짝이 삐걱거리는 소리에 응답하듯, 어떤 욕구를 충족시키려는 듯, 짙은 수증기의 구름이 안에서 몰려나왔는데, 그것만으로도 기대 심리가 자극을 받기에 충분했던 까닭은, 말로 표현하기 어려울 정도로 흥분시키는 무엇인가를 벌써부터 예상해도 좋을 듯한 그런 분위기 때문이었다. 입구의 맞은편 트인 공간에는, 경사가 완만한 방의 깊숙한 곳에서 어린 꽃장수들이 철창 앞에 몰려서서, 꼼꼼하게 검사를 받은 꽃을 받아 바구니에 담았다. 그 방의 넓은 탁자 앞에서 주인의 아들들은 세관에서 방금 도착한 소포 꾸러미들에 김을 쏘여 묵묵히 그것들을 풀었다. 오렌지 빛깔의 안감을 댄 상자를 조심스럽게, 책을 펼치듯이 양쪽으로 벌려서 젖혀놓으면, 싱싱한 꽃들이 모습을 드러냈다. 햇볕에 내놓아 말린 말라가 백포도의 푸른 켜처럼 하나의 덩어리를 이룬 북방제비꽃이 마구 뒤엉켜 통째로 빠져나왔다. 짐꾼들의 숙소처럼 보이는 방 안에 그렇게 꽃이 가득 차면, 향기가 어찌나 황홀한지 초저녁 황혼의 빛줄기들과 땅바닥에 겹겹이 깔린 그림자들은 모두가 축축하게 젖어 짙은 담자색을 띤 풀밭이 되었다.

그러나 정말로 신비한 일은 좀더 기다려야 나타났다. 주인이 마당의 저쪽 끝으로 걸어가서, 돌로 지은 헛간의 문을 하나 열고, 지하실로 내려가는 뚜껑문의 문고리를 당겨올리는 순간에, 마치 알리바바와 40인의 도적 이야기가 되살아나서 황홀할 정도로 눈부시게 펼쳐졌다. 마룻바닥 밑의 빈 공간에서는 "번개" 전등이 여러 개의 태양처럼 불타올랐고, 전등 불빛과 경쟁이라도 벌이듯이 지하실 바닥에는, 빛깔과 종류에 따라 여러 개의 거대한 물통에 정성껏 분류해서 담아놓은 작약과, 노란 마거릿과, 튤립과, 아네모네가 첩첩이 쌓여 떠들썩하게 소동을 벌였다. 그들은 서로 밀치며 초조하게 숨을 몰아쉬는 듯 보였다. 듬성듬성 수를 놓은 듯이 아니스(지중해 지방의 산미나릿과 식물/역주)의 바늘잎이 무늬를 이룬 가운데, 촉촉하게 젖은 미모사에서 피어오르던 탑탑한 향기를 씻어내려고 보다 엷은 또다른 향기가 놀라울 만큼 힘찬 바람에 실려 물결처럼 떠올라왔다. 이것은 순백이 될 때까지 희석시킨 술처럼 환한 수선화가 보내는 향기였다. 그러나 경쟁의 폭풍이 휘몰아치는 이곳에서도, 모든 꽃들 가운데 제비꽃의 검은 무늬가 으뜸이었다. 마술에 걸려 반쯤 미친 사람의 눈에서, 흰자위가 없어진 눈동자처럼, 그들은 초연한 자태로 나에게 최면을 걸었다. 기침이라고는 해본 적이 없는 그들의 감미로운 숨결은 지하실의 깊은 바닥으로부터 넓은 뚜껑문을 언저리까지 가득 채우며 올라왔다. 그들은 잎이 무성한 늑막염처럼 사람의 가슴을 가득 채웠다. 이 향기는 무엇인가를 연상시키려고 하다가는 슬그머니 사라졌고, 그래서 의식을 혼미하게 했다. 이 향기를 주제로 삼아 봄이 대지에 대하여 엮어낸 어떤 개념이, 해마다 다시 돌아오라고 그들에게 재촉하는 듯싶었으며, 네메테르(농업, 결혼, 질서의 여신/역주)에 대한 그리스 신앙의 원인이 어딘가 가까운 곳에서 손에 잡힐 듯했다.

7

 이 무렵에, 그리고 그 후로도 오랫동안, 나는 시작(詩作)에 대한 나의 노력을 불행한 약점이라고 생각했으며, 아무리 애를 써도 좋은 결과를 얻지 못하리라고 예상했다. 그러나 S. P. 두릴린은 당시에도 나의 재능을 인정해주었다. 그랬기 때문에 그는 전례가 없을 정도의 민감한 반응을 보였다. 내가 음악가로 성공하리라고 믿은 나머지 다른 친구들에게는 사춘기의 이런 새로운 징후들을 나는 비밀로 했다.

 그런 한편 나는 모든 정열을 기울여 철학을 공부했으며, 장래의 직업도 철학 분야에서 쉽게 찾으리라고 생각했다. 우리가 모여 학습한 광범위한 내용은 그것을 배우기 위해서 답습했던 교육 방법만큼이나 이상과는 거리가 멀었다. 그것은 재미없는 계몽과 수명을 다한 형이상학의 기묘한 잡탕이었다. 이들 두 가지 경향을 결합시킨 결과, 그나마 따로 다루었다면 조금이나마 남았을 법한 마지막 의미마저 사라졌다. 철학사(哲學史)는 미문학적(美文學的) 교조주의로 변질되었고, 심리학은 개요만 훑어가며 기분을 살리려는 부질없는 학문처럼 보였다.

 슈페트, 삼소노프, 쿠비츠키 같은 젊은 조교수들은 이런 교육 방식을 개선할 능력이 없었다. 그렇다고 해서 그런 경향을 원로 교수들의 탓으로 돌릴 수도 없는 노릇이었다. 그들은 당시에도 무시하기가 어려웠던 초보 교육자들에게 가장 잘 통용이 되는 쉬운 방법으로 강의를 해야만 하는 필요성에 얽매인 처지였다. 지능이 낮은 사람들을 깨우쳐야 한다는 목적 때문에, 그들의 강의는 깊은 진리를 터득하게 해줄 만큼 심오한 내용을 담기가 힘들었다. 그래서 어느 정도 기초를 쌓은 학생들은 훌륭한 대학 도서관을 찾아가서 스스로 공부하는 길에 점점 더 의존해야 했다. 당시에 많은 호응을 받았던 사람들은 세 파로 나뉘었다. 다수의 학생은 베르그송에 열중했다. 괴팅겐 후설(현상학을 창시한 독일 철학자 에드문트 후설/역주) 학파를 따르는 사람들은 슈페트의 강의로 쏠렸다. 마르부르크 학파의 추종자들은, 구태여 원천을 찾는다면 S. N. 트루베츠키의 아류들이라고 해야 할, 개인적인 성향에 따라서 우발적으로 생겨난 분파들을 닥치는 대로 섭렵했다.

우리 가운데 가장 돌출적이었던 인물은 젊은 사마린이었다. 니키츠키 길모퉁이의 여러 건물과 역사를 같이 하는 유수한 러시아 가문과 멀고 가까운 여러 인척 관계로 맺어진 직계 후손이었던 그는, 막대한 재산을 상속받은 아들이 가끔 가족 만찬회가 있을 때만 부모의 집에 들르듯이, 한 학기에 두어 번 세미나 같은 모임에만 모습을 나타낼 뿐이었다. 성미가 괴팍하고 깡마른 그가 나타나면, 논문을 발표하던 사람은 말을 중단하고 기다렸으며, 자신 때문에 발생한 침묵에 당혹했으면서도 그는 마음에 드는 자리를 고르느라고 좀더 시간을 끈 다음에, 삐걱거리는 널빤지를 깐 원형 강의실에서 가장 멀리 떨어진 자리로 올라가고는 했다. 그러나 그가 자리를 잡고 앉으면 발표한 논문에 대한 토론이 당장 계속되었고, 꾹 참으며 침묵을 지키던 사람들이 움직이기 시작하면서 사방에서 삐걱거리고 덜그럭거리는 소음이 들려오고, 언제 무슨 일이 있었느냐는 듯 본래의 상태로 되돌아갔다. 발표자의 첫 해석이 끝나면 사마린은 당장 헤겔과 코헨의 말을 인용해가면서 어떤 즉흥적인 반박을 퍼붓기 마련이었다. 그는 신경질이 나면 말끝을 맺지 못했고, 타고난 큰 목소리로 떠들어댔으며, 언제나 똑같은 음색으로 끝없이 단조롭게 이어지던 그의 목소리는, 어릴 때부터 죽을 때까지 변하지를 않았고, 고함을 치거나 속삭일 줄을 몰랐던 목소리는 낭랑한 후음(喉音)과 더불어 그의 혈통을 당장 드러내 보였다. 그 이후로 나는 그를 만나지 못했으나, 언젠가 톨스토이의 작품을 다시 읽다가 네흘류도프(「부활」에서 카츄샤를 유린한 남자 주인공/역주)에게서 나도 모르게 그의 모습을 만나게 되었다.

8 트베르스키 거리의 여름 찻집은 이름이 따로 없었지만, 모두들 그 집을 카페 그렉(그리스 찻집/역주)이라고 불렀다. 이 찻집은 겨울에도 문을 닫지 않아서, 나중에는 정체성이 좀 모호한 존재가 되어 버렸다. 어느 날 나는 아무런 약속도 하지 않았지만, 룩스와 사마린을 썰렁한 이 찻집에서 우연히 만났다. 그날 저녁 손님은 우리뿐이었고, 겨우내 그곳을 찾은 사람이라고는 아마도 우리뿐이었으리라. 날씨가 많이 푸근해졌고, 봄이 가까왔다. 사마린은 그곳에 나타나서 우리와 자리를 같이하자마자, 즉석에서 장황한 철학 이야기를 꺼냈고, 딱딱한 비스킷으로 기운을 내더니, 쟁점의 한 단원이 끝날 때마다 비스킷을 성가대 지휘자의 소리굽쇠처럼 절도 있게 또각또각 잘랐다. 그가 헤겔의 절대 개념에 대해서 끝없이 엮어나가던 명제와 반론은 찻집을 가득 채웠다. 그때 나는 내 학기말 논문의 주제에 대한 이야기를 했던 듯싶은데, 그러자 그는 라이프니츠(고트프리트 빌헬름 라이프니츠 : 1646-1716, 독일의 철학자이며 수학자로서 체계적인 사상가로 유명함/역주)와 수학의 무한대에 대한 얘기를 중단하고 변증법으로 비약하여 열을 올리기 시작했다. 갑자기 그는 마르부르크 이야기를 꺼냈다. 마르부르크의 학파가 아니라 도시 자체에 대한 이야기를 내가 직접 들은 것은 이때가 처음이었다. 고색이 창연한 시(詩)의 도시 마르부르크에 대해서라면 그런 식으로밖에는 설명이 불가능하리라는 사실을 나는 나중에야 깨달았지만, 당시에는 시끄럽게 덜거덕거리는 환풍기 소리를 곁들여가며 그가 열정적으로 서술한 내용은 생소하기만 했다. 갑자기 사마린은 커피를 마시러가 아니라 잠깐 전화를 빌려 쓰려고 이곳에 들렀다는 사실을 기억해내고는, 신문을 손에 든 채로 졸고 있던 주인을 깨웠으며, 전화가 고장이 났다는 말에, 처음 들어설 때보다도 더 시끄럽게 소란을 떨며, 얼음이 뒤덮인 길로 나갔다. 우리도 곧 자리를 떴다. 그동안에 날씨가 바뀌었다. 차가운 바람이 일었으며, 2월의 매서움이 느껴졌다.

바람은 실타래처럼 "8"자를 엮으며 땅으로 내려왔다. 둥그렇고 맹렬한 흐름은 어딘가 바다를 연상시켰다. 그렇게 굽이치면서 바람은 한 겹, 다시 한 겹 전깃줄과 그물을 휘감았다. 돌아오는 길에 록스는 그가 좋아하던 스탕달을 주제로 몇 차례 이야기를 꺼냈지만, 나는 그의 이야기보다는 바람을 훨씬 더 즐기며 줄곧 침묵을 지켰다. 나는 사마린에게서 방금 들은 이야기를 잊을 수가 없었고, 내 몸에 달린 귀를 내 눈으로 보기가 불가능하듯이, 찾아가서 직접 볼 기회가 없을 듯싶은 작은 도시 마르부르크를 생각하면 못내 원망스러웠다.

그것은 2월에 있었던 일이었는데, 4월의 어느 날 아침, 어머니는 그동안 당신이 번 돈을 저축하고 생활비를 아껴서 틈틈이 모아놓은 돈이 200루블쯤 된다면서, 그 돈을 줄 테니 세상 구경을 좀 하라고 권하셨다. 그때의 기쁨은 이루 말할 수가 없었지만, 전혀 생각지도 않았던 선물을 내가 받아도 괜찮을지는 얼핏 판단이 서지를 않았다. 그런 돈을 모으려고 어머니가 얼마나 고생스럽게 피아노 교습을 했을까 하는 생각 때문이었다. 그러나 나는 그것을 거절할 용기가 없었다. 여행 목적지를 결정하는 데도 시간을 낭비할 필요는 없었다. 당시에는 유럽의 다른 모든 대학교들이 서로에 대한 정보를 잘 알던 터였다. 나는 그날로 여러 대학교의 안내소를 찾아가기 시작해서, 산더미 같은 서류들을 뒤졌으며, 그러다가 모호바야 거리에 있는 대학교에서 소중한 자료를 찾았다. 2주일 전에 마르부르크에서 인쇄된 이 자료에는 1912년 여름 학기의 강의 내용이 자세하게 기록되어 있었다. 나는 연필을 손에 들고 설명서를 꼼꼼히 살펴보았고, 여러 공공 기관의 사무실을 찾아다니느라고 길을 오가거나 접수창구에서 기다리는 동안에도 나는 거기에서 잠시도 눈을 떼지 못했다. 나의 초조한 심정은 멀찍이서도 훤히 느껴지는 모양이었고, 지원들과 비서들도 전염이 되어 자기도 모르는 사이에 덩달아 덤벙댔으며, 원래 복잡하지도 않았던 절차는 내가 서두르는 통에 더욱 빨라졌다.

 당연히 나는 검소한 계획을 세웠다. 기차는 모두가 3등석이었고, 외국에 일단 나가서는 가장 느린 열차편을 타기로 했으며, 필요하다면 4등석도 마다하지 않았고, 교외의 허술한 집에 머물면서 빵과 소시지와 차만으로 연명할 결심이었다. 어머니의 희생을 생각하면 같은 돈으로 최대한의 결실을 맺어야 한다고 나는 마음을 다졌다. 어머니가 준 돈으로 이탈리아까지 갈 수도 있었다. 뿐만 아니라 나는 대학교 입학금이 돈을 꽤 많이 잡아먹을 것이고 세미나와 특별 강의를 수강할 때도 돈이 필요하리라는 사실을 알았다. 그러나 그때 나에게 그 열 배의 돈이 있었다고 하더라도 내 지출 명세서는 조금도 달라지지 않았으리라. 나머지 돈으로 무엇을 했을지는 모르겠지만, 나는 2등석 기차를 탄다거나 고급 식당을 드나드는 일만은 절대로 없었을 것이다. 내 개인의 안이함이나 편의 따위는 전쟁이 끝난 뒤 말고는 내 마음을 지배한 적이 없다. 어떤 화려함이나 사치스러움도 내 방에 들어오도록 용납하지 않는 세상살이 방식에서는 안락함이란 거추장스러운 장애물일 따름이었고, 그래서 나의 전체적인 성격은 일시적으로밖에는 변할 줄을 몰랐다.

9

 눈은 아직도 녹아내리는 중이었고, 반투명한 전사지(轉寫紙) 밑에서 미끄러져 나가는 사진처럼, 하늘 조각들이 살얼음 조각들로부터 물로 떠내려갔지만, 폴란드의 동서남북 어디를 가나 사과나무에는 온통 꽃이 만개했고, 아침부터 저녁까지, 슬라브 무늬의 어떤 서정적인 부분처럼, 잠을 못 이루는 여름을 향해 꽃들은 서쪽에서 동쪽으로, 끝없이 달리고 또 달렸다.

 베를린은 지난밤에 장난감 칼과 투구, 피리, 그리고 진짜 자전거나 어른의 옷을 흉내낸 양복을 선물로 받은 어린이들로 가득 찬 도시처럼 느껴졌다. 나는 첫 외출에서 그런 기분에 젖은 젊은이들을 만났는데, 그들은 새로운 변화에 아직도 익숙해지지 않은 듯싶었고, 저마다 어제 그들이 받은 대단한 선물 때문에 무척 고무된 인상이었다. 아주 멋진 어느 거리에서는 서점 진열창에 놓인 나토르프(파울 게르하르트 나토르프: 1854-1924, 신 칸트학파였던 독일 철학자, 사회교육자로서 마르부르크 대학의 교수였음/역주)의 논리학 입문서가 나를 손짓해 불렀고, 내일은 저자를 직접 만나게 되리라는 생각이 들어 그 책을 사려고 서점으로 들어갔다. 지난 이틀 동안 여행을 하면서 나는 이미 하룻밤을 독일 땅에서 잠을 이루지 못하고 새웠으며, 아직 한 번의 밤을 더 뜬눈으로 보내야 했다.

러시아에서는 3등석 객차에도 접는 침대가 있었지만, 이렇게 외국에서 돈 없이 여행을 하려면, 팔걸이로 자리가 나뉜 낡아빠진 의자에 앉아서 네 사람이 함께 꾸벅꾸벅 졸며 밤을 새우는 고생을 치러야만 한다. 다행히 내가 들었던 칸에는 양쪽 좌석이 모두 비어 내 차지였지만, 그렇다고 해서 잠을 자고 싶은 마음은 좀처럼 들지 않았다. 아주 가끔, 그것도 한참씩 지난 다음에야, 대부분이 혼자 여행하는 학생들이었던 외톨이 승객이, 객실에 들어왔다가는 다시 인사를 하며 따뜻한 어둠 속으로 흔적도 없이 사라졌다. 이렇게 객실의 승객이 바뀔 때마다 승강단의 지붕 밑으로 잠든 도시들이 하나씩 미끄러져 사라져갔다. 처음으로 내 눈앞에, 아득한 중세가 모습을 보여주었다. 모든 고유한 사물과 마찬가지로 중세의 현실은 새로우면서도 두려움을 주었다. 귀에 익은 도시의 이름들이 쇠를 두드리는 소리를 내며 울렸고, 옛 역사가들이 준비해놓은 해박한 서술을 먼지가 쌓인 칼집에서 뽑아내듯, 하나씩하나씩 이름을 집어삼키며 여행이 계속되었다.

그러한 옛 도시들을 향해서 달려가느라고 기차는 내살못을 단단히 박은 객차들을 엮어놓은 신기한 쇠사슬 갑옷처럼 길게 늘어지고는 했다. 객차들을 연결하는 가죽으로 된 통로는 대장장이의 풀무처럼 부풀었다 늘어났다 했다. 역의 불빛이 비추면 술잔 속의 맥주는 맑게 빛났다. 돌을 쌓아 만든 승강단에서는 짐을 싣지 않은 손수레들이 돌처럼 단단하고 넓은 바퀴를 굴리며 경쾌하게 멀어져갔다. 거대한 구름다리의 반달 문 밑에서는 코가 뭉뚝한 기관차들이 땀을 흘렸다. 기관차들은 전속력으로 달리다가 갑자기 바퀴가 빠져서 주저앉은 듯이 보였다.

사방에서 이곳의 600년 전 조상들이 삭막한 콘크리트 벽으로 모여들었다. 무늬를 새긴 나무 기둥을 비스듬히 기울여 박아서 네 칸으로 나눈 벽들은 갖가지 옛 이야기를 전해주었다. 그곳에는 기사들과 시종들과 귀부인들과 붉은 수염의 식인종들이 저마다 무리를 지었고, 비스듬한 기둥에 새긴 복잡한 무늬는 옛 기사가 머리에 쓴 투구의 면갑과, 둥그런 팔덮개의 갈라진 틈과, 이리저리 꼬아서 만든 허리띠를 장식하는 무늬와 똑같았다. 철로변 집들은 객차의 열린 창문과 닿을 듯이 가까웠다. 나는 완전히 환희에 젖어 무아지경으로 혼잣말을 중얼거리며 널찍한 창가에 엎드려, 느닷없이 감탄하고는 했다. 그러나 어둠은 여전히 깔려 있었으며, 담에서 짐승의 앞발처럼 튀어나온 야생 덩굴들이 벽토와 대조를 이루어 까맣게 보였다. 거센 바람이 석탄과 이슬과 장미의 냄새를 풍기며 다시 한 차례 휘몰아쳤고, 그리고는 줄기차게 내닫는 어둠 속에서 갑자기 쏟아지는 불빛을 몇 차례 온몸에 뒤집어쓴 나는, 얼른 창문을 올리고는, 내일은 무슨 일이 일어날지 예측하기가 정말로 불가능하다는 생각을 했다. 그러나 나는 내가 어디로 가고 있으며 왜 그곳으로 가는지를 어떻게 해서든지 설명을 해야겠다.

「유물론의 역사」를 써서 우리에게 잘 알려진 프리드리히 알베르트 랑게가 기초를 닦고, 그의 뒤를 이어받은 천재 코헨이 태동시킨 마르부르크 학파는 두 가지 특징적인 면에서 나를 매혹시켰다. 첫 번째 특징은 독립성이었다. 그들은 첫 기초 원리들부터 모조리 뿌리를 뽑은 다음 무(無)에서 시작하여 새로운 것을 창조했다. 그들은 여러 손을 거쳐서 물려받아 집적한 낡은 지식에 집착하고, 언제나 무지할뿐더러, 구태의연한 문화를 새로이 수정하기가 두려워 온갖 핑계를 늘어놓는 기존의 모든 "주의(主義)"가 내세우던 상투적이고 나태한 사고방식을 용납하지 않았다. 마르부르크 학파는 관념적인 타성에 얽매이지 않고 최초의 근원, 즉 지식의 역사에서 유산으로 후세에 전해진 사상의 진실한 지표들을 지향하고 추구했다. 어떤 사상가가 생각하는 바를 현대 철학이 전하는 경우에, 그리고 평범한 사람이 어떻게 생각하는지를 현대 심리학에서 인용하는 경우에, 올바른 변화를 달성하기 위해서 일반인이 어떻게 생각해야 하는지를 형식 논리학이 가르치는 경우에, 그런 경우에는 마르부르크 학파도 2,500년에 걸쳐서 끊임없이 이어진 저술에 대해서 과학이 어떻게 생각하는지, 열정적인 시작과 세계적인 발견의 태동과 추이에 관심을 나타냈다. 실제로 역사에 의해서 인정을 받은 그러한 사상적 경향에 따라서, 철학은 눈에 띄지 않게 은밀히 더욱 깨우치고 새로운 힘을 얻어, 당연히 그래야 하듯이, 불확실한 학문의 차원을 벗어나 문제를 영구히 해결하는 경지로 모습을 바꾼다.

 마르부르크 학파의 두 번째 특징은 첫 번째 특징에서 직접 연유하는데, 그것은 역사적 발전에 대한 선택적이며 엄격한 시각이었다. 그들에게는 과거에 대한 역겨운 순종은 공감하기 어려운 성향이었으며, 그들은 역사를 자선기관처럼 경시하지 않았고, 클라미스(어깨에서 매는 짧은 겉옷/역주)나 긴 웃옷을 걸치고 샌들을 신거나 가발을 쓴 소수의 늙은이들이 코린트 양식이나, 고딕, 바로크 또는 다른 건축 양식의 경이로움에 대해서 늘어놓았음직한 거짓되고 모호한 상투적인 말 따위에는 공감하지 않았다. 학문의 구조가 지닌 동질성이라면 그들에게는 역사적으로 인간이 지녀온 신체적인 동일성의 의미밖에 없다. 마르부르크에서는 역사를 총괄적으로 파악함으로써, 그들은 이탈리아의 르네상스로부터, 프랑스와 스코틀랜드의 합리주의로부터, 그리고 남들이 하찮다고 생각했던 어느 학파의 낡은 이론에서조차도, 보물을 찾아내고 또 찾아냈다. 마르부르크에서 그들은 헤겔의 관점에서, 그러니까 말하자면 명석한 보편성을 유지하면서도 동시에 분별력이 뛰어난 진실성의 정확한 범주를 벗어나지 않는 시각에서 역사를 고찰했다. 예를 들면 마르부르크 학파는 "세계정신(Weltgeist)"의 발전과정에 대해서는 언급하지 않았지만, 아무리 그렇다고는 하더라도, 베르누이 집안(니콜라우스 베르누이를 비롯하여, 대대로 유명한 과학자들을 배출한 스위스의 한 가문/역주)에서 오고간 서한문의 내용들을 보면, 비록 역사적으로 까마득한 과거에 묻혔어도, 거기에 나타난 모든 사상이 당시의 시대적 과업이나 지리적 여건을 고려하면, 현대의 논리학적 분야에서는 발굴하고 연구할 가치가 분명하다고 주장했다. 그렇게 하지 않는다면 그것은 우리의 즉각적인 관심을 끌지 못해서, 의상이나 인물이나 문학이나 사회적 및 정치적 사조 따위를 연구하는 고고학자나 역사가의 관점에 의존하는 입장이 되고 만다.

역사결정론과 독립성이라는 이런 두 가지 성향은 어느 쪽도 왜 코헨의 사상 체계가 추종을 받았는지에 대한 이유를 반영하지는 않았지만, 나는 그런 흐름의 본질에 관해서는 어떤 언급도 할 의도가 없었으며, 앞으로도 거론하지 않겠다. 그럼에도 불구하고 그 두 가지 성향 때문에 우리는 감명을 받는다. 그것은 나름대로의 독창성을 보여주며, 전통의 흐름 속에서 절대적인 위치, 현대 학문의 한 분야에서 절대적인 위치를 굳건히 지킨다.

그들 학파를 구성하는 작은 하나의 조각이 되기 위하여, 나는 매혹의 중심을 향해서 달려갔다. 기차는 하르츠 지역을 횡단했다. 숲에서 연기처럼 피어오르는 아침 안개 속에서 천 년의 역사를 자랑하는 고슬라르가 중세의 광부를 연상시키는 모습으로 순식간에 지나갔다. 괴팅겐도 섬광처럼 지나쳐 멀어졌다. 점점 더 귀에 익은 도시들이 차창 밖으로 우렁차게 흘러갔다. 그들 대부분의 도시를 뒤로 내동댕이치면서 기차는 멈추지 않고 전속력으로 내달았다. 나는 팽이처럼 돌며 지나가는 도시들의 이름을 지도에서 일일이 찾아보았다. 가끔은 고대 역사에 적힌 사실들이 내 머릿속에 되살아났다. 그러면 도시들은 별들이 다른 별들을 만나듯이, 빙빙 도는 회오리 속으로 빨려들었다. 가끔 「무서운 복수」(니콜라이 고골리의 작품집에 수록된 단편으로서 성탄절 전야에 벌어지는 이야기임/역주)에서처럼, 지평선이 탁 트이며 전개되다가는, 동시에 몇 개인가 궤도를 그리고 연기를 피워올리며, 작은 도시들과 성들이 저녁 하늘처럼 오르락내리락 물결치기 시작했다.

10

여행을 떠나기 전 2년 동안, "마르부르크"라는 말은 내 입에서 떠날 줄을 몰랐다. 중학 과정의 모든 교과서에서는 종교개혁에 대한 이야기만 나오면 마르부르크가 등장했다. 13세기 초에 그곳에 묻힌 헝가리의 엘리자베트(성 엘리자베트: 1207-1231, 안드레브 2세의 딸로 가난한 사람들을 많이 구제했음/역주)에 관한 소책자가 「중재자(Intercessor)」(발행 판본의 이름/역주)라는 제목으로 어린이들을 위해서 따로 발간되기도 했다. 조르다노 브루노(1548-1600, 르네상스 후기의 이탈리아 철학자이며 성직자로서, 코페르니쿠스의 지동설을 지지했다가 교단에서 쫓겨난 다음, 화형을 당했음/역주)의 모든 전기에는 그가 런던에서 본국으로 돌아가는 죽음의 여행길에 강연을 했던 도시들 가운데 마르부르크를 예외 없이 손꼽았다. 그리고 사족을 붙이자면, 거짓말처럼 들릴지도 모르겠지만 모스크바에 지낼 때 나는, 내가 전혀 접근하지 못할 대상이었던 맥스웰(제임스 클러크 맥스웰: 1831-1879, 스코틀랜드에서 태어난 19세기 최고의 물리학 이론가/역주)이나 맥로린(콜린 맥로린 : 1698-1746, 아이작 뉴턴의 뒤를 이은 유명한 스코틀랜드의 수학자/역주)의 동질성과 이질성의 갖가지 도표를 내가 만드는 과정에서 등장했던 마르부르크와, 이러한 회고록에 등장하는 마르부르크를 같은 도시라고 연결을 짓지 못했었다. 나는 도시와의 첫 만남을 하려는 마음에, 얼른 가방을 챙겨 들고, 기사(騎士)들이 묵었던 여관과 옛날의 우편물 역참을 지나 발걸음을 서둘렀다.

나는 걸음을 멈추고는, 목을 길게 뽑고 두리번거리면서, 숨을 몰아쉬었다. 위를 올려다보니, 시청과 800년 묵은 고성 그리고 대학교의 석조 조형물이 3층을 이루며 어지러울 정도로 까마득하게 높이 솟아 있었다. 나는 채 열 걸음을 옮기기도 전에, 내가 지금 어디에 있는지를 의식하지 못하게 되었다. 나는 기차에서 객실에다 넥타이와 더불어 내 모든 세상살이를 두고 내렸다는 사실을 기억했지만, 그것은 이제 옷걸이나 화물 선반이나 재떨이처럼 무의미한 사물이 되었다. 시계탑 위로는 구름들이 흥겹게 거닐었다. 구름에게는 이곳이 낯익은 곳인 듯싶었다. 하지만 구름 또한 나에게 아무런 설명도 해주지 않았다. 보아하니 이 보금자리를 지키는 구름들은 이곳을 떠나고 싶지 않은 모양이었다. 한낮의 침묵이 흘렀다. 그 침묵은 밑으로 펼쳐진 평원의 고요함과 교감했다. 그들은 내가 느끼는 경이감을 타고 높이 떠오르는 듯했다. 하늘의 침묵에서 땅의 침묵으로 라일락의 향기가 피곤한 듯 물결치며 내려왔다. 무엇인가를 기다리며 새들이 지저귀었다. 나는 근처에 사람들이 있다는 사실도 까맣게 잊었다. 꼼짝도 하지 않는 지붕의 윤곽은 호기심으로 가득해서 물었다 — 이것은 모두 어떻게 끝나려는가?

도로들이 괴이한 난쟁이처럼 절벽 밑에 매달렸다. 언덕을 타고 골목길들이 여러 층을 지어 내려오며 계단을 이루어서, 윗집의 지하실은 아래쪽 이웃집의 지붕을 넘겨다보았다. 좁은 골목에는 신기한 상자 같은 건물들이 촘촘히 들어섰다. 집들은 아래층에서 위층으로 올라갈수록 넓게 지어서, 튀어나온 대들보 위에 공간이 들어섰고, 길 양편에서 마주보는 집들은 처마가 서로 닿을 듯해서, 길 위로 서로 손을 내민 듯한 인상을 주었다. 길은 포장을 하지 않았다. 마음 놓고 편히 돌아다닐 그런 길은 아니었다.

나는 로모노소프(미하일 바실리예비치 로모노소프: 1711-1765, 러시아의 시인이며 과학자로서 마르부르크에서 공부했음/역주)가, 이곳의 여러 다리를 건너며 5년 동안 산책을 하기 이전의 어느 날, 아는 사람이 아무도 없이 안내장 하나만 들고, 라이프니츠의 제자였던 크리스티안 볼프(1679-1754, 독일의 철학자이며 수학자/역주)를 처음 찾아왔을 때가 갑자기 머리에 떠올랐다. 그때나 지금이나 이 도시는 크게 달라진 바가 없다는 표현만으로는 무엇인가 부족하다. 당시에도 처음 이곳을 방문한 사람은 마르부르크가 생각보다 무척 작고 중세적인 곳이라는 인상을 받았으리라. 그리고 시선을 돌리면, 충격을 받아서, 굉장히 까마득한 어떤 몸짓을 그대로 반복하기 마련이었다. 로모노소프의 시대나 마찬가지로, 청회색 석판 지붕들이 발밑에 밟힐 듯 언덕 등성이를 뒤덮었으며, 마을은 흡사 식사 때가 되어서 떼를 지어 즐겁게 집으로 날아가는 비둘기들 같았다. 나는 누군가 다른 사람이 200년 전에 느꼈을 흥분감을 되새기자 가슴이 두근거렸다. 나는 곧 제정신을 찾았으며, 무대가 현실로 돌아왔음을 깨달았고, 사마린이 추천한 값싼 하숙방을 찾아나섰다.

제2부

1 나는 교외에 방을 하나 얻었다. 그 집은 기에센 거리의 마지막 줄에 위치했다. 길가에 줄지어 심어놓은 밤나무들이 서로 어깨를 맞대고 행진을 벌이다가 이곳에서는 오른쪽으로 몽땅 방향을 틀었다. 자그마한 옛 도시가 자리잡은 가파른 언덕을 마지막으로 한 번 뒤돌아보고는 길이 숲 너머로 사라졌다.

내 방에는 옆집 부엌과 마당이 내려다보이는 작고 허술한 발코니가 달려 있었다. 폐기된 마르부르크 전찻길에서 가져온 낡은 전차로 만든 닭장이 그곳에 자리를 잡았다.

방을 빌려준 사람은 어느 말단 공무원의 아내였던 늙은 여자였다. 그녀는 몇 푼 안 되는 미망인 연금으로 딸과 함께 살아갔다. 모녀는 서로 퍽 닮았다. 바제도 병(안구가 돌출하는 갑상선 기능 항진증/역주)에 걸린 여자들이라면 누구나 다 그렇듯이, 그들은 내가 몰래 그들의 목덜미를 보려고 하면 내 시선을 다른 곳으로 끌려고 했다. 이런 순간이면 나는 귀처럼 생긴 끝을 서로 단단히 묶은 아이들의 풍선을 상상하고는 했다. 아마도 그들은 그런 눈치를 챘던 모양이었다.

그들은 목을 손바닥으로 꼭 눌러서 바람을 좀 **빼주고** 싶은 생각이 들게 만드는 그들의 눈으로 프로이센의 경건파(17세기 말 독일 루터

교회의 일파/역주)의 시각에 입각하여 세상을 보았다.

그렇다고 해서 그들 모녀가 이 지역의 독일인을 대표하는 유형은 아니었다. 이곳의 지배적인 유형은 중부 독일인이었으며, 스위스와 프랑스로부터 남부와 서부의 풍경이 미미하게나마 조금씩 이곳의 자연 속으로 흘러들었다. 정체를 알 수 없는 푸르른 화초를 늘어놓은 창문이라면 프랑스어로 출판된 데카르트와 라이프니츠의 저서를 한 장씩 손가락으로 넘기기에는 아주 적절한 분위기였다. 정교하게 엮은 닭장에서부터 이어지는 밭들의 너머로는 오케르샤우센 지방의 풍경이 펼쳐졌다. 그곳은 기다란 헛간과 기다란 마차와 덩치 큰 페르셰롱(튼튼하기로 유명한 북부 프랑스 페르셰 산의 짐 싣는 말/역주)이 많이 눈에 띄는 기다란 고장이었다. 그곳에서 길이 하나 더 갈라져서 지평선을 따라 뻗어나갔다. 그 길을 따라 마을로 들어서면 바르퓌서 거리가 나타났다. 바르퓌서(Barfüsser)는 "맨발"이라는 뜻인데, 중세에는 프란체스코회 수사들을 맨발의 방랑자라고 불렀다.

해마다 아마도 이 길을 따라서 겨울이 오는 듯싶었다. 발코니에 서서 그 길을 지켜보면, 자꾸 그런 생각이 그럴듯하게 여겨지고는 했다. 한스 작스(1494-1576, 독일의 시인이며 극작가로 16세기 독일 문단에서 가장 많은 작품을 썼다고 알려졌음/역주). 30년 전쟁. 시간으로 측정하지 않고 몇십 년을 단위로 해서 구분하면 따분하고 지루한 역사적인 재앙이라고 간주되는 사건이 벌어졌던 현장. 되풀이 되는 겨울, 겨울과 겨울, 그리고 식인종의 하품처럼 백 년이라는 세월이 흘러가면, 방랑하는 구름들 밑에서 새로 정착한 마을들이 태동하고, 황량해진 하르츠에서 멀리 떨어진 어디쯤에서는, 시커멓게 타버린 폐허에 "엘렌트(Elend, 독일어로 '불행'이라는 뜻/역주)"나 "조르게(Sorge, '근심 걱정'/역주)" 따위의 이름이 생겨나고, 다른 비슷한 이름들도 생겨나고.

집의 뒤쪽에는 손짓해 부르는 듯한 덤불이 그림자를 드리운 란 강이

어느 시인의 죽음 47

비스듬히 흘렀다. 강 너머로는 철둑이 뻗어나갔다. 저녁이면 부엌에서 들려오는 유령 난로의 지루한 콧바람 소리를 요란하게 중단시키면서, 철도 건널목의 길막이가 저절로 내려오도록 울리는 자동 경보기에서 반복되는 시끄러운 종소리가 가끔 들려왔다. 종소리가 울리면 건널목 옆 어둠 속에서 제복을 입은 사람이 부스스 일어나, 기차가 지날 때 먼지가 일지 말라고 깡통에 담긴 물을 철로에 뿌렸고, 그리고는 곧 발작이라도 일으킨 듯이 위로, 옆으로, 그리고 사방으로 몸을 흔들며 기차가 빠르게 지나갔다. 북소리처럼 울리는 기차의 불빛이 여주인의 냄비에 반사되어 번쩍였다. 우유가 엎질러져 난로 위에서 지글지글 타올랐다.

  기름처럼 유유히 흐르는 란 강의 물 위로 별이 또 하나 내려앉았다. 오케르샤우센에서는 이제 막 우리로 몰아넣은 소들이 나지막이 울었다. 언덕 위에서는 마르부르크가 가극장(歌劇場)의 조명처럼 빛났다. 만일 100년 전에 그랬듯이 그림 형제가 유명한 사비니(프리드리히 카를 폰 사비니 : 1779-1861, 독일의 법률학자/역주)에게 다시 법률을 배우려고 돌아온다고 해도, 그들은 동화를 수집하려고 또 한 번 이곳을 떠나고 말리라. 현관문 열쇠를 챙겼는지 확인한 다음 나는 마을을 향해 출발했다.

  평범한 시민들은 거의 다 잠자리에 들었다. 내가 만난 사람들은 학생뿐이었다. 그들은 하나같이 바그너의 「마이스터징거」(바그너의 유일한 희가극/역주)에 등장하는 연기자들 같았다. 낮에도 무대 장치처럼 보이는 집들은 밤이 되자 더 올망졸망해 보였다. 벽과 벽이 맞닿을 정도로 좁은 골목에 내건 등불들은 앞뒤로 흔들릴 자리조차 없었다. 등불의 불빛이 밑에서 들려오는 갖가지 소리를 위에서 환히 비추었다. 대대로 전해오는 이 고장의 오랜 전설이라면 등불도 잘 안다는 듯이, 등불은 붓꽃처럼 순수한 불빛을 뿌려대어, 힘없이 멀어져가는 발자국 소리와 왁자지껄 터져나오는 독일어 대화를 흥건히 적셨다.

아주아주 오래 전, 로모노소프보다 500년쯤 앞서서, 1230번째로 세상이 1월을 맞아, 완전히 평범한 새해가 이 도시를 찾아왔을 때, 생존하는 역사적인 인물 헝가리의 엘리자베트가 마르부르크 성에서 이 언덕길을 내려왔다.

그것은 너무나 아득한 오래 전의 일이지만, 상상력의 힘이 그 시점까지 미치기만 한다면, 눈보라가 저절로 일어나 휘날리는 장면을 보게 되리라. 불가능을 정복한 자의 명령에 따라 그것은 극도로 차가운 공간에서 쏟아져 나온다. 밤이 깃들고, 산들은 숲으로 뒤덮이고, 숲에는 짐승들이 나타난다. 인간의 관례와 풍습에는 얼음이 막을 덮어씌운다.

세상을 떠난 다음 3년이 지나서 성녀가 될 엘리자베트는 이해심이 부족한 폭군적인 사람(엘리자베트는 엄격하고 냉혹한 콘라트 폰 마르부르크라는 수도사 밑에서 신앙생활을 했음/역주)에게 고해를 했다. 냉정한 수도사는 고해실에서 그녀에게 내리는 고행이 그녀를 환희의 경지로 인도한다는 사실을 알게 되었다. 그녀에게 정말로 고통을 줄 만한 고행을 마련하기 위해서, 그는 엘리자베트가 병든 자와 가난한 자를 돕는 일을 금지했다. 여기에서 역사는 물러가고 전설이 시작된다. 그녀에게는 그런 명령을 따를 능력이 없었던 듯싶다. 수도사의 명령을 어기는 그녀를 결백으로 감싸주기 위해서, 아랫마을로 내려가는 그녀를 보호하려고, 눈보라가 온몸으로 그녀를 둘러쌌으며, 그녀가 매일 밤 경계를 넘어오는 동안에는 빵이 꽃으로 변했다는 소문이 나돌았다.

어떤 광신자가 확고한 신념을 가지고 자신의 뜻을 실현하겠다고 지나치게 고집할 때는, 자연도 가끔 어쩔 수 없이 이런 식으로 본래의 자연법을 어겨야 한다. 자연의 권리를 행하는 목소리가 여기에서 기적의 형태로 간섭을 했는지 어쩐지는 문제가 되지 않는다. 종교적인 시대에는 진실성의 기준이 그런 식이었다.

대학교에 가까워지자, 언덕 위로 올라가던 길이 점점 더 좁아지면서 꼬불거렸다. 건물의 정면에 세월의 때가 두껍게 스미고 묻어서 감자처럼 보이는 건물이 나타났고, 그 문에는 유리를 끼웠다. 유리 문을 들어서니, 깎아지른 북쪽 산등성이로 나가는 출구에 이르기까지 곧게 뻗은 복도가 나타났다. 전깃불로 환하게 밝힌 테라스에는 작은 탁자가 몇 개 놓여 있었다. 테라스 아래쪽으로는 옛날 백작부인(귀족 출신이었던 성 엘리자베트/역주)의 마음을 그토록 불안하게 했던 절벽이 나타났다. 이곳은 16세기 중반이 다 되어서 갖춘 모습을 지금까지 변함없이 그대로 간직했는데, 밤이면 그녀가 몰래 걸어 내려간 산길을 따라 자리를 잡았던 마을은 훗날 절벽 때문에 앞이 완전히 가로막혔다. 그녀의 영혼이 평화를 찾지 못하게 괴롭혔던 절벽, 그녀로 하여금 어떤 자연의 법을 어기도록 강요했던 절벽, 시대에 발 맞춰 힘차게 걸어온 절벽은 이전과 마찬가지로 지금도 기적의 힘으로 움직였다.

그곳에서 눅눅한 저녁 바람이 불어왔다. 잠들 줄 모르고 쇳소리가 천둥처럼 울리며 바람에 실려왔고, 바람과 소리는 함께 흐르다가 서로 멀어지기를 반복했으며, 어둠 속에서는 철도의 측선이 바뀌느라고 시끄러운 소리를 냈다. 요란한 소리를 내는 무엇을 끊임없이 내렸다가 다시 올리는 소음도 들려왔다. 밤이 되면서부터 들려오기 시작한 소란한 물 흐르는 소리가 댐에서 아침까지도 계속 들려왔다. 도살장에서는 둥근 톱이 돌아가는 날카로운 소리가 간혹 들려오는 소의 울음소리와 뒤섞였다. 쉬지 않고 무엇이 터지고 불빛을 뿜었으며, 수증기가 피어오르고 밑으로 쏟아졌다. 무엇인가 몸부림쳤고, 그 위로는 짙은 빛깔의 연기가 피어올랐다.

카페는 주로 철학자들이 자주 들르는 곳이었다. 사람들은 서로 다른 단골집을 드나들었다. G─v와 L─ts와 몇 명의 다른 독일인이 테라스에 자리를 잡았는데, 훗날 그들은 모교에서, 아니면 외국에서 모두 강좌를 맡았다. 코헨의 강의를 들으려고 세계 각처에서 모여든 덴마크, 영국,

일본 사람들이 둘러앉았고, 노래를 부르는 듯이 정열적이고 귀에 익은 목소리에 그들은 귀를 기울였다. 목소리의 주인공은 바르셀로나에서 온 변호사로, 슈탐러(루돌프 슈탐러: 1856-1938, 독일, 에스파냐, 라틴 아메리카에서 이름을 떨친 철학자로 마르부르크에서 법률을 가르쳤음/역주)의 제자였고, 최근에 에스파냐 혁명에 참가했다가, 마지막 2년 과정의 공부를 마치려고 이곳에 왔으며, 베를렌(폴 마리 베를렌: 1844-1896, 프랑스의 시인/역주)의 작품을 친구들에게 낭독하는 중이었다.

나는 그곳 사람들을 이미 많이 사귀었기 때문에, 그들 가운데 어느 누구와도 서먹서먹한 사이가 아니었다. 나는 내가 하르트만(니콜라이 하르트만: 1882-1950, 독일의 철학자로 마르부르크, 쾰른, 베를린, 괴팅겐에서 강의했음/역주)과 함께 라이프니츠를 읽고, 총장에게 「순수이성 비판」의 발췌 부분에 대해서 발표하게 될 날이 오기를 초조하게 고대하면서, 이미 두 가지 약속을 했었다. 마르부르크 대학교 총장에 대해서 나는 오랫동안 여러 가지 추측을 했었지만, 처음 직접 만났을 때는 그의 인상이 이상하게도 무엇인가 부족한 듯 보였기 때문에, 내가 상상했던 그의 존재는 이미 나 혼자만의 소유가 되었다. 그러니까, 신입생으로서의 몽상에 빠진 내가 혹시 그의 눈에 들어서 저녁 만찬에 한번 초대라도 받게 되기를 은근히 기다리던 무렵에, 내 머릿속에서 무의식적으로 생겨난 그의 영상은, 개인적인 욕심이 담기지 않는 내 존경심의 깊이를 그가 정확하게 헤아리느냐, 아니면 겉으로 떠돌기만 하느냐에 따라 달라졌다. 그에게서 만찬에 초대를 받는 과정이 그곳 사람들에게는 새로운 철학자로서 첫 인정을 받는 하나의 절차처럼 여겨졌으며, 그래서 항상 대단한 영광을 뜻했다.

위대한 내면의 세계가 위대한 인간과 함께 할 때, 얼마나 멋진 결과를 만들어내는지를 나는 그에게서 이미 확인했었다. 정상에 오른 노교수가 안경을 쓰고 머리를 꼿꼿하게 치켜들고는, 뒤로 물러서면서, 불멸성에 대한 그리스의 개념을 장황하게 설명하는 모습, 그리고 엘뤼시온 벌판(덕을 쌓은 그리스인들이 사후에 간다고 믿었던 극락/역주)이 어떤 곳인지를 구체적으로 설명하려고 마르부르크 소방서 쪽을 향해 손을 젓던 그의 모습은 벌써부터 나에게는 눈에 익은 것이었다. 그리고 또 어떤 때에는, 칸트 이전의 형이상학으로 슬그머니 이야기를 끌고 가서, 그가 소중하게 터득한 사상들을 희롱하듯 전개하다가는, 갑자기 목청을 가다듬은 다음에, 흄의 말을 인용하면서 그 사상들을 신랄하게 반박하기 시작하던 그의 습성도 나는 벌써부터 알았다. 한참 기침을 하고 나서 한숨을 돌린 다음에는, 지친 듯이 부드러운 목소리로, "Und nun, meine Herrn(자, 그러면 여러분들/역주)……"이라고 천천히 말하던 습성도. 그러면 그것은 지난 세기에 대한 공박은 끝났고, 구경거리도 다 끝났으니, 하던 공부를 다시 계속하자는 뜻이었다.

어느새 테라스에는 남은 사람이 거의 없었다. 전깃불이 하나씩 하나씩 꺼졌다. 이미 아침이 밝아오기 때문이었다. 우리는 기찻길을 내려다보면서, 밤이라는 절벽은 전혀 존재하지 않았노라고 믿었다. 절벽이 위치했던 자리를 대신 차지하고 눈앞에 펼쳐진 아침의 풍경은 앞서 지나간 밤을 망각했다.

2 이 무렵에 V− 자매가 마르부르크에 도착했다. 그들은 부유한 집안 출신이었다. 모스크바에서 고등학생이었던 시절에 나는 그들 가운데 언니와 가깝게 지내던 사이였으며, 그녀에게 공부를 가르쳤는데, 시간이 따로 정해지지도 않았고 내용도 마음이 내키는 대로 아무 것이나 가르쳤다. 좀더 정확하게 표현하자면, 나는 그녀와 어떤 황당한 잡담이라도 나누기만 하면 보수를 받는 처지였다.

그런데 1908년 봄에는 우리 두 사람의 학기가 함께 끝나고 시험도 같은 시기였기 때문에, 나는 내 시험공부를 하면서 동시에 V―의 시험 준비도 도와야 했다.

내가 출제한 문제는 학교에서 배울 때 내가 아무 생각 없이 빼먹은 대목이 대부분이었다. 그때 나는 내 공부만 하기에도 시간이 모자랄 지경이었다. 그러나 가끔 나는 시간 따위에는 신경도 쓰지 않고, 걸핏하면 아침 해가 뜰 무렵에, 내 공부를 제쳐두고 V―의 공부를 도우러 달려가고는 했는데, 우리가 다니던 고등학교는 서로 시험 범위가 달랐기 때문이었다. 이렇게 혼란스러운 공부는 나에게 지장을 주었다. 나는 그런 사실을 깨닫지 못했다. 나는 내가 V―에게 품어왔던 감정만큼은 알았는데, 그것은 열네 살 때부터 내가 줄곧 간직해온 마음이었다.

그녀는 아름답고 매혹적이었으며, 완벽한 가정교육을 받으며 자랐는가 하면, 넘치는 사랑으로 그녀를 키운 프랑스 여인인 어머니 탓에 아주 어렸을 때부터 제멋대로 하려는 성격이 강했다. 프랑스 여인은 날이 밝자마자 집으로 찾아가서 그녀의 귀여운 딸에게 내가 가르치던 기하학이 유클리드의 이론보다는 아벨라르(피에르 아벨라르 : 1079-1142, 질녀 엘로이즈와 이루지 못할 사랑을 한 끝에 그는 수도사가 되고 엘로이즈는 수녀가 되었음/역주)의 이야기로 가득 찼음을 나보다 훨씬 더 잘 알았다. 그래서 V―의 어머니는 자신의 총명함을 강조하며 공부를 도와준다는 핑계로 우리들 곁을 떠나려고 하지 않았다. 나는 그런 간섭을 속으로 은근히 고마워했다. V―의 어머니가 함께 있으면 나는 내 감정을 억제할 수가 있었기 때문이다. 나는 그때 내 감정을 비판할 생각이 없었고, 그런 감정에 좌우되지도 않는 나이였다. 나는 열여덟 살이었다. 어쨌든 나는 전반적인 기질이나 자라온 생활환경으로 인해서, 감정에 나 자신을 내맡길 마음이 없었다.

해마다 이맘때가 되면, 집을 새로 단장하려고 사람들이 작은 항아리에 끓는 물을 붓고 도료를 개어, 햇살이 밝은 바깥에 내놓으면 저절로

어느 시인의 죽음 53

배합이 되고, 여기저기에 쌓인 눈이 잔뜩 녹아내리는 사이에, 밭들은 한가하게 햇볕을 쬐었다. 강에는 조용히 흐르는 맑은 물이 가득 넘쳤다. 그리고 울타리 너머 강변에서는 정원사들과 띠까마귀들과 종탑들이 지평선을 따라 늘어서서, 하루에 두세 차례 주고받는 시끄러운 소리가 온 동네로 퍼져나갔다. 양털처럼 잿빛으로 축축하게 젖은 하늘이 창문에 걸렸으며, 하늘에는 아슴푸레한 어둠이 감돌았다. 시간이 침묵 속에 흘렀으며, 조용히, 조용히 흘렀고, 그러다가 갑자기 굴러가는 수레바퀴 소리가 우르릉거리며 방 안으로 들어왔다. 숨바꼭질이라도 벌어진 모양인데, 그 요란한 소리가 어찌나 갑작스러웠는지, 당황한 수레가 길을 벗어나 창문으로 뛰어 들어오는 듯한 착각이 들 지경이었다. 그리고 이제야 마차 소리는 안전하게 "집"을 찾아 들어가 다시 평화를 찾은 듯싶었다. 그리고 평화로운 침묵은 요란한 소리가 뚫어놓은 커다란 구멍으로 물길처럼 흘러드는 듯이 더욱 이상스럽기만 했다.

나는 이 모두가 어째서 분필 자국을 말끔히 지우지 않은 칠판처럼 내 마음에 흔적을 남겨두었는지 알 길이 없다. 아, 만일 그때 누군가 우리를 붙잡아 말리고, 만일 물에 촉촉이 젖어 빛날 때까지 칠판을 닦아내고, 피라미드의 균일한 높이에 대한 이론을 가르쳐주는 대신에, 차라리 우리 두 사람의 앞에 놓인 운명을 명확하게 밑줄까지 그어가며 글로 써서 알려주기만 했더라면 어떻게 되었을까. 아, 그랬다면 우리는 현실에 얼마나 놀랐을까!

어째서 불현듯 이런 생각이 떠오르고, 왜 지금 그것이 이렇게 내 가슴을 무겁게 할까?

그것은 봄이 왔기 때문이요, 추운 반년을 몰아내는 과정이 거의 마무리되었고, 대지 위에는 아직 벽에 걸지 않은 거울처럼 호수와 웅덩이들이 땅에 누워 하늘을 올려다보며, 험하고 광활한 세상을 이렇듯 깨끗하게 닦아냈으니, 새 주인을 받아들일 준비가 끝났다고 알려주는 계절이 왔기 때문이었다. 그것은, 그때만 해도 누구나 원하기만 한다면, 이 땅에 존재하는 어떤 삶이라도 품에 안고 다시금 살아가는 것이 가능하기 때문이었다. 그것은, 내가 V—를 사랑하기 때문이었다.

그것은 현재를 인식하는 능력이 미래이고, 인간의 미래는 사랑이기 때문이었다.

3 그러나 이른바 여성에 대해서 지켜야 하는 품위 같은 것도 존재한다. 그에 관한 이야기를 조금 하고 싶다. 청춘기에 들어선 사람들로 하여금 걸핏하면 자살의 충동을 느끼게 만드는 일련의 현상은 끝을 알 수가 없다. 미숙한 환상, 어린애 같은 곡해, 젊음의 배고픔, 크로이처 소나타(Kreutzer Sonata)를 능가하려고 끝없이 지어낸 크로이처 소나타들, 이러한 잘못의 연속이 꼬리를 물고 계속된다. 나는 그런 연속의 한가운데에 부끄러울 만큼 오래 머물렀다. 이 모두가 그때 무엇을 의미했던가?

그것은 인간을 갈기갈기 찢어놓았고, 거기에서 얻은 것이라고는 아픔뿐이었다. 그렇다고 해서 인간은 결코 그것으로부터 벗어나지도 못한다. 인간으로서 역사에 발을 들여놓는 사람은 누구나 이 과정을 거쳐야 한다. 도덕에서 해방되어 완전한 자유를 찾으려는 사람이 꼭 한 번은 들려야 하는 문간방의 소나타는 톨스토이나 베데킨트(프랑크 베데킨트: 1864-1918, 독일의 극작가로서 섹스에 대한 그의 사고방식이 많은 반발을 일으켰음/역주)가 짓지 않고, 자연과 본능이 스스로 빚는 음악이기 때문이다. 그리고 욕망과 인간의 본성이 서로 조화를 이루지 못하는 속에서만 결국 자연의 뜻이 충만함을 이룩한다.

물길의 기초를 저항에 두고, 사랑이라고 알려진 둑으로 현실과 환상을 가로막아서, 자연은 세상의 본질적인 완전성과 영속성에 전념할 여유를 얻는다. 여기에서 자연의 집요함이, 병적인 과장이 대두한다. 그러면 분명히 우리는 자연이 모든 단계에서 파리로 코끼리를 만든다("침소봉대"의 러시아식 표현/역주)고 주장해도 되겠다.

그러나 그렇지 않다, 자연은 실제로 코끼리를 만들기도 하니까, 내 말은 옳지 않다! 사람들은 자연이 하는 일은 그것이라고 말한다. 아니면 그것은 그냥 말뿐일까? 그리고 양상(樣相)의 역사는 어떠한가? 아니면 인간이 만든 명칭의 역사는 어떠한가? 그리고 결국 자연은 모든 것을 이곳에서, 거추장스러운 모든 상상력이 둑에 막혀 제멋대로 날뛰는 이곳에서, 생동하는 진화가 이루어지는 바로 이곳에서 그것들을 준비하지 않던가?

그렇다면 어린 시절에 우리가 과장하고, 우리의 상상력이 무질서한 까닭은 그 무렵에 우리는 파리에 지나지 않는데 자연은 우리를 코끼리로 만들기 때문이라고 믿어도 되지 않겠는가?

"거의 불가능함"만이 실재한다는 관념에 집착하면서, 자연은 모든 생명체에게 관능이 훨씬 더 고달픈 짐이 되도록 만들었다. 자연은 동물에게 한 가지 방법으로 그리고 식물에게는 다른 방법으로 욕정을 보다 부담스럽게 만들어놓았다. 그리고 우리 인간의 경우에 부담이 가장 심하게 만들었다는 사실은 인간에 대한 자연의 인식이 각별함을 증명한다. 우리에게 더 많은 짐을 지운 까닭은 인간이 어떤 자동적인 기능을 가졌기 때문이 아니라, 자연이 파악하기로 인간은 절대적인 힘을 생성하는 무엇인가를 보유했기 때문이다. 인간에게 더 많은 고통을 부여했다는 의미가 무엇인가 하면, 파리처럼 하찮은 존재인 인간이 저마다 극복에 성공하면, 우리는 그만큼 더 멀리 그리고 더 힘차게 파리의 하찮음을 벗어난다는 뜻이다. 그런 현상은 안데르센이 「미운 오리새끼」에서 비상하게 파헤친다.

성욕을 다루는 모든 문학작품, 그리고 심지어 "성욕"이라는 어휘 자체도 역겨운 하찮음을 연상시키는데, 여기에서도 그것이 상징하는 의미가 분명해진다. 이러한 모순된 속성만으로도 자연에게는 도움이 되는 까닭은 자연과 인간의 모든 접촉은 하찮음에 대한 우리의 두려움에 기초를 두고, 진부하지 않은 모든 요소는 자연이 인간을 통제하는 강력한 수단이 되지 못하기 때문이다.

이런 면에서 인간의 사상이 제공하는 원료가 무엇이든 간에, 이 재료의 "운명"은 자연의 손에 달렸다. 그리고 그것이 지닌 완전한 총체성으로부터 자연이 우리에게 강제로 부여한 본능의 도움을 받아 자연은 항상 이 재료를 폐기하며, 그 결과 자연주의 사상을 단순화하는 방향을 지향하는 모든 현학적인 노력이 자연에게는 하나같이 무거운 짐이 된다. 그리고 그것은 당연한 귀결이다.

그래야만 감정 자체는 정복해야 할 어떤 대상을 찾게 된다. 그렇지 못하면 고통과 아픔만이 이어질 따름이다. 그리고 어떤 모순 또는 어떤 억지로 인하여 장벽이 생겨났는지는 중요하지 않다. 시작을 불러오는 운동력은 우주에서 알려진 만물 가운데 가장 순결한 힘이다. 그리고 수많은 시대를 거치며 무수한 정복에 성공한 순결함만으로도 충분하고, 거기에 비하면 순수하지 못한 다른 모든 것은 참으로 속되기만 할 따름이다.

그리고 예술이 있다. 예술은 인간이 아니라, 인간이 겉으로 드러내는 양상에 대해서 관심을 가진다. 인간의 양상은, 우리가 쉽게 알 수 있듯이, 인간보다 위대하다. 인간의 양상은 변천 과정에서 빚어지는데, 그렇다고 해서 모든 변화가 인간의 양상을 남기지는 못한다. 인간이 파리에서 코끼리로 변신하는 순간에만 인간은 그의 모습을 남긴다.

진실만을 보고 느끼며 말하는 정직한 인간은 무엇을 하는가? 진리를 말하는 순간에도 시간은 흘러가고, 시간을 따라서 삶은 앞으로 나아간다. 인간의 진리는 뒤로 처져서, 거짓이 된다. 인간이 어디에서나 그리고 항상 그렇게만 말을 해야 하는가?

그래서 예술에서는 인간이 입을 다물어야 한다. 예술에서는 인간은 침묵을 지키고 외적인 양상이 말한다. 그리고 오직 양상만이 자연의 갖가지 성공과 보조를 같이하리라는 사실이 분명해진다.

러시아어에서는 "거짓말을 한다"가 "속인다"보다는 "과장한다"라는 뜻에 가깝다. 그런 의미 속에 예술이 담긴다. 예술이 표현하는 심상은 삶을 품지만, 누가 봐주기를 바라서 그러지는 않는다. 예술의 진리는 서술을 거부하며 끝없는 발전의 가능성을 가진다.

여러 시대에 걸친 사랑을 유일하게 재생하는 예술만이 욕망을 보다 부담스럽게 만들려는 수단을 강화하려는 본능의 명령에 굴복하지 않는다. 영혼의 새로운 성장을 울타리로 삼아서 한 세대가 서정적인 진리를 던져버리기보다는 보존하며, 그리하여 아득히 먼 곳에 서서 본다면, 분명히 이 서정적 진실로 인해서 인간은 조금씩 여러 세대를 이어간다는 상상이 가능해진다.

이 모두가 놀라운 일이다. 이 모두가 무척이나 어려운 일이다.

취향은 도덕을 가르치고, 힘은 취향을 가르친다.

4 자매는 벨기에에서 여름을 보내던 중이었다. 내가 마르부르크에서 지낸다는 소식을 그들은 누군가에게서인가 들었다. 바로 그즈음에 그들은 가족이 모두 베를린에서 모이기로 했다는 연락을 받았다. 베를린으로 가는 길에 그들은 나를 만나고 싶어했다.

그들은 작은 도시에서 중세의 흔적이 가장 짙게 남은 지역의 최고급 호텔에 숙소를 정했다. 우리가 잠시도 떨어지지 않고 같이 지낸 사흘간은, 내 생활의 평일과 주말이 전혀 비슷하지 않듯이, 평상시의 내 생활과는 조금도 비슷하지 않았다. 나는 그들의 웃음에 취해서 아무 말이나 되는 대로 끝없이 이야기를 계속했고, 어디에선가 그들과 헤어질 때는 우연히 옆을 지나가는 행인들이 알겠다는 듯이 너그러운 표정을 짓고는 했다. 그들은 두 사람 다 나와 함께 대학교로 가서 강의를 듣기도 했다. 그러다가 드디어 헤어질 날이 왔다.

그들이 떠나기 전날 저녁에, 식탁을 차리면서 웨이터가 말했다. "Das ist wohl ihr Henkersmahl, nicht wahr?" "오늘은 교수형 당하기 전의 최후의 만찬이군요, 그렇죠?"라는 뜻이었다.

그들이 떠나는 날 아침에 나는 호텔에 들어서다가 복도에서 동생과 마주쳤다. 그녀는 나를 힐끗 보더니, 곧 무슨 일이 일어나리라고 짐작했는지, 인사도 없이 뒷걸음질을 치고는, 자기 방으로 들어가 문을 잠갔다. 나는 곧장 언니가 머무는 방까지 가서, 무척 초조한 빛을 보이며, 이렇게는 더 이상 견딜 수가 없으니 어서 내 운명을 결정지어달라고 애원했다. 이런 일이 그때가 처음은 아니었지만, 그날 나는 무척 집요하게 요구했다. 내 초조한 강요에 부담을 느낀 탓인지 그녀는 의자에서 일어나 뒷걸음질을 쳤다. 벽까지 물러선 그녀는 이런 상황을 가장 근본적으로 해결하는 방법을 갑자기 기억했는데, 그것은 바로 ― 나를 거절한 것이다. 곧 바깥 통로에서 인기척이 났다. 옆방에서 사람들이 트렁크를 끌어냈다. 그러더니 그들은 우리가 있는 방의 문을 두드렸다. 나는 재빨리 매무새를 고쳤다. 역으로 갈 시간이 다 되었다. 걸어서 5분이면 갈 거리였다.

역에 도착한 나는 작별인사를 고할 기력도 없었다. 나는 숨을 몰아쉬며 동생에게 겨우 작별인사를 했지만, 언니에게는 미처 아무 말도 못하고 말았으며, 그러는 사이에 프랑크푸르트에서 오는 급행열차가 승강단 저쪽에 모습을 나타냈다. 잠깐 사이에 기다리던 손님들을 모두 태운 기차가 다시 출발했다. 나는 미끄러져 나가는 기차를 따라 승강단에서 뛰어갔으며, 끝에 가서는 마구 달려 기차로 뛰어올랐다. 묵직한 기차의 문은 아직 닫히지 않았다. 놀라고 흥분한 차장이 앞을 막아서서 내 어깨를 붙잡고는, 목숨이 위험하다는 생각은 하지도 못했느냐고 면박을 주었다. V— 자매는 놀라서 통로로 뛰어나왔다. 그들은 내 생명을 구해줘서 고맙다는 사례금과 기차표 값으로 차장의 손에 자꾸만 돈을 쥐어주었다. 차장은 나를 가엾게 생각하기에 이르렀고, 나는 자매를 따라 객실로 들어갔다. 우리는 베를린을 향해서 달려갔다. 동화 속의 나들이 같은 여행이 계속되었고, 조금 아까 겪었던 모든 상황과 미친 듯이 흔들리던 기차 때문에 열 배나 흥분했던 나는 환희의 두통을 느꼈다.

나는 그저 작별인사를 하려고 달리는 기차에 뛰어올랐을 뿐인데, 막상 기차에 올라와서는 작별인사 따위는 까맣게 잊었고, 겨우 생각이 났을 때는 이미 인사를 하기에는 너무 늦었다. 내가 그런 생각이 들었을 때는 낮이 다 가서 저녁이 드리웠고, 우리는 마지못해 세상으로 다시 내려왔으며, 베를린의 정거장 지붕이 시야에 들어오자 기차는 기적을 울려댔다. 자매를 마중하러 누가 역으로 나오기로 되어 있었다. 자매는 내가 지금처럼 혼란스러운 정신 상태로 그들의 가족을 만나기를 바라지 않았다. 그들은 작별인사는 이미 다 했지만 언제 그런 인사를 했는지 내가 기억하지 못할 따름이라고 일러주었다. 나는 연기가 자욱한 역의 소음 속에서 밀려다니는 군중 사이로 몸을 감추었다.

이미 밤이 깊었고 기분 나쁜 가랑비가 내렸다. 나는 베를린에서 아무런 볼일이 없었다. 마르부르크로 돌아갈 기차는 다행히도 새벽에 떠나는 첫차였다. 나는 역에서 기차가 떠날 때까지 기다릴 수도 있었다. 그러나 나는 내 모습을 사람들에게 보이고 싶지 않았다. 나는 얼굴에서 경련을 일으켰고 눈에서는 쉴 새 없이 눈물이 흘러내렸다. 마지막으로 오래오래 실컷 격렬한 작별을 고하고 싶었던 내 소망은 이루어지지 않았다. 그것은 마치 힘을 잃은 음악을 송두리째 뒤흔들어서 최후의 내리막 화음으로 순식간에 멀리 옮겨놓을 웅장한 카덴차(cadenza)를 기다리는 심정과 같았다.

이미 밤이 깊었고 기분 나쁜 가랑비가 내렸다. 쇠를 얽어 짠 쇠기둥틀의 안쪽에 유리로 둥근 지붕을 그물에 담긴 공처럼 붙인 승강단에서도 그렇지만, 역 앞의 포장된 도로에는 부슬비가 연기처럼 자욱하게 흩뿌렸다. 길과 길이 맞닿은 틈에서는 탄산가스라도 폭발한 듯이 비안개가 일었다. 조용히 끓어오르는 빗발이 온 세상을 뒤덮었다. 이런 상황이 벌어지리라고 예상하지 못했던 탓에, 나는 집을 나설 때 그대로 외투도, 짐도, 신문지도 없이 맨손이었다. 잘 곳을 찾으려고 이곳저곳 들렀으나, 사람들은 나를 아래위로 대충 훑어보고는, 방이 다 찼다고 하면서 돌려세웠다. 한참 후에야 나는 내 옷차림에 개의치 않고 방을 빌려주는 곳을 찾아냈다. 웬만큼 입장이 난처한 처지가 아니고서는 차마 들어가 묵을 용기가 나지 않는 그런 곳이었다. 방에 혼자 남은 나는 창가에 놓인 의자에 비스듬히 옆으로 앉았다. 의자 옆에는 작은 탁자가 하나 있었다. 나는 탁자 위에 엎드렸다.

내가 취했던 자세를 왜 이렇게 자세히 묘사하는가? 그것은, 내가 그렇게 탁자에 엎드린 채로 밤을 꼬박 새웠기 때문이다. 가끔 나는 누구의 손길이라도 느낀 듯이 머리를 들고는, 쳐다보면 볼수록 어두운 천장 밑에서 비스듬히 기울어지며 점점 멀리 뒤로 물러서는 어두운 벽을 쳐다보며 무엇인가를 했다. 나는 벽을 밑에서부터 자로 재기라도 하는 듯 보이지도 않는 눈으로 열심히 짚어 올라가고는 했다. 그리고는 다시 흐느껴 울기 시작했다. 그리고는 다시 두 손으로 얼굴을 감싸고 탁자에 엎드렸다.

내 몸의 자세를 그토록 자세히 서술한 까닭은 이튿날 아침 쏜살같이 날려가는 기차 안에서도 내가 똑같은 자세로 의자에 앉아서 여행을 했으며, 그래서 생생하게 기억하기 때문이다. 그런 엉거주춤한 자세는,

무척 오랫동안 한 인간에게 희망을 불어넣으며 이끌어가던 높은 이상이 결국 갑자기 무너지고, 사라진 이상을 따라가지 못해 거꾸로 땅 위에 떨어진 다음, 그의 머리 위로 요란하게 무엇인가 전속력으로 달려가서는 산모퉁이를 돌아 영원히 사라지는 소리를 들어야 하는 한 인간이 마지막으로 취하는 것이었다.

나는 마침내 몸을 일으켰다. 나는 방 안을 둘러보고는 창문을 활짝 열었다. 밤은 다 지나갔으며 빗발은 안개처럼 허공에 걸린 채로 멈추었다. 아직도 비가 내리는지, 아니면 그쳤는지 알 길이 없었다. 나는 방값을 이미 선불로 지불했다. 복도에는 사람이 아무도 없었다. 나는 아무에게도 알리지 않고 그곳을 떠났다.

5

나는 겨우 이때가 되어서야, 어젯밤에 겪은 일이 워낙 생생한 데다가 다 큰 어른이 눈이 퉁퉁 붓도록 울어서 흉한 모습 때문에 한참동안 의식하지 못했던 무엇, 아마도 훨씬 전에 시작되었지만 제대로 인식하지 못했던 사실을 문득 깨닫게 되었다.

나는 달라진 사물들에 둘러싸였다. 여태껏 전혀 경험하지 못했던 새로운 면모가 현실의 실체 속으로 스며들었다. 아침이 내 모습을 알아보았고, 아마도 아침은 나와 함께 머물고 영원히 나를 버리지 않으려고 찾아온 듯싶었다.

안개가 사라졌고, 더운 하루가 다가오는 중이었다. 도시는 서서히 움직이기 시작했다. 수레들과, 자전거들과, 차들과, 기차들이 사방으로 미끄러져갔다. 그것들의 위로는 눈에 보이지 않는 깃털 장식처럼 인간의 희망과 계획이 구불구불 물결쳤다. 그들의 희망과 계획은 꽃무리를 지었고, 설명하지 않아도 저절로 이해가 되는 아주 친숙한 우화의 상징처럼 압축된 모습으로 떠다녔다. 새들과, 집과 개, 나무와 말, 튤립과 사람들은 어린 시절에 알았던 모습보다 짧고 작아 보였으며, 훨씬 더 단절된 인상을 주었다. 삶의 선명하고 단순한 손길이 길을 건너 나에게로 뻗어와서, 내 손을 잡고는, 나를 이끌어갔다. 이토록 거대한 여름 하늘의 사랑 앞에서 나는 어느 때보다 더 부끄럽고 작아진 기분을 느꼈다. 하지만 나는 그런 느낌을 그때는 잘 이해하지 못했다. 나는 그저 내가 모든 것으로부터 용서를 받았다고 느꼈을 뿐이다. 나는 내면에서 이루어진 아침의 믿음을 미래의 어느 시점에서 따져보고 설명할 수밖에 없었다. 그리고 어느 누구라도 그런 종류의 어떤 의무에도 오랫동안 속박될 필요가 없었기 때문에, 나는 어지러울 만큼 황홀한 희망에 휩싸였다.

나는 별로 힘을 들이지 않고 차표를 샀으며, 기차에 올라서 자리를 잡고 앉았다. 얼마 기다리지 않아서 기차가 출발했다. 그래서 나는 다시 베를린에서 마르부르크로 달려갔지만, 올 때와는 달리 이번에는 낮에 여행을 했으며, 빚을 갚은 듯이 홀가분해서 — 나는 완전히 새로운 인간으로 다시 태어났다. 나는 V—에게서 빌린 돈을 여비로 쓰면서 편안히 여행했고, 머릿속에서는 마르부르크에 있는 내 방의 모습이 자꾸만 떠올랐다.

내 맞은편에는, 기관실 쪽으로 등을 돌리고 앉아 담배를 피우면서, 언제 미끄러져 떨어질지 모르는 코안경을 걸치고 신문을 눈앞에 바싹 대고 읽는 남자와, 어깨에 사냥가방을 걸치고 보따리 밑에 사냥총을 받히고 앉은 산림(山林) 관리자와, 그 옆에는 어떤 사람, 그리고 그 옆에는 또다른 어떤 사람이 한 줄로 나란히 앉아서 기차와 함께 움직였다. 나는 그들에게서 내 눈에 어른거리는 마르부르크의 내 방처럼 친근감을 느꼈다. 그들은 내가 침묵을 지키니까 최면에라도 걸린 듯했다. 나는 때때로 내 침묵이 그들에 미치는 영향력을 확인시키려는 듯, 일부러 침묵을 깨뜨리고는 했다. 그들은 나의 침묵을 이해했다. 나와 함께 여행을 하던 침묵은, 그들도 언젠가 내 처지와 비슷한 상황에서 여행을 하면서 경험했던 어떤 침묵과 너무나 흡사함을 그들은 알았다. 그랬기 때문에 동행자들은 아무 말 없이 내 침묵을 함께 나누었고, 그들은 대부분의 경우처럼 쓸데없이 내가 아는 체하기보다는 예의를 지키며 거리감을 두고, 객실에 앉았다기보다는 그냥 앉은 시늉만 취하면서 여행하던 나의 침묵을 부담 없이 받아들였다. 객실에는 여송연과 기관차의 연기보다 친근감과 상식이 지배적이었으며, 밖에서는 옛 도시들이 차례로 우리를 향해 달려왔고, 내 눈앞에서는 가끔 마르부르크의 내 방에 있는 가구들이 섬광처럼 흘러가고는 했다. 어떤 특별한 이유 때문에 그랬을까?

V— 자매가 찾아오기 2주일 전에 나에게는 퍽 중요한 의미가 있는 혼란이 찾아왔었다. 나는 두 세미나에서 모두 연사로 지명되었다. 내 논문은 훌륭한 성공을 거두었다. 둘 다 쉽게 통과되었다.

나는 내 논문의 주제를 훨씬 더 자세히 발전시켜 여름 학기가 끝날 무렵에 다시 발표해달라는 요구를 받았다. 나는 제안을 선뜻 받아들이고는 전보다 두 배나 열심히 공부에 매달렸다.

그러나 무턱대고 열성적으로 서둘러대던 내 꼴을 경험이 풍부한 사람이 보았더라면, 그는 한눈에 내가 결코 훌륭한 학자가 되지 못하리라고 판단했을 것이다. 나는 내 논문의 주제를 배우는 과정에 사실상 필요 이상으로 쓸데없이 많은 정력을 낭비했다. 내 머릿속에서는 사고(思考)하는 어떤 나무를 한 그루 심어놓은 셈이었다. 새로운 무슨 2차적인 개념이 나의 논리 속에서 과다하게 전개되기 시작하면, 사고의 나무는 자양분과 보살핌이 필요했고, 내가 나무의 영향을 받으면서 책으로 눈을 돌릴 때는, 지식을 흡수해야 한다는 무미한 의무감이 아니라, 논리를 보완하는 문학적인 인용문에 나도 모르게 심취하고는 했다. 내 연구가 논리와, 상상력과, 종이와, 잉크의 도움으로 이루어졌음이 사실이기는 하지만, 내가 그것을 무엇보다도 좋아했던 이유는 논문을 써내려가는 사이에 다른 여러 책에서 인용한 구절과 비유들이 장식물처럼 점점 더 많이 나무에 주렁주렁 매달렸기 때문이었다. 그러나 시간적인 제한에 쫓기게 된 나는 이미 써놓은 발췌문들을 어느 순간에 모두 버려야만 했고, 그냥 포기하는 대신에 나는 그것들을 필요한 자리에 여기저기 펼쳐놓았으며, 그러다 보니 어느새 논문의 주제가 구체적으로 드러나면서, 내 방의 문간에서 내용을 한눈에 훑어볼 수 있는 지경에 이르렀다. 원고는 방 안을 가로질러 잔뜩 늘어놓아서, 목생(木生) 양치류처럼 꼬불꼬불한 잎들이 탁자를 뒤덮고, 긴 의자와 창틀까지 퍼져나갔다. 그것들을 흩어놓기만 해도 이론의 전개과정에서 맥이 끊어지는 셈이었지만, 통째로 말끔히 정리를 한다면 그것은 논문을 통째로 불태워버리는 격이었다. 집 주인에게는 내 논문에 절대로 손을 대지 못하도록 단단히 일러두었다. 논문이 끝나갈 무렵에는 방 청소조차 하지 못하게 했다. 그리고 여행을 하는 동안 내 눈앞에 어른거렸던 방의 풍경에서, 나는 내 철학의 전체적인 모습 그리고 내 사상이 아마도 맞아야 할 운명을 한눈에 보았다.

6

돌아와보니 마르부르크는 몰라볼 정도로 달라진 모습이었다. 언덕은 전보다 키가 자라 앙상해 보였으며, 마을은 시꺼멓게 시들어버린 듯싶었다.

집 주인이 문을 열어주었다. 머리끝부터 발끝까지 나를 훑어보고 난 여주인은 나더러 앞으로 다시 그런 일이 있을 것 같으면 자기나 딸에게 미리 알려달라고 부탁했다. 나는 베를린으로 떠나기 전에 집에 들를 틈이 없을 정도로 긴급한 사정이 있어서 그만 알려주지 못했다고 설명했다. 그랬더니 여주인은 더 한심하다는 표정을 지었다. 독일의 다른 쪽 끝인 베를린에서부터 여기까지 돌아오면서 빈손으로 불쑥, 마치 저녁에 산책이라도 나갔다 온 듯이 나타났다는 사실을 그녀는 믿지 못하는 눈치였다. 아마도 내가 서투른 거짓말이라도 하는 줄 알았던 모양이다. 고개를 저으면서 그녀는 나에게 편지 두 통을 내주었다. 하나는 봉한 편지였고, 또 하나는 우편 엽서였다. 편지는 갑자기 프랑크푸르트에 들르게 된 상트페테르부르크의 조카에게서 온 것이었다. 그녀는 스위스로 떠날 예정인데 프랑크푸르트에 사흘쯤 머물게 되었다고 소식을 전해왔다. 엽서는 거의 비인간적일 만큼 깨끗한 글씨로 3분의 1쯤만 차 있었는데, 끝에는 학교 게시판에 나붙던 공고문에 언제나 적혀 있어서 낯이 익은 서명인 코헨의 친필이 들어 있었다. 다음 일요일 저녁 식사에 초대한다는 내용이었다.

대충 다음과 같은 내용의 대화가 독일어로 나와 여주인 사이에 오고갔다. "오늘이 무슨 요일이죠?" "토요일이요." "저녁에 차를 마실 시간이 없겠어요. 예, 잊어버리기 전에 말씀을 드려야겠군요. 난 내일 프랑크푸르트에 다녀올 예정입니다. 첫 기차를 놓치지 않게 일찍 깨워주세요." "하지만 내가 알기로는 게하임라트 님(Herr Geheimrat, 추밀 고문관을 뜻하는 경칭/역주) 댁에서……." "상관없어요. 제가 알아서 처리할 테니까요." "하지만 그러면 안 될 텐데요. 게하임라트 님 댁에서는 12시에 저녁 식사를 시작할 텐데, 당신은……." 나는 여주인이 왜 그렇게 애원해야 하는지 얼핏 이해가 되지 않았다. 나는 노부인에게 수상하다는 눈길을 보내고는 내 방으로 갔다.

나는 잠깐 동안 멍한 기분으로 침대 위에 앉아 있다가, 여태까지 나를 은근히 짓누르던 공연히 비참한 기분을 떨어버리려고, 부엌으로 내려가서 이를 닦고 세수를 했다. 웃옷을 벗어던지고 소매를 걷어올린 다음에, 나는 나무의 가지들을 쳐내기 시작했다. 30분 후에 내 방은 이사를 가려고 청소를 해놓은 듯이 깨끗하게 정리가 되었으며, 학교

도서관에서 빌려온 책들조차도 산뜻한 분위기에 방해가 되지 않았다. 도서관에 들러 손쉽게 넘겨줄 수 있도록 책들을 네 꾸러미로 말끔히 묶은 다음에, 나는 책 묶음들을 발로 차서 침대 밑 깊숙이 밀어넣었다. 그때 여주인이 내 방의 문을 두드렸다. 내일 아침 첫차가 정확히 언제 떠나는지 시간을 알려주려고 온 것이었다. 그동안에 말끔히 정리가 끝난 방 안을 둘러보고 놀란 여주인은, 치맛자락을 펄럭이며 갑자기, 웃옷과 모자는 무도회에서 구겨진 깃털처럼 휘날리며, 기가 막혀 얼이 빠진 듯, 둥둥 떠서 나에게로 날아왔다. 그녀는 어려운 논문을 끝냈으니 축하한다고 말하면서 뻣뻣하게, 무슨 예식이라도 치르듯이, 나에게 손을 내밀었다. 나는 그녀를 또 한 번 실망시키고 싶지가 않았다. 그래서 그녀의 오해를 덮어두고 나는 방을 나섰다.

그런 다음에 나는 목욕을 하고, 몸을 말리며 발코니로 나갔다. 날이 저물었다. 수건으로 목덜미를 닦으면서 나는 오케르샤우센과 마르부르크가 멀리서 만나는 저쪽으로 눈을 돌렸다. 마르부르크에 돌아온 날 저녁에 내가 왜 베를린 쪽을 그렇게 쳐다보았는지, 그 까닭을 나는 지금은 기억하지 못한다. 마지막, 마지막이었다! 철학이 끝났고, 그러니까 철학에 대해서 내가 가졌던 어떤 상념도 끝이었다.

기차 안에서 만났던 다정한 사람들과 마찬가지로, 모든 사랑은 새로운 신념으로 넘어가는 하나의 과정에 지나지 않음을 잊어서는 안 된다.

7

그때 내가 당장 고향으로 돌아가지 않았다는 것은 이상한 일이었다. 마르부르크는 철학 학파 때문에 중요한 곳이었다. 나에게는 그곳이 이제는 아무 의미도 가지지 못했다. 그러나 또다른 무엇이 분명해졌다.

시(詩)에 얽힌 문제, 창조적인 천재성의 심리가 그곳에 존재했다. 그렇지만 모든 예술에서는 특히 잉태의 순간이 다른 무엇보다도 훨씬 더 직접적인 경험의 순간이며, 이 순간에는 추측 따위를 할 필요가 없다.

우리는 현실을 인식하기를 중단한다. 현실은 어떤 새로운 형태로 나타난다. 이 형태란 예술의 내적인 요소여서, 인간의 내면에 존재하는 것이 아니다. 형태라는 속성을 제외하면 세상의 모든 것에는 이름이 있다. 그것만이 새롭고, 이름이 없다. 그것에 우리는 어떤 이름을 붙이려고 한다. 그래서 얻은 결과물이 바로 예술이다.

예술에서 가장 분명하고 고귀하고 중요한 본질은 잉태이며, 지극히 다양한 대상에 관해서 이야기하는 창조물, 세계 최고의 창조품들은 현실에서 그들의 탄생을 스스로 설명한다. 나는 이런 사실의 전체적인 양상을 지금까지 서술한 기간 동안에 처음으로 깨달았다.

V—와의 관계에 대해서 설명한 내용에서는 내 위치를 바꿔놓을 만한 사건은 하나도 일어나지 않았으나, 뜻밖에도 행복과 비슷한 어떤 경험이 뒤따랐다. 나는 절망했고, 그래서 그녀는 나를 위로했다. 그리고 그때 나를 스친 그녀의 손길이 아무리 가벼웠다고 하더라도, 그것은 다시는 돌이키지 못할 만큼 분명하게 그녀의 입을 통해서 전해진 거절, 확고한 거절에서 내가 느낀 아픔을 황홀한 물결로 휩쓸어버려서, 나로 하여금 환희를 느끼게 했다.

그날 일어난 사건들은 마치 빠르고 시끄러운 회오리와 같았다. 같이 있는 동안 줄곧 우리는, 전속력으로 날아가다가는 우울함에 빠지기도 했다가, 미처 숨을 돌릴 틈도 없이, 다시 화살처럼 빠져나오기를 계속했다. 그래서 우리는 앞뒤를 가릴 마음의 여유조차 없이, 시간이 요동치는 비좁은 감옥을 그날 적어도 스무 번은 다녀왔다. 고등학생이던 내가 여학생이던 V—를 사랑하던 어린 시절에 그토록 부러워한 어른들의 세계란 알고 보니 바로 그런 모습이었다.

마르부르크로 돌아온 나는 내가 헤어진 사람이 6년 동안 사랑했던 어린 소녀가 아니라, 나를 거절한 다음 몇 초 동안 보게 된 여인이었음을 깨달았다. 내 손과 내 어깨는 이미 나의 소유만이 아니었다. 마치 다른 사람의 손발이라도 된 듯이, 내 손발은 일반적이고 일상적인 온갖 사건에 남자를 묶어두는 그런 속박을 그리워하게 되었다. 나는 족쇄를 연상하지 않고는 그녀를 상상할 수가 없었고, 족쇄를 차야만 사랑이 가능했고, 오직 죄수로서만, 그녀의 아름다움이 사랑의 의무를 스스로 풀어주는 고뇌 속에서만 사랑이 가능했기 때문이다. 그녀에 대한 모든 생각은 잠깐 동안 나를 우렁찬 합창에 한 토막으로 엮어넣었는데, 이 노래는 영감으로 기록해온 율동의 숲으로, 전쟁이나 감옥살이나 중세의 지옥 같은 율동의 숲으로 세상을 가득 채웠다. 어린아이는 이해하지 못할 이것을 나는 "실제"의 감각이라고 부르겠다.

이 책의 앞부분에서 나는 "사랑이 태양과 앞을 다투며 달렸다"(28쪽 7행/역주)라는 표현을 썼다. 그것은 백 번이나 반복되었으므로 틀림없이 또다시 돌아오리라고 방금 거듭 확인되었던 절후(節侯)의 순환처럼 확실하게, 주변의 모든 것을 아침마다 앞지르는 감정의 현재(懸在)가 존재함을 염두에 두고 한 말이었다. 다시 말하면, 나는 세상의 발현과 균형을 맞추고 맞서는 어떤 힘의 발현을 믿는다.

필요한 지식과, 능력과, 그럴 시간적인 여유를 내가 갖추었다면, 그래서 창조의 심미학에 대해서 글을 쓰기로 작정한다면, 나는 힘의 개념과 상징의 개념이라는 두 가지 개념을 중심으로 그 글을 엮어보고 싶다. 자연을 빛줄기처럼 해부하는 과학과는 달리, 예술은 인생을 꿰뚫고 통과하는 힘의 빛에 관심을 둔다는 점을 나는 지적하고 싶다. 나는 이론 물리학에서 이해하는 힘의 개념을 가장 광범위한 의미에서 그대로 받아들이기는 하겠지만, 예술에서 힘의 개념이 가진 차이점이라면, 그것은 힘의 근본이 아니라 힘의 소리요, 손재성일 따름이라는 의미로 논하고 싶다. 자아의식이라는 구조 안에서는 힘의 명칭이 감정이라는 점을 나는 분명히 밝혀둔다.

우리가 트리스탄이나, 로미오와 줄리엣, 또는 다른 여러 불후의 작품들이 강렬한 격정을 부각시킨다고 상상한다면, 그것은 주제를 과소평가하는 셈이다. 이들 작품의 주제는 그런 힘의 주제보다 훨씬 더 폭이 넓다. 이들의 주제는 힘의 주제 그 자체이기 때문이다.

그리고 힘이라는 주제에서 예술이 탄생한다. 그것은 사람들의 생각보다 일방적이기가 쉽다. 우리는 그것을 망원경처럼 원하는 방향으로 돌릴 수가 없다. 감정이 따로 떼어놓은 현실에 초점을 맞추고는, 예술이 그 단층을 기록한다. 그것은 본성을 그대로 복제한다. 어떻게 본성이 그러한 단절의 경지로 끼어드는가? 세부적인 요소들은 독립적인 의미를 잃고 그 대가로 명확성을 얻는다. 저마다의 세부적인 양상은 다른 양상과 교체가 가능하다. 모든 것은 고귀하다. 아무렇게나 선택한 어떤 하나도 전치(轉置)한 현실의 전체를 포괄하는 경지를 보여주는 증거가 된다.

이러한 경지의 양상들을 지면으로 옮겨놓으면, 삶의 특성들은 창조의 특성이 된다. 창조된 특성들은 본래의 특성들보다 훨씬 더 민감하게 우리를 설득한다. 보다 많은 검토를 거쳤기 때문이다. 거기에는 나름대로의 용어가 있다. 기교가 바로 그것이다.

예술은 현상만큼이나 진실하고, 사실만큼이나 상징적이다. 그것은 암유(暗喩)를 만들지 않고, 자연에서 찾아낸 바를 그대로 충실하게 재창조했기 때문에 진실하다. 상징적인 의미들은 또한, 하나씩 분리시키면 의미를 모두 상실하면서 전반적인 예술의 정신을 언급하는데, 그와 마찬가지로, 감정이 분리시킨 현실의 부분들은 아무 의미도 없어진다.

그리고 예술은 연상의 방법에서는 상징적이다. 예술의 개별적인 상징은 상호 교환이 가능하고, 선명하게 전체의 특성을 나타낸다. 어느 한 심상이 다양성을 가진다는 사실은 현실의 부분들이 저마다 독립성을 가진다는 조건을 입증한다. 심상의 다양성을 뜻하는 예술은, 따라서, 힘의 상징이다.

솔직하게 말한다면 예술의 원천인 힘만이 구체적인 증거로서 언어를 필요로 한다. 인식의 다른 수단들은 글로 기록하지 않더라도 지속된다. 다른 방편들은 수치(數値)와 명확한 의미와 관념으로, 빛의 시각적인 유추로 곧장 이어진다. 그러나 힘이라는 실제, 그것이 발현하는 순간에만 잠시 머무르는 힘, 그런 힘을 우리는 따로 상상할 수 없으며, 심상들이 겹으로 중복되는 언어, 그러니까 부수적인 양상들의 언어를 통해서만 인식하게 된다.

감정의 직접 화법은 우화이며 무엇으로도 대신할 수가 없다.*

8 나는 프랑크푸르트로 가서 조카를 만났고, 그 사이에 바이에른에 도착한 가족도 만나러 갔다. 동생이 먼저 그리고 다시 아버지가 나를 만나러 찾아왔다. 그러나 나는 그런 일에 별로 관심이 가지 않았다. 나는 그때 시를 쓰는 데에 완전히 빠져서 지냈다. 낮이나 밤을 가리지 않고 틈만 나면 나는 바다와, 새벽과, 남쪽에 내리는 비와, 하르츠 지방의 딱딱한 석탄덩이에 대한 시를 쓰고는 했다.

어느 날 나는 시 쓰는 일에 유난히 골몰했다. 그날 밤은 기진맥진해서 가장 가까운 울타리에 겨우 다다르기는 했지만, 기운이 없어 넘지를 못하고 주저앉아 짜증을 부릴 때처럼 피곤했다. 바람 한 점 불지 않았다. 생명의 유일한 흔적이라고는 정말로 나무 울타리에 힘없이 기

---

* 오해가 생길지 모르므로 독자에게 상기시키고 싶은 점이 있다. 나는 여기에서 예술의 구체적인 구성 요소나, 완성된 작품의 형태에 대해서가 아니라, 창조의 잉태와 그것이 삶에서 가지는 의미를 논했다. 개별적인 심상은 우리의 눈에 보이며, 빛의 유추에 의하여 만들어신다. 예눌의 개별격인 어휘들은 다른 개념들과 마찬가지로, 인식을 거쳐서 존재한다. 그러나 남들이 인용할 수 없는 전체 예술의 어휘는 유추의 접근과정 자체에서 형성되며, 이런 어휘는 상징적으로 힘을 언급한다.

댄 하늘의 어두운 옆얼굴뿐이었다. 그리고 또 하나. 이런 나른한 풍경에 화답이라도 하려는 듯 대지는 자라난화(紫羅欄花)와 담배 꽃의 강한 향기로 소리쳤다. 그런 날 밤에는 인간이 하늘 말고 무엇을 더 좋아하겠는가! 커다란 별들은 저녁 만찬에 참석하려고 나왔고, 은하수의 수많은 별들은 대집회를 열었다. 그리고 분필로 무한한 공간에 아무렇게나 그림을 그려놓은 하늘은 밤의 꽃밭 같은 정취를 물씬 풍겼다. 이곳에는 자줏빛 헬리오트로페와 메티올레도 만발했다. 저녁에 물을 주어 가꾸는 이런 꽃들은 옆으로 퍼져나갔다. 꽃과 별이 서로 어찌나 가깝게 붙었는지 마치 하늘도 물뿌리개 밑으로 내려와 이제는 하얀 점들이 박힌 풀밭에서 별들을 떼어낼 수가 없을 듯 보였다.

나는 극도로 몰입하여 시를 쓰는 데 정신을 쏟았고, 지금까지와는 다른 먼지가 내 책상 위에 쌓였다. 과거의 먼지는 내가 철학과 관계를 끊은 다음에 퇴적된 내 사상의 찌꺼기였다. 나는 내가 기울인 노력의 완전함에 대해서 전율했다. 나는 단순히 미련을 느꼈기 때문에, 기쎈(Gießen, 독일 중부의 도시/역주) 도로에 깔린 잡석에 대한 동정심에서, 먼지를 쓸어버리지 않았다. 그리고 책상의 다른 쪽에서는, 하늘의 별처럼, 오랫동안 닦지 않은 찻잔이 반짝였다.

나는 불쑥 자리에서 일어났고, 모든 것이 녹아내린 듯한 땀에 젖어, 방 안을 서성였다. "얼마나 치사한 농간인가!" 나는 생각했다. "내가 그의 천재성을 더 이상 인정하지 않고, 그와는 다시 만나지 않겠다는 식으로 정말 행동한다는 말인가! 초청 엽서를 벌써 3주일 전에 받았지만, 내가 비열하게 그를 피한다고 생각하겠지! 나는 왜 그랬는지를 설명해야 한다. 하지만 어떻게?"

나는 그가 얼마나 박식하고, 또 엄격한지를 잊지 않았다. "Was ist Apperzepzion?" — 그는 철학을 전공하지 않는 학생에게 "통각(統覺: 경험적 의식의 통일 작용이며 지식을 얻는 근본 작용/역주)이란 무엇인가?"라고 묻고는, 라틴어 어원의 의미를 설명했고……그러다가 시험을 치러야 할 학생이 그 말은 durchfassen(붙잡다)이라고 해석하면 ― "Nein, das heisst durchfallen, mein Herr(아니야, 학생, 그건 떨어진다는 뜻이지)"라고 반박했다.*

그의 세미나에서 학생들은 고전을 읽었다. 그는 가끔 강독을 중단시키고 저자가 의도한 바가 무엇인지를 물었다. 그는 어떤 책이 말하려는 주제를, 학생들이 군대식으로 정확하게 요점을 논하기를 기대했다. 모호성뿐만 아니라, 정확한 진리를 지적하지 못하는 막연한 추리도 그는 참지 못했다.

그는 오른쪽 귀가 잘 들리지 않았다. 나는 바로 그쪽을 골라 그의 옆에 앉아서 칸트의 이론을 상술했다. 그는 내가 마음 놓고 생각하는 바를 말하고는 본론으로 들어가 스스로 논리에 도취되도록 내버려두었다가, 전혀 기대하지 않던 순간에, 불쑥 귀에 익은 질문을 던졌다. "Was meint der Alte?(그 노인네가 무슨 소릴 하는 거지?)" 나는 그때 그가 한 질문이 정확히 무엇이었는지는 지금 기억하지 못하지만, 그의 질문이 예를 들어 구구단에서 5×5의 답을 찾는 것이었다고 가정해보자. "25입니다"라고 나는 대답했다. 그는 얼굴을 찌푸리며 아니라는 손짓을 했다. 자신이 없어서 어정쩡하게 내놓았던 나의 대답을 그는 불쾌하게 생각했고, 그의 불쾌한 표정에 당황한 나는 약간 수정한 다른 대답을 내놓았다. 쉽게 상상이 가겠지만, 정답을 아는 학생은 혹시 없느냐며 그가 허공을 손가락으로 찔러대는 동안, 나는 다양하고도 점점

---

* 영어 번역본에서는 이 대목의 마지막 독일어 부분을 "No, it means to plough," 그러니까 "아니지, 그건 경작한다는 뜻이야"라고 영어로 설명을 달았지만, 아무래도 오역인 듯싶어 역자가 임의로 위에서처럼 수정했음을 밝힌다. 학생이 말한 durchfassen이라는 단어의 의미는 "파악하다" 또는 "붙집다"인 반면에, 쾨헨 교수가 비꼬느라고 사용한 단어는 철자가 비슷해 보이기는 해도 의미가 완전히 다른 유사어이다. durchfallen은 "떨어지다," 그러니까 학생의 경우에 적용하면, "낙제하다"라는 뜻이다/역주

더 복잡한 여러 대답을 늘어놓고는 했다. 아직까지는 대답이 2.5를 10으로 곱한다거나 100을 절반쯤으로 나눈 다음 다시 2로 나눈다는 식의 내용 주변을 맴돌았다. 그리고 점점 더 산만해지는 대답에 그는 더욱 짜증이 났다. 그러나 혐오감이 넘치는 그의 표정을 보고 나면 어느 누구도 내가 처음에 제시했던 해답을 되풀이할 마음이 내키지를 않았다. 그러면 "캄챠카(러시아 사람들에게는 가장 까마득한 오지로서, 학생들에게 벌을 주려고 교실 뒤쪽에 따로 떨어져 앉도록 가져다놓은 긴 의자를 가리킴/역주)에 가서 쉬게나"라는 의미가 담긴 시늉을 한 다음, 그는 다른 학생들에게로 관심을 돌렸다. 이쯤 되자 62나, 108이나, 214 따위의 대답이 이곳저곳에서 힘차게 튀어나왔다. 그는 두 손을 높이 들고, 신이 나서 틀린 답을 열거하는 떠들썩한 학생들은 아랑곳하지도 않으면서, 차분하고 멋없는 목소리로, 처음에 내가 말했던 답을 되풀이했다. 나를 변호하는 새로운 열변이 터져나왔다. 한바탕 그렇게 소란을 치르고 난 다음에 그는 나를 아래위로 훑어보고, 내 어깨를 흔들어주고는, 내가 어디에서 왔으며 몇 학기나 여기서 공부를 했느냐고 물었다. 그리고는 코웃음을 치고 얼굴을 찡그리며, 나더러 발표를 계속하라고 시키고는, 언제나 변함없는 목소리로 장단을 맞추었다. "Sehr echt, sehr richtig; Sie merken wohl? Ja, ja; ach, ach, der Alte!(그렇지, 그 말이 맞아. 이해가 가지? 그래, 그래. 아, 아, 그놈의 노인네가!)" 그일 말고도 나는 기억하는 일이 훨씬 더 많다.

도대체 그런 사람에게는 어떻게 접근해야 한다는 말인가? 내가 그에게 무슨 말을 하겠는가. "시를 쓰겠다고?" 그는 못마땅한 어조로 천천히 말하리라. "시를 쓰겠다니!" 그는 인간에게 부족한 재능 그리고 그런 결함에 대한 둔사(遁辭)에 대한 연구를 충분히 하지 않았던가? "시를 쓰다니."

9

피나무 꽃이 그때 한창 만발했으니, 이런 일들은 아마도 모두 7월에 일어났던 모양이다. 볼록 렌즈를 통해서 나오기라도 하는 듯, 보석처럼 빛나는 누런 꽃들과 더불어 터져나온 태양이, 작고 검은 동그라미들을 그리며, 먼지가 앉은 잎사귀들을 불태웠다.

나는 그 연병장을 전에도 가끔 지나가고는 했었다. 한낮이 되면 덜덜거리는 굴착기의 둔탁한 소리가 요란했고, 공중에는 먼지가 부옇게 피어올랐다. 그곳에서는 군인들이 훈련을 받았고, 훈련 시간이 되면 할 일이 별로 없는 사람들이 — 소시지 가게에서 일하는 소년들이 쟁반을 어깨에 얹은 채로 나타나고, 초등학교 아이들이 광장 앞쪽의 관람석에 자리를 잡고 앉아 구경했다. 그리고 그것은 퍽 훌륭한 구경거리였다. 연병장 가득히 살이 토실토실한 동상 같은 젊은이들이, 두 줄로 짝을 지어 늘어서서는, 마치 헐렁헐렁한 자루를 걸친 개구쟁이들처럼, 서로 달려들어 투닥거리고는 했다. 병사들은 속을 두툼하게 다져 넣은 웃옷을 입고 머리에는 쇠그물로 짠 투구를 썼다. 그들은 펜싱을 배우고 있었다.

그들의 모습은 나에게 조금도 새로운 것이 아니었다. 여름이 지나가는 내내 나는 그 광경을 지겹도록 보아왔다.

그러나 바로 그날 아침, 앞에서 서술했던 그런 초조한 밤을 지내고 난 다음에, 나는 시내로 들어가다가 연병장에 이르렀을 즈음에, 이 연병장을 겨우 한 시간 전에 꿈속에서 보았던 일이 갑자기 생각났다.

코헨의 초청 문제를 어떻게 해야 할지 아직 마음속에서 아무런 결정을 짓지 못한 채로 나는 새벽녘에 잠자리에 들었고, 마침내 잠을 잤으며, 잠에서 깨어나기 직전에 연병장을 꿈에서 보았다. 그 꿈은, 수학자들의 어휘를 빌리자면 "자명한" 사실이 되어버린, 불가피하게 곧 일어날 전쟁에 대한 것이었다.

벌써 오래 전부터 사람들은 육군과 공군의 예하 부대들이 걱정되어서 항상 임전 태세를 갖추라고 군대가 아무리 규율을 강화하더라도, 평화를 누리던 군인들의 사고방식에는 갖가지 전제들이 연역에 의한 결론으로 전환하도록 영향을 주기가 어려우리라고 생각했었다. 얼굴이 창백하고 눈썹까지 먼지가 보얗게 앉은 낡은 제복 차림의 병사들은, 시내를 통과하려면 길이 좁아서 줄조차 제대로 맞추지 못할 지경이었으므로, 날마다 마르부르크에서 이곳으로 내려와 제자리를 빙빙 돌며 행진했다. 하지만 그들의 모습을 보고 흔히 가장 먼저 머리에 떠오르는 생각은 문구점에 가면 언제라도 그들과 닮은 병정 딱지를 팔고, 많이 사면 고무지우개도 끼워준다는 사실이었다.

그러나 내 꿈속에서는 그렇지가 않았다. 꿈을 꿀 때는 관습이나 경험의 어떠한 제한도 받지 않으면서 사물을 파악하고, 느끼고, 판단한다. 꿈에서는 깃발이 휘날렸고 어떤 결론도 나타났다.

나는 황폐한 어느 들판을 꿈꾸었는데, 그 들판은 어딘가 모르게 적에게 점령을 당한 마르부르크처럼 보였다. 힘없고 깡마른 피난민들이 수레를 밀고 줄을 지어 지나갔다. 그때는 현실에 존재하지 않는 어떤 암흑의 시간이었다. 흙으로 쌓아올린 둑과 교통호로 가득한 그 꿈은 위압적인 구조와 무늬를 이루었다. 높다란 포대 진지 꼭대기에서 망원경을 들여다보는 사람들의 윤곽이 겨우 시야에 들어왔다. 그들은 현실에는 존재하지 않지만, 손으로 만져지는 침묵으로 온몸을 감쌌다. 칭칭 감기던 침묵은 푸석푸석한 빙질의 눈보라처럼 공중에서 흩날렸으며, 그대로 가만히 제자리에 머물지 않고, 누가 계속 삽질이라도 해서 퍼올리는 듯, 자꾸만 하늘로 사라졌다. 나는 그토록 슬픈 꿈을 여태껏 꾼 적이 없었다. 나는 아마도 꿈을 꾸면서 울었던 듯싶다. V-와의 사건이 나의 내면에 깊숙이 박혀 있었다. 내 마음은 건강했다. 그것은 정상적으로 작용했다. 밤이 되면 작동하던 마음은 낮에 접했던 인상들 가운데 가장 우발적인 것들을 닥치는 대로 끄집어냈다. 그래서 이번에는 연병장이 꿈속에 나타났으며, 연병장에서 벌어지던 움직임들을 의식이 밀어내고, 꿈의 환상이 원을 그리며 끝없이 빙글빙글 돌았고, 조용히 알려주었다. "나는 전쟁의 환상이니라."

나는 그때 왜 내가 시내로 가고 있었는지 모르겠지만, 아무튼 어떤 성벽을 쌓아올리려고 준비한 흙이 머리를 가득 채우기라도 한 듯, 나는 마음이 잔뜩 무거웠다.

때는 저녁 식사 시간이었다. 학교에는 내가 아는 친구들이 한 사람도 눈에 띄지 않았다. 세미나 교실도 텅 비었다. 아래쪽에서는 작은 마을의 집들이 학교를 향해서 차곡차곡 올라왔다. 더위는 무자비했다. 이집 저집 창가에는 상의를 풀어헤치고 땀에 흠뻑 젖어 더위에 허덕이는 사람들의 모습이 보였다. 그들 뒤쪽에는 현관에 반쯤만 밝혀둔 불빛이 은근했다. 구리 가마솥에 넣어 끓여내기라도 한 듯이 가슴 부분이 후질구레한 실내복을 걸친 야윈 여자들이 순교자 같은 모습으로 안에서 나왔다. 나는 집으로 돌아가기로 작정하고는, 성벽을 따라서 시원한 별장이 여러 채 들어선 꼭대기 길로 들어섰다.

층층을 이룬 별장들의 정원은 대장간처럼 찌는 열기 속에서 휴식을 취했고, 방금 모루에서 두들겨 만든 듯한 장미 덩굴이 느릿느릿 피어오르는 푸른 불꽃 위로 멋지게 늘어졌다. 나는 어느 별장의 뒤쪽으로 갑자기 쑥 내려간 곳에 마련된 작은 마구간 집이라도 하나 찾아내고 싶었다. 그런 곳에는 그늘이 있었다. 나는 그런 곳을 알았다. 나는 그곳으로 돌아 내려가 휴식을 취할 생각이었다. 나로서는 대단히 놀랄 일이었지만, 몽롱한 기분으로 마구간 집까지 돌아 내려갔더니, 헤르만 코헨 교수가 그곳에 있었다. 그는 나를 알아보았다. 나는 돌아갈 길도 없었다.

나의 아들은 일곱 살이 다 되었다. 아들은 어떤 프랑스어 문장이 이해가 가지 않고, 앞뒤 문맥으로 미루어 넘겨짚어서 겨우 뜻을 파악하게 되는 경우에, 이렇게 말한다. "난 단어들의 뜻을 알아서 문장을 이해하는 것이 아니라고요." 아들은 거기에서 말을 뚝 끊는다. 이런저런 이유들을 늘어놓지 않는다. 아들의 말은 "그저 저절로 이해가 된다"는 뜻이다.

나는 아들의 화법을 응용해서, 건전한 합리성을 추구하는 이성과는 달리, 우리를 "주어진 어떤 취지로 이끌어가는" 이성에 이름을 붙여주고 싶은데, 그런 이성을 나는 격식을 갖추지 않은 "무심한 이성"이라고 부르고 싶다.

코헨은 그런 무심한 이성의 소유자였다. 그와 대화를 나누려면 언제나 겁이 앞섰고, 그와 함께 산책한다는 것은 보통 문제가 아니었다. 수리물리학(數理物理學)의 진정한 정신이 옆에서 따라다니며, 지팡이를 짚고 나아가다가, 걸핏하면 걸음을 멈추고, 평균 속도를 유지한 채로, 한 발자국 떼어놓을 때마다 기본적인 명제를 하나씩 수집한다고 상상해보라. 두툼한 외투를 걸치고 중절모자를 쓴 이 대학 교수는, 어떤 특정한 상태에서, 오래 전에 갈릴레오와, 뉴턴과, 라이프니츠와, 파스칼 같은 사람들의 머릿속을 가득 채웠던 고귀한 지식의 정수로만 내면을 가득 채웠다.

마르부르크의 가파른 도로가 부담스러웠기 때문에, 그는 걸으면서 말하기를 좋아하지 않는 편이어서, 그가 만난 다른 사람들의 수다스러운 이야기를 그냥 듣기만 했다. 그는 묵묵히 따라가면서 이야기를 듣다가, 가끔 갑자기 걸음을 멈추고는, 조금 전에 들은 어떤 대목에 대해서 신랄하게 뭐라고 한마디를 던진 다음, 지팡이로 땅을 힘껏 짚고는, 다시 숨을 돌리며 통렬한 발언을 할 만한 다음 장소에 다다를 때까지 계속해서 걸었다.

우리의 대화는 이런 식으로 진행되었다. 내가 태만했던 탓으로 연락을 하지 못했다는 변명은 오히려 사태를 악화시키는 듯싶었는데 ― 그는 이런 불쾌감을 한마디 말도 하지 않으면서 끔찍한 방법으로 나에게 납득시켰으니, 돌바닥을 힘껏 찍어대는 지팡이의 침묵만으로도 비웃음은 충분히 전달되었다. 내 계획에 그는 관심을 보였다. 그는 좋은 계획이라고 칭찬은 하지 않았다. 그는 나더러 시험이 끝날 때까지 학교를 계속 다니고, 박사 학위를 받은 다음에나 고향으로 돌아가 러시아 정부에서 실시하는 시험을 치르고, 가능하다면 나중에 다시 서방으로 돌아와 자리를 잡으면 어떻겠느냐고 충고했다. 나는 그토록 염려를 해주어서 대단히 고맙다는 뜻을 그에게 전했다. 그러나 내가 그에게 표현한 고마움은 나를 끌어당기는 모스크바의 매력보다 훨씬 미약했다. 내 말투에서 그는 허위성과 모호성을 눈치채고는 무척 불쾌하게 생각했는데, 그가 못마땅해 했던 까닭은, 삶에서 남은 기간이 당혹스럽게 짧다는 사실을 고려한다면, 인위적으로 여생의 기간을 삭감하는 그런 애매한 수수께끼들은 견디기가 어렵기 때문이었다. 그래서 그는, 화를 은근히 참으며, 도로에 깔린 판석을 하나씩 차례로 밟고 천천히 내려가면서, 혹시 내가 그토록 시시하고 따분하고 상투적인 소리를 잔뜩 늘어놓고 난 다음에라도, 결국은 진지하게 마음을 털어놓지 않을까 기다리는 눈치였다.

    그러나 내가 철학을 송두리째 던져버릴 생각이며, 일단 끝내야 할 공부라면 대부분의 사람들처럼 모스크바에서 학업을 마칠 각오이니, 나중에 다시 마르부르크에 돌아올 생각은 추호도 없다는 진심을 어찌 그에게 알려줄 수가 있었겠는가? 그에게는 철학이 삶의 전부였고, 그래서 그가 퇴임 고별사를 하면서 위대한 철학에 대한 자신의 헌신적인 자세를 감동적으로 이야기했을 때, 앞에 줄지어 앉아서 귀를 기울이던 젊은 학생들의 손수건이 눈물로 빛났다.

10

8월 초에 나의 가족은 바이에른을 지나 이탈리아로 갔고, 나에게 피사로 오라고 했다. 나는 돈이 다 떨어져가던 터여서, 모스크바로 돌아갈 여비도 넉넉하지 않은 형편이었다. 나중에 그와 비슷한 기회가 여러 차례 찾아오리라고 내가 예상했듯이, 어느 날 저녁에 나는 우리가 자주 만나던 테라스에서 G—와 자리를 같이했고, 내가 경제적으로 쪼들린다는 한심한 사정을 그에게 털어놓았다. 그런 이야기를 먼저 꺼낸 사람은 그였다. 그는 전에 아주 심하게 갖가지 가난에 시달렸고, 하필이면 그럴 때 그는 세계 여러 곳을 한참씩 돌아다니고는 했었다. 그는 영국과 이탈리아에도 갔었고, 이리저리 여행을 하면서 어떻게 해야 거의 빈손으로도 먹고 지낼 수 있는지 요령을 잘 알았다. 그는 나에게 남은 돈으로 베네치아와 피렌체로 여행을 떠나고, 나중에 부모님을 찾아가서 식비와 돌아올 여비를 보태달라고 하면 되는데, 수중에 남은 돈을 아껴 쓰기만 하면 사실 그럴 필요조차 없을 것이라고 했다. 그는 필요한 여행 경비를 종이에 조목조목 열거하면서 적었는데, 총액은 별로 많지 않았다.

카페의 고참 웨이터는 우리 모두와 친한 사이였다. 그는 우리의 마음속까지 환히 꿰뚫어보았다. 내가 시를 쓰는 실험에 한창 열을 올리며 일에 빠져 지낼 때 동생이 찾아와 내가 낮에 일을 못 하게 방해를 받자, 웨이터는 내 동생에게 그런 희한한 소질이 있다는 사실을 어떻게 알아냈는지, 그에게 당구의 맛에 빠져들도록 유인했고, 동생이 웨이터의 도움을 받아 그의 재능을 갈고 닦기 위해서 아침마다 집을 나서고 나면, 나는 하루 종일 방에서 마음 놓고 제대로 일을 할 수가 있었다.

그는 이탈리아 여행 계획의 토론에 가장 적극적으로 참여했다. 그는 다른 손님들의 시중을 드느라고 자주 자리를 뜨면서도, 우리 자리로 돌아와서는 연필을 들고 G—의 예산에서 이것저것 하나씩 경비를 줄여 나갔다.

그는 잠깐 자리를 떴다가 두툼한 안내서 한 권을 겨드랑이에 끼고 서둘러 나타나서는, 딸기 펀치 세 잔이 담긴 접시를 식탁에 내려놓고, 책을 펼치더니 처음부터 끝까지 두 차례나 훑어나갔다. 그는 회오리를 일으키며 책장을 넘기다가 원하는 대목을 찾아낸 다음, 나더러 바로 그날 밤 새벽 3시가 조금 넘어서 떠날 급행열차로 출발하는 편이 좋겠다고 선언하고는, 그것을 기정사실화하려는 듯이 내 여행을 축하하는 의미에서 축배를 들자고 청했다.

나는 오래 지체하지 않았다. 나는 그의 제안 내용이 상당히 타당하다고 생각했다. 나는 이미 학교에서 퇴교 수속을 밟아놓은 상태였다. 방값은 선불로 냈고, 나머지 며칠은 날짜로 계산하면 그만이었다. 시간은 11시 30분이었다. 집 주인을 깨워야 했지만— 별로 큰 실례가 될 일은 아니었다. 짐을 싸고 나머지 준비를 할 시간은 충분했다. 그렇다면 빤한 결정이어서, 나는 출발하기로 마음먹었다.

웨이터는 마치 내일 바젤을 보게 될 사람이 자기 자신이기라도 한 듯이 무척이나 즐거워했다. "이봐요." 그가 몸을 앞으로 숙이고 빈 술잔들을 거두면서 말했다. "우리 서로 얼굴을 똑똑히 봐둡시다. 이곳 관습이죠. 헤어질 때 얼굴을 잘 봐둬야 나중에 상대방을 알아보는 데 도움이 되는 경우도 없지 않으니까요." 나는 대답 대신에 한바탕 웃고 나서, 우리는 이미 오래 전부터 알고 지냈으니까, 내가 그의 얼굴을 잊는 일은 절대로 없으리라고 안심을 시켰다.

우리는 작별인사를 하고, 나는 G—를 따라 밖으로 나왔으며, 니켈로 도금한 칼붙이의 둔탁한 소리가 우리의 등 뒤에서 멀어졌는데, 그것이 나에게는 영원히 다시 듣지 못하게 될 소리처럼 느껴졌다.

몇 시간 동안 머리가 터져나가라고 끝없이 이야기를 주고받으며 한심한 기분이 들 때까지 시내를 두루 돌아다니다가, 너 이싱 갈 곳그치 바닥이 날 즈음에, G—와 나는 정거장이 가까운 동네로 내려갔다. 안개가 우리 두 사람을 둘러쌌다. 우리는 물을 마시러 온 두 마리의 소처럼 꼼짝 않고 오랫동안 걸음을 멈추고 그곳에 서서, 멍한 정신으로 말없이 줄기차게 담배만 피웠다.

아주 천천히 동이 터오기 시작했다. 정원에는 이슬방울들이 소름처럼 촘촘히 돋았다. 보드라운 묘목들이 꽃밭의 어스름 속에서 흐릿하게 모습을 드러냈다. 새벽빛의 터전에서 우리 주변의 마을이 갑자기 통째로 제 윤곽을 되찾았다. 그곳에서 사람들은 잠을 잤다. 성당들과, 성채와, 대학교도 나타났다. 그것들은 젖은 걸레에 엉킨 거미줄처럼 아직도 잿빛 하늘 속에 잠긴 채였다. 약간 두드러져 보이는 듯한 마을이 한 가닥 입김처럼 흐느적거리며 흐르다가, 창문에서 몇 발자국밖에 안 떨어진 곳에서 어디엔가 걸려 멈춘 듯한 착각이 들었다. "자, 이제 가야지. 시간이 되었어." G—가 말했다.

날이 조금씩 밝아왔다. 우리는 서둘러 돌로 쌓은 승강단으로 걸어갔다. 달려오는 요란한 소리의 파편들이 모래알처럼 우리의 얼굴을 때렸다. 기차가 멈추자 나는 친구를 끌어안았고, 가방을 먼저 던져 올린 다음에 기차로 뛰어올랐다. 비명을 지르며 기차가 출발했고, 떨그럭거리며 문이 닫혔고, 나는 차창에 달라붙었다. 기차는 지금까지의 모든 경험과 생활로부터 나를 깨끗하게 단절시켰고, 내가 예상하던 것보다 훨씬 더 빠른 속도로 란 강과, 건널목과, 길거리와, 최근에 내가 묵었던 집이 시야에서 섬광처럼 사라져갔다. 나는 창문을 잡아 흔들었다. 꿈쩍도 하지 않았다. 갑자기 차창이 덜커덩 소리를 내면서 저절로 아래로 떨어졌다. 나는 창밖으로 머리를 내밀었다. 급하게 꺾인 산모퉁이를 돌면서 기차가 세차게 기우뚱거렸고, 그리고는 모든 것이 시야에서 사라졌다. 철학이여, 안녕. 젊음이여, 안녕. 독일이여, 안녕.

11

6년이 지났다. 모든 일이 잊혀지고, 질질 끌던 지루한 전쟁도 끝나고, 그리고는 혁명이 시작되던 무렵, 겨우 이 층집 높이에 이를 정도로 나지막하게 석양이 깔리고, 길게 쌓인 눈이 짙어지는 어둠 속으로 스며들던 어느 날 저녁에, 때 아닌 전화가 울려 집 안을 온통 뒤흔들었다. "누구십니까?" 내가 물었다. "나 G—야." 상대편이 대답했다. 나는 미처 놀랄 사이도 없을 만큼 놀랐다. "거기 어디야?" 내가 다급하게 물었다. 그가 대답했다. 이번에도 역시 믿어지지가 않았다. G—가 묵는 곳은 바로 우리 집 마당 건너편이었다. 그는 인민 교육 위원회의 본부로 쓰려고 징발된 건너편 호텔에서 전화를 걸었다. 잠시 후에 우리는 만나서 마주 앉았다. 그의 아내는 모습이 조금도 변하지 않았다. 그의 아이들은 이때 처음 만났다.

그러나 그와의 만남은 정말로 뜻밖이었다. 그는 지난 몇 년 동안 남들과 다름없이 살았고, 비록 외국에서 지내기는 했어도, 약소국가들을 해방시키기 위한 전쟁의 음울한 그림자는 그에게도 역시 드리워졌다. 나는 그가 런던에서 돌아온 지 얼마 되지 않았다는 사실을 곧 알게 되었다. 그리고 나는 그가 당에 가입했거나, 아니면 열렬한 지지자라는 인상을 받았다. 그는 무슨 일인가를 맡았다고 했다. 모스크바로 정부가 수도를 이전하면서, 그는 자동적으로 인민 교육 위원회 기구에서 맡은 직책을 따라서 이곳으로 왔다. 그래서 그는 우리 이웃에서 살게 되었다. 그것뿐이었다.

그러나 내가 그에게로 달려간 것은 마르부르크 시절의 옛 친구를 만나기 위해서였다. 물을 마시러 온 소처럼 우리가 나란히 서 있었던 머나먼 타향, 안개가 짙은 어슴푸레한 새벽 — 이제는 전쟁도 끝났고 했으니, 최선을 다해서, 보다 조심스럽게, 추억의 삶을 다시 살아보려고 그의 도움을 기대하려는 그런 생각은 물론 조금도 없었다. 아, 물론 그것이 아니었다! 추억의 순간을 되찾아 살리기가 불가능하리라는 사실쯤은 나도 진작부터 알았지만, 내 삶에서 왜 그런 생각을 하면 안 되는지를 확인이라도 하고 싶어서, 나는 그에게로 달려갔다.

* * *

나는 다행히도 언젠가 마르부르크를 다시 찾아볼 기회를 얻었다. 나는 1923년 2월에 이틀을 그곳에서 보냈다. 나는 아내와 함께 그곳으로 여행을 갔는데, 아내에게 그곳을 보여준다고 해도 무슨 언짢은 일이 생기리라고는 전혀 걱정하지 않았다. 내 예측이 틀렸음을 우리 두 사람은 곧 깨달았다. 그것은 나로서도 견디기 힘든 경험이었다. 나는 전쟁이 벌어지기 전에 독일을 보았고, 이제는 종전이 된 다음의 독일을 보았다. 전쟁이 세상을 어떻게 너무나도 끔찍하게 바꿔놓았는지를 나는 내 두 눈으로 똑똑히 보았다. 그때는 루르 지방이 점령을 당한 무렵이었다. 독일은 추위와 굶주림에 시달렸으며, 이제는 누구를 속이거나 기만을 당할 기력도 없이, (독일이라는 나라와 전혀 어울리지 않는 모습이었지만) 목발을 짚고 행인에게로 가서 동냥을 하듯이, 시대로부터 구원을 받으려고 손을 내밀어야 하는 처지였다.

놀랍게도 내가 살던 집의 여주인은 다행히 살아남았다. 나를 보고 여주인과 딸은 주체하지 못할 정도로 손을 부들부들 떨었다. 내가 집으로 들어섰을 때, 그들은 11년 전과 같은 자리에 앉아서 바느질을 했다. 방은 세를 주려고 비워두었다. 그들은 문을 열고 나에게 방을 보여주었다. 방은 많이 변해서, 오케르샤우센에서 마르부르크로 오는 길이 창문으로 내다보이지만 않았더라면 알아보지도 못할 뻔했다. 도로는 예전처럼 창가에서 잘 보였다. 그러나 지금은 겨울이었다. 텅 빈 싸늘한 방의 지저분한 분위기와 지평선 위에 늘어선 앙상한 버드나무들—무엇이나 다 낯설어 보였다. 한때는 30년 전쟁에 대해서 무척 오랫동안 고뇌했던 풍경이 직접 전쟁을 겪어야 한다는 불길한 걱정에 시달리게 되었다. 마을을 떠나면서 나는 빵집에 들러 잣이 박힌 커다란 케이크를 사서 그들 모녀에게 보냈다.

그리고 코헨에 대한 이야기도 해야겠다. 우리는 그곳에서 코헨을 만나지 못했다. 코헨이 세상을 떠났기 때문이었다.

12 그리하여 — 역들이 지나가고, 역들이 지나가고, 역들이 지나갔다. 돌로 만든 나비처럼 정거장들은 기차의 꽁무니 쪽으로 획획 날아갔다.

안식일을 맞은 바젤은 무척 평온해서, 제비들이 부지런히 추녀에 비벼대는 날개 소리가 들려올 정도였다. 검붉은 빛깔의 기와를 얹은 지붕이 앞으로 튀어나온 처마 밑에서는 벽들이 광채를 내며 눈동자처럼 두리번거렸다. 마을 전체가 처마를 눈썹처럼 내밀고는 수많은 눈을 깜박이는 듯했다. 그리고 집 안에서는 사람들이 야생 덩굴로 불을 지폈고, 서늘하고도 깨끗한 박물관에서는 똑같은 질그릇에다 원시인들이 황금을 구워서 녹였다.

"Zwei francs vierzig centimes"(2프랑 40상팀입니다/역주) — 지역의 스위스 민속 의상을 걸친 어느 시골 여인이 놀랄 만큼 정확한 발음으로 말했지만, 두 언어가 제대로 융화하기 위해 서로 섞이면서 흘러드는 저수지(장사치 아낙네가 부르는 가격에서 zwei는 독일어로 '2'를 뜻하고, francs은 프랑스어 화폐 단위이며, 독일어 vierzig은 '40'을 뜻하고, centimes은 '100분의 1'을 의미하는 프랑스의 화폐 단위임/역주)까지 가려면 아직 멀어서, 나지막하게 드리운 산마루를 넘어 오른쪽으로, 그리고 시원스럽게 펼쳐진 넓은 창공을 보며 남쪽으로 가다가, 산을 계속해서 올라야 했다. 생고타르 부근의 어디쯤 이르자 밤이 아주 깊었는데도 사람들은 이야기를 나누었다.

나는 48시간 동안의 여행에서 뜬눈으로 밤을 새워 몹시 지쳤기 때문에, 그런 곳을 지날 때는 잠시 눈을 붙이고는 했다. "시몬아, 너 잠들지 않았느냐?"라는 꾸중을 들었어야 마땅한 그날 밤에는 어떻게 해서라도 깨어 있어야 했지만— 나로서는 어쩔 도리가 없었다. 그러나 억지로 깨어 있던 순간들마저도, "눈이 무겁게 감겨서(겟세마네에서 예수가 기도를 드리는 동안 제자들이 잠들었던 이야기 가운데 「마르코의 복음서」 14장 40절에 나오는 표현임/역주)," 나는 부끄러울 만큼 잠깐씩만 창가에 서서 눈을 부릅뜨고 버텼다. 그러다 보니⋯⋯.

사방에서 세계의 수많은 산봉우리들이 모여 친목회라도 벌이는지 꼼짝도 않고 모여들어 법석을 부렸다. 아하, 그러니까 내가 잠든 사이에, 계속해서 기적을 울리고 또 울리며, 우리가 탄 기차가 꾸불꾸불 나선형으로 산봉우리를 오르고, 차가운 연기를 뿜으며 터널을 지나고 또 지나오는 사이에, 우리가 늘 숨 쉬는 공기보다 3,000미터나 드높은 공기가 어느새 우리를 둘러싸는 데에 성공했다는 말인가?

뚫고 들어가지 못할 암흑이 지배하는 공간을 융기한 소리의 조각품들에 부딪쳐 되울리는 메아리가 가득 채웠다. 세상의 뼈들을 씻어내리며 깎아지른 절벽들이 늙은 아낙네들처럼 부끄러운 줄도 모르고 시끄러운 목소리로 떠들었다. 어디에서나, 어디에서나, 개울들이 남의 흉을 보고, 헛소문을 퍼뜨리고, 킬킬대면서 졸졸 흘러내렸다. 흐르는 물이 수많은 방울을 지어 한참 절벽 끝에 매달렸다가 아래쪽 계곡을 향해 실타래를 엮으며 떨어지는 광경을 상상하기는 어렵지 않았다. 그리고 위에서는 불쑥 튀어나온 나뭇가지 토막들이 기차 위로 뛰어올라, 객실 지붕에 자리를 잡고는, 다리를 흔들면서 서로 소리쳐 부르고, 공짜 여행을 시작했다.

그러나 지구에서 악마가 빚어놓은 가장 훌륭한 걸작인 산봉우리에 올라, 오이디푸스의 눈을 멀게 할 만큼 새하얀 알프스 백설의 나라로 들어서는 문간에서, 나는 끝내 잠을 이기지 못하여, 절대로 용납되지 못할 잠으로 빠져들었다.

　내가 다시 눈을 떴을 때는 깨끗한 알프스의 아침이 차창 밖에서 나를 들여다보았다. 기찻길에 무엇이 떨어져 길을 가로막았거나, 무슨 그런 사고가 생겨서, 기차가 멈춘 모양이었다. 승객들은 기차를 바꿔 타라는 지시를 받았다. 우리는 철도를 따라 언덕을 올랐다. 기찻길은 밧줄처럼 꾸불꾸불 길게 뻗어, 모퉁이를 돌 때마다 마치 훔쳐다가 숨겨놓은 듯한 웅장한 풍경이 이곳저곳에서 잠시 시야에서 사라졌다가 다시 나타나고는 했다. 초콜릿 상자의 그림에 나오는 맨발의 이탈리아 소년처럼 보이는 아이 하나가 내 짐을 날라주었다. 별로 멀지 않은 곳 어디에선가 소년이 돌보는 가축 떼의 나지막한 울음소리가 들려왔다. 목에 걸린 작은 방울들이 한가하게 딸랑딸랑 울리며 햇빛에 반짝였다. 등에들이 음악 소리를 빨아먹었다. 양들은 추워서 아마도 피부가 저려오리라. 데이지의 달콤한 꽃향기가 바람에 실려 날아왔고, 눈에 보이지도 않으면서 찰랑거리는 개울물이 허공으로부터 더욱 공허한 바다로 쏟아져 내리는 소리가 사방에서 잠시도 그치지 않았다.

　억지로 잠을 참느라고 쌓인 피로는 금세 신체에 영향을 미친다. 나는 밀라노에서 한나절이나 지냈지만, 그곳에 대해서 아무것도 기억하지 못한다. 시내를 돌아다니는 동안 점점 가까워지면서 끊임없이 모습을 바꾸던 성당만이 내 기억에 희미하게 인상을 남겼는데, 어느 건널목에서 보느냐에 따라서 성당은 각도와 모습을 달리했다. 녹아내리는 빙산처럼, 짙푸른 절벽 같은 8월의 무더위에 얹힌 성당이 자꾸만 자꾸만 자라면서, 밀라노의 수많은 카페에 물과 얼음을 나눠주는 듯싶었다. 마침내 성당의 비로 앞에서 좁다란 발파이 제공되었고, 머리를 들어 우러러보니, 기둥과 작은 탑들이 속삭이는 소리가 합창처럼 저음으로 울리면서, 연결한 홈통을 타고 내려오는 눈 덩어리처럼 나의 내면에 퉁쌔도 박혔다.

그러나 나는 아직도 제대로 서지도 못할 지경이었으므로, 베네치아에 도착하기만 하면 우선 잠부터 한숨 푹 자야겠다고 속으로 다짐했다.

13 시골풍 차양을 얹은 무슨 세관처럼 보이는 역을 나서자, 물에 젖은 내 발 옆으로 매끄러운 무엇이 조용히 흘러갔다. 구정물처럼 기분 나쁘게 시커먼 무엇이 두세 개의 별에게서 빛의 손길을 받아 은은히 반짝였다. 흔들리는 그림틀 속에다 시커멓게 세월의 그림을 그리려는 듯이, 거의 눈에 띄지 않을 정도로 물결이 잔잔하게 오르락내리락 어둠 속에서 출렁였다. 나는 앞에 펼쳐진 베네치아의 풍경을 보면서도 그곳이 베네치아임을 바로 실감할 수가 없었다. 내가 베네치아에 왔으며, 이것은 꿈이 아니라는 사실을 말이다.

역 앞의 운하는 모퉁이의 캄캄한 터널로 들어가서는, 배수로에 떠 있는 머나먼 미술관의 경이로운 작품들을 찾아, 깜깜한 수로를 따라 어둠 속에서 흘러갔다. 나는 이곳에서 전차 노릇을 하는 싸구려 배를 타려고 선착장으로 발걸음을 서둘렀다.

배는 헉헉거리고 땀을 흘리며, 코끝을 물에 담그면서, 숨을 몰아쉬면서도 침착하게 서서히 미끄러져 나아갔으며, 대운하(大運河)의 궁전들은 우리 뒤로 반원을 그리며 천천히 물러가는 물속에 수염처럼 잠겨 흐느적거리며 끌려왔다. 사람들은 이곳 건물들을 궁전이라고 불렀고, 그보다 더 멋진 이름을 붙였어도 좋았겠지만, 휘황찬란한 깃발들이 휘날리는 중세의 마상 시합장으로 들어가듯, 한밤의 초호(礁湖) 속으로 깎아지른 듯이 내려 박힌, 양탄자처럼 채색된 대리석 건물들을 제대로 표현할 다른 적당한 단어는 존재하지 않았다.

이것은 동양의 특별한 성탄절 나무, 라파엘 이전의 화가들이 그려놓은 동양이었다. 별이 찬란한 밤에 찾아와 경배하는 동방박사의 전설을 재현하기도 했다. 고색을 띤 성탄절 돋을새김[浮刻]에는 광택을 올린 호두나무에 파란 파라핀을 뿌려 덧입혔다. 어떤 어휘들의 본디 모습도 떠올랐다. 할바(Khalva = halva/역주)는 칼데아(Chaldea, 구약성서에서 바빌로니아와 같은 뜻으로 쓰임/역주), 동방박사(Magi)와 마그네슘(magnesium), 인도(India)와 인디고(indigo = 쪽빛/역주). 밤에 보이는 베네치아의 빛깔과 물에 비친 영상은 거기에서 태어났다.

이쪽에 그리고 다시 저쪽에 배가 멈출 때마다 손님들을 불러 태우려고, 마치 러시아 사람의 귀에 잘 들리라고 강조하려는 듯이 멋진 장음계(長音階)로 사람들이 목청을 돋우어 소리쳤다. "Fondaco dei turchi! Fondaco dei turchi!"(터키 상인 회관이요! 터키 상인 회관이요!/역주) 배를 타는 대기소들의 이름은 창고나 회관과는 아무런 관계가 없는 듯 싶었지만, 터키와 독일의 대상들이 이곳에 지었던 창고에 대한 마지막 추억거리인지도 모를 노릇이었다.

내가 처음 곤돌라를 본 곳이 벤드라미니스, 그리마니스, 코르네로스, 포스카리스, 로레다노스 가운데 어디였는지는 기억이 나지 않는다. 어쨌든 리알토(베네치아 대운하의 대리석 다리/역주)를 지났더니 미리 와서 기다리던 곤돌라가 불쑥 나타났다. 곤돌라는 옆으로 돌고 수로를 건너 소리 없이 운하를 미끄러져 나아가 가장 가까운 궁전의 입구에서 멈추었다. 불룩하게 천천히 파도치는 물결에 실려 뒷문에서 앞문으로 돌아온 느낌이었다. 곤돌라의 뒤에서는 참외 껍질과 죽은 쥐가 둥둥 뜬 기다란 물결이 깊은 자국을 남기며 따라왔다. 궁전의 앞에는 널따란 다리가 버림받은 듯이 달빛을 받으며 걸려 있었다. 궁전은 임신한 여인처럼 웅장했고, 그것이 차지한 거대한 공간과는 어울리지 않을 만큼 완벽한 모습이었다. 넓은 수면 위에 펼쳐진 하늘을 가로질러 번쩍이는 투구를 쓴 창부병(槍斧兵)이 경쾌하게 달려갔다. 곤놀라 사공의 검은 뒷모습도 빛나는 별들과 함께 마찬가지로 경쾌하게 달렸다. 그리고 손님의 자리 위쪽에 덮인 차양은 뱃머리와 꼬리 사이에서 물속으로 납작하게 눌려 들어간 양 보이지 않았다.

나는 G―가 베네치아에 대해서 한 설명을 듣고는 학술원 부근에 숙소를 잡아야겠다고 미리 마음을 정한 터였다. 그리고 나는 계획대로 했다. 내가 다리를 건너서 왼쪽으로 갔는지 아니면 계속해서 오른쪽으로 갔는지는 기억이 나지 않는다. 아무튼 자그마한 광장이 하나 나왔다. 광장은 운하를 따라 늘어선 건물들과 비슷비슷한 궁전으로 둘러싸였는데, 이곳 건물들의 인상이 좀더 거무튀튀하고 엄격하다는 점이 달랐다. 그리고 이곳 건물들은 땅 위에 지어졌다.

달빛이 비춘 광장에서는 사람들이 산책을 하거나, 비스듬히 눕거나, 서 있었다. 사람 수는 별로 많지 않았으며, 그들은 움직이거나, 거의 움직이지 않거나, 전혀 움직이지 않는 그들의 몸을 광장에 휘장처럼 줄줄이 걸어놓은 듯싶었다. 보기 드물게 조용한 밤이었다. 그들 가운데 한 쌍이 내 눈에 들어왔다. 서로 쳐다보지도 않고 침묵을 즐기면서, 그들은 멀리 반대편 물가를 뚫어져라 응시했다. 그들은 일을 끝내고 쉬러 나온 팔라초(palazzo, 궁전)의 하인들이었는지도 모른다. 처음에 나는 남자 하인의 얌전한 옷차림, 잘 손질한 백발 머리, 회색빛 윗도리에 마음이 끌렸다. 그들에게서는 이탈리아 사람답지 않은 어떤 분위기가 풍겼다. 그들에게서 북부 지방의 산들바람이 불어왔다. 잠시 후에 나는 남자의 얼굴을 보았다. 나는 그의 얼굴을 전에 본 적이 있다고 생각했지만, 어디에서였는지는 기억이 나지 않았다.

나는 가방을 들고 그에게로 가서, 옛날에 원어로 단테를 읽으려고 공부하다가 배운 불완전한 어휘들을 구사해가면서, 묵을 곳이 필요하다는 이야기를 했다. 그는 내 말을 정중한 표정으로 다 듣고 나서, 잠깐 생각에 잠기더니, 곁에 서서 기다리던 하녀에게 뭐라고 물어보았다. 그녀는 안 되겠다는 듯이 머리를 가로저었다. 그는 뚜껑이 달린 회중

시계를 꺼냈고, 시간을 보더니, 시계를 다시 닫고는, 웃옷 주머니에 넣고 잠깐 더 생각을 하고 나서는, 자기를 따라오라고 고개를 끄덕였다. 우리가 달빛이 환히 비치는 건물의 정면으로부터 모퉁이를 돌아서자, 칠흑처럼 깜깜한 골목이 나왔다.

우리는 돌로 지은 집들 사이로 복도만큼이나 좁다란 골목을 따라 걸어갔다. 가끔 꼽추의 등처럼 굽은 짤막한 돌다리 위를 건너갔다. 조금 더 가자 길 양쪽으로 초호의 더러운 지류들이 뻗어나갔는데, 그런 수로에 고인 물은 퉁그러진 서랍 바닥에 쑤셔넣으려고 아무렇게나 둘둘 말아놓은 페르시아 양탄자처럼 보였다.

둥근 돌다리에서 우리는 지나가는 사람들을 만났고, 돌길에서 또각또각 울리는 구두 소리가 한참동안 가까워지더니, 마침내 눈앞에 베네치아의 여인이 모습을 나타냈다.

저 높은 곳에서는, 우리가 따라가는 길 양쪽에 늘어선 건물들 사이로, 새까맣게 밤하늘이 빛나면서 어디론가 자꾸 멀어져갔다. 이쪽 끝에서 저쪽 끝까지 은하수를 따라 민들레 꽃씨들이 바람에 실려 날아가듯이, 이동하는 빛의 기둥이 지나가도록 비켜서기라도 하듯이, 집들이 갈라지면서 건널목과 광장이 띄엄띄엄 나타났다. 그리고 어디에선가 꼭 본 적이 있는 듯한 남자의 이상한 낯익음에 놀란 나는, 그에게 아주 미숙한 이탈리아어로 이것저것 물었고, 어둠과 빛을 번갈아 드나들면서 되도록 싼 숙소를 찾느라고 이리저리 돌아다녔다.

광활한 바다로 운하가 빠져나가는 해안에 이르자, 새로운 빛깔들과 활발한 움직임이 침묵과 고요함을 대신했다. 선착장은 오가는 사람들로 붐볐으며, 기름이 둥둥 뜬 시커먼 물은 갑자기 고장 난 기계나 한창 바쁘게 돌아가는 분쇄기에서 쏟아져 나오는 하얀 대리석 가루처럼 빛을 냈다. 그리고 거품이 일어나는 물가에서는 과일 장사들의 쇠반에서 식식거리며 타오르는 등불과, 잡담을 나누는 사람들의 목소리와, 기름에 튀기는 과일이 무의미한 어떤 저음의 흐름을 빚어냈다.

　어느 해안 식당의 주방에서 우리는 도움이 될 만한 안내를 받았다. 거기에서 받은 주소를 찾아가려면 우리는 출발한 지점으로 돌아가야 했다. 목적지에 도착할 때까지 우리는 왔던 길을 모두 거슬러갔다. 그래서 모로시니 광장 근처의 어느 여인숙에 안내자가 나를 데려다주었을 때는, 별들이 베네치아를 총총하게 횡단한 길을 방금 거꾸로 다 건너기라도 한 느낌이 들었다. 만일 누가 그때 나에게 베네치아가 어떻더냐고 물었다면, 나는 이렇게 대답했을 것이다. "빛나는 밤과, 아주 작은 광장들과, 이상하게도 낯익어 보이는 조용한 사람들이죠."

14

"좋습니다. 선생님!" 주인은 내가 귀라도 먹은 듯이 큰 소리로 말했다. 주인은 예순 살쯤 되어 보이는 건장한 노인이었는데, 더러운 셔츠 앞가슴을 풀어헤친 채였다. "선생님을 친척처럼 모시죠." 그는 핏기가 오른 얼굴로, 눈을 치뜨고 나를 가늠해보면서, 멜빵 장식을 두 손으로 잡고는, 털이 수북한 가슴을 손가락으로 더듬거렸. "뭐, 송아지고기 요리라도 좀 드시겠소?" 그는 험악한 표정을 조금도 누그러뜨리지 않고 우렁찬 소리로 물었으며, 내 대답은 아랑곳하지도 않았다.

　그는 마음씨가 착한 사람이었는지도 모르겠지만, 라데츠키(요제프 라데츠키 : 1766-1858, 오스트리아의 장군/역주)식 수염을 길러서 불량배처럼 험악해 보였다. 그는 오스트리아 군대의 점령 시절을 생생히 기억했으며, 잠시 후에 밝혀진 사실이지만, 독일어를 조금 할 줄 알았다. 그러나 그는 달마티아(크로아티아 서부의 아드리아 해 연안 지방/역주)의 군인들이 쓰던 언어가 표준 독일어라는 선입견이 강했기 때문에, 나의 빠른 말투를 듣고는 자기가 군인이었던 시절보다 독일 언어가 변질되었다는 생각이 들어서인지 서글픈 반응을 보였다. 뿐만 아니라 그는 소화불량에도 시달리는 눈치였다.

카운터 뒤에서 그는 기마 자세로 몸을 일으키더니, 어디엔가 대고 험악하게 뭐라고 소리를 지른 다음에, 작은 뜰로 재빨리 내려갔고, 거기에서 우리 두 사람의 친목이 계속 강화되었다. 뜰에는 더러운 식탁보를 씌운 탁자가 몇 개 놓여 있었다. "난 당신이 들어서자마자 호감을 느꼈소." 그는 사납게 힘을 주어 악수를 하고는, 나에게 앉으라는 시늉을 하고, 자기는 두어 탁자 저쪽에 자리를 잡았다. 맥주와 고기가 나왔다.

자그마한 뜰은 식당으로도 쓰였다. 그날 밤 다른 손님이 한 사람이라도 들었는지는 모르겠지만, 그들은 오래 전에 이미 식사를 마친 다음 쉬려고 자리에 들었던 모양이며, 한쪽 귀퉁이에서 따로 식사를 하던 허름한 차림의 누추한 노인은 주인이 무슨 말을 하고 그쪽으로 얼굴을 돌리면 무작정 그렇다고 맞장구를 쳤다.

송아지고기를 먹으면서 나는 내 접시 위에 놓인 분홍색 고기 조각이 한두 차례 사라졌다가 다시 나타나는 듯한 착각이 들었다. 나는 분명이 잠에 취한 상태였다. 눈꺼풀이 무겁게 서로 마주 붙었다.

동화 속에서처럼 난데없이, 마음씨 착하고 쪼글쪼글한 할머니가 식탁 앞에 나타났고, 주인은 그녀에게 나를 향한 사나운 박애정신을 짤막하게 주입시켰으며, 그런 다음에 나는 할머니를 따라서 어딘지도 모를 좁다란 층계를 올라갔고, 곧 혼자 남게 되자 손으로 더듬어 침대를 찾아내고는, 더 이상 아무 생각도 하지 않고 어둠 속에서 옷을 벗고는 자리에 누웠다.

한번도 깨지 않고 열 시간 동안을 깊은 잠에 빠졌다가 깨어나니 태양이 밝게 빛나는 아침이었다. 불가능하다고 생각했던 일이 현실이었다고 확인되었다. 내가 베네치아에 온 것이다. 상을 오르내리는 유람선의 선실 천장에서처럼 눈부신 햇살이 동전 무늬를 그리며 아른거렸고, 이곳이 분명히 베네치아라면 나는 어서 자리에서 일어나 밖으로 나가서 구경을 해야겠다고 생각했다.

나는 내가 지난밤을 보낸 방을 둘러보았다. 페인트를 칠한 덧문에 박힌 못에는 치마와 블라우스들이 널렸고, 고리에는 깃털 총채를 걸어 놓았으며, 끈이 달린 막대기도 그 옆에 대롱대롱 걸려 있었다. 창턱에는 화장품이 담긴 깡통들이 수북했다. 사탕 그릇에는 더러운 분필이 몇 개 들어 있었다.

다락방 한쪽을 다 가린 커튼의 뒤에서 구둣솔을 문지르고 두드리는 소리가 들려왔다. 누가 여인숙 손님들의 구두를 모두 모아다가 그곳에서 닦고 있으리라고 나는 생각했다. 구둣솔 소리와 함께 여자의 숨죽인 소리와 아이의 속삭이는 소리도 들려왔다. 나는 숨죽인 목소리가 어젯밤에 만난 할머니임을 알았다.

그 여자는 주인의 먼 친척이었는데, 그곳에서 가정부 노릇을 했다. 주인은 그녀의 작은 골방을 나에게 내주었고, 그래서는 안 된다고 내가 말을 꺼내자, 여자는 초조해하며 남의 집안일에 간섭하지 말아달라고 부탁했다.

옷을 입기 전에 나는 기지개를 켜고 방 안을 한 번 더 둘러보았는데, 그제야 어제 벌어졌던 상황들이 순간적으로 생생하게 다시 머리에 떠올랐다. 어제 나를 안내해준 그 친구는, 나중에 다시 만나면 도와주고 싶으니까 얼굴을 잊지 말아야 한다고 마지막으로 잘 봐두자던 마르부르크의 고참 웨이터를 연상시켰다.

헤어질 때 그가 강조한 말이 생각나서였는지 나는 그가 마르부르크의 웨이터와 닮았다는 가능성을 과장하게 되었다. 어쩌면 그랬기 때문에 광장에서 오가던 많은 사람들 가운데 본능적으로 그를 더 유심히 보았고 가깝게 느꼈는지도 모를 일이었다.

이런 깨달음 때문에 내가 놀란 것은 아니다. 그러한 재회는 기적도 아니었다. 살아가는 인생의 세월은 우연의 일치로, 그러니까 존재의 최면 상태에서 벌어지는 우발적인 사건들로 점철되지 않았다면, 우리가 주고받는 "안녕하세요"나 "안녕히 가세요" 따위의 지극히 간단한 인사는 아무런 의미가 없어진다.

15 그리하여 나에게도 이런 즐거움이 찾아왔다. 다행히도 나는 날마다 밖으로 나가, 살아 있는 사람들처럼 느껴지는 돌로 지은 건물들을 하나씩 만났다.

어느 쪽에서 광장을 향해 걸어가더라도, 어느 순간이 닥치면 숨결이 가빠지고, 저절로 걸음을 서두르게 된다. 장터 쪽에서 출발을 하건 아니면 전신국 쪽에서 가던, 어디에선가 길의 끝에는 어떤 입구가 나타나게 마련이고, 그곳으로 성큼 들어서면 산마르코 광장의 대종탑과 대성당과 두칼레 궁전, 그리고 미술관이 반갑게 맞아준다.

이러한 것들에 조금씩 익숙해져서 친근감을 가지게 되면, 베네치아는 화려한 건축물 — 방금 언급한 네 건물과 다른 몇 가지 건축물이 주인 노릇을 하는 도시라는 느낌을 가지게 된다. 이 말에는 조금도 과장이 없다. 건축가들이 돌을 통해서 전하는 말은 어떤 수사학도 다다르지 못할 만큼 숭고한 언어이다. 또한 그 건축물들은 오랜 세월에 걸쳐 이곳을 찾았던 여행자들의 감탄어린 말소리와 더불어 더욱 자라났다. 점점 더 커지는 기쁨은 베네치아를 찬양하는 어떠한 웅변으로도 충분히 표현하지 못한다. 텅 빈 궁전 안에는 텅 빈 공간이 없다. 어디에서나 아름다움이 넘친다.

정거장으로 가는 곤돌라에 몸을 싣기에 앞서서, 영국인들은 마치 살아 있는 누군가와 헤어지기가 못내 섭섭한 듯이 피아짜에서 좀처럼 발길을 돌리지 못하지만, 잘 알려져 있듯이 이탈리아의 문화에 가장 가깝게 접근했던 영국인들이기에, 우리는 더욱 애틋한 마음으로 그들을 부러워하게 된다.

16 한때는, 깃발을 휘날리는 이 돛대들 밑에서, 황금의 실로 엮 듯이 여러 세대가 얽혀, 세 번의 세기가 서로 긴밀하게 공존했고, 광장에서 별로 멀지 않은 곳에서는 지난 시절의 수많은 배들이 물 위에 떠서 숲을 이루어 꼼짝도 하지 않으며, 꿈을 꾸었다. 선단은 마치 지금도 도시의 설계를 계속하는 듯싶었다. 고패(물건을 높이 달아 올렸다 내렸다 하는 줄을 걸치는 데에 쓰는 도르래나 고리/역주)가 고미다락 뒤쪽으로 튀어나왔고, 갤리 선(옛날 노예나 죄수들에게 노를 젓게 한 돛배/역주)들이 어깨를 나란히 맞추었으며, 배 위에서는 사람들이 마치 육지 위를 걸어 다니듯이 돌아다녔다. 달이 밝은 밤에는 웅장한 세대박이 배가 길거리에 옆구리를 들이밀고는, 돛을 펼친 무시무시한 위용을 뽐내며 쇠사슬로 몸을 묶고, 꼼짝도 하지 않았다. 그리고 그에 못지않은 위풍을 자랑하며 쾌속함들이 닻을 내리고는 조용히 엄숙하게 버티고 선 궁전들을 우러러보았다.

베네치아 함대는 당시의 기준으로 볼 때 무척 강력했다. 그 규모도 놀라웠다. 15세기에는, 전함들을 제외한, 상선의 수만 해도 3,500척에 이르렀으며, 뱃사람이나 기술자들의 수는 7만 명을 헤아렸다.

이 함대는 베네치아의 꾸밈없는 현실이었고, 베네치아의 전설을 만든 평범한 비밀이었다. 역설적으로 이야기하자면, 물 위에 떠서 출렁이는 엄청난 함대는 베네치아의 견고한 땅을 이루었고, 베네치아의 기초가 된 흙이었으며, 국제 시장이었고, 노예들로 가득 찬 지하 감옥이기도 했다. 삭구의 올가미에 걸린 바람이 하늘에서 울부짖었다. 함대는 무적이었으며, 노예들에게는 탄압의 장소였다. 그러나 서로 뜻이 잘 통하는 두 척의 배처럼, 함대가 그곳에서 자행하는 학대에 맞춰 지상에서는 보상이 될 만큼의 속죄가 이루어졌다. 이런 배경을 이해하지 않고서는 예술이 어떻게 고객을 기만하는지를 이해하기 어렵다.

"pantaloon"(이탈리아어로는 pantaloni/역주)이라는 단어의 어원은 묘하다. 지금은 그 단어가 "홀태바지"를 뜻하지만, 한때는 이탈리아의 희극에 나오는 등장인물(16세기 중반에 베네치아 등지에서 기원한 연극에 등장하며, 때로는 현명하지만 주책없는 짓도 벌이는 말라깽이 노인/역주)을 지칭하는 말이었다. 그러나 그보다 더 거슬러올라가면, 그것은 "pianta leone"(사자의 혈통/역주)라는 말로서, 베네치아의 승리라는 개념을 표현했고, (투구의 장식에서는) "사자를 일으키는 사람," 즉 "정복자 베네치아"라는 의미였다. 바이런까지도 그의 시 「차일드 해럴드의 편력」에서 이런 사실을 언급한다.

"(베네치아의) 별명은 승리에서 태어났으니,
땅과 바다에서 불과 피로 헤쳐 나가는
'사자를 잉태하는 자'를 뜻했노라."

어휘의 의미는 놀랄 만큼 변화가 심하다. 사람들이 공포에 익숙해지면, 공포는 새로운 양식의 기초를 이룬다. 어째서 기요틴이 한때 여인들의 브로치 장식으로까지 등장했는지, 우리가 언젠가는 이해하게 될까?

베네치아에서는 사자를 상징하는 양식이 세월에 따라서 많이 달라졌다. 그래서 옛날 감찰국에서 비밀 탄핵 결정문을 고시하던 층계의 게시판에는, 베로네세(파올로 베로네세: 16세기 베네치아의 화가/역주)와 틴토레토(16세기 이탈리아의 화가/역주)의 그림 옆에, 사자의 입을 상징하는 조각을 새겨넣었다. 그때 사람들에게 "bocca di leoni"(사자의 입/역주)가 얼마나 공포의 대상이었는지는 쉽게 짐작이 가고, 또한 시간이 지남에 따라서, 심판관들의 미움을 사지 않고 풀려나오는 백성들에게는, 아름다운 조각을 새겨넣은 게시판에 너무나도 황당하게 잘못 이름이 올랐던 사람을 거론하는 행위가 어째서 탐탁하지 못한 짓으로 여겨졌는지도 당연한 결과였으리라.

다스리는 사람들을 위해서 예술이 궁전을 지었을 때, 그것은 믿음을 사기 위해서였다. 그들은 예술이 당시 대중의 뜻을 올바르게 반영하고, 미래에도 보편적인 공감에 대한 증거물 노릇을 하리라고 믿었다. 그러나 그들의 뜻은 그대로 이루어지지 않았다. 결과적으로 궁전의 언어는 망각의 언어가 되었으며, 그릇된 해석을 유도했던 홀태바지 언어가 되지는 않았다. 홀태바지의 목적은 사라졌고, 궁전만이 남았다.

그리고 베네치아의 미술품도 남았다. 나는 어릴 때부터, 복제품이나 수입된 미술관의 소장품에서, 그곳 미술품들의 강렬하고도 뜨거운 원천의 맛에 익숙해졌다. 그러나 나는 하나하나의 그림을 개별적으로 볼 때와는 달리, 미술품들이 다 함께 모인 원시림에서, 황금의 늪에서, 저마다의 작품이 본래의 고장에서는 어떠한 태초의 의미를 가지고 있었는지를 알고 싶어서, 그들의 본고장을 찾아온 것이다.

17 나는 이런 미술품을 현재의 어떤 정리된 개념보다는 평범한 안목으로, 그러나 뚜렷한 목적에 입각하여 자세히 보았다. 나는 내가 보았던 대상들로부터 내가 지금 해석하는 그런 공통된 경향을 확인하려는 시도는 하지 않았다. 그러나 그때 받았던 인상들은 저마다 분리되어 여러 해 동안 그대로 내 마음속에 남아 있었으며, 그래서 나는 내가 얻은 집약된 결론에 담긴 진실로부터 벗어나지는 않겠다.

나는 어떤 특별한 관찰이 그림을 그리려는 본능을 처음으로 자극하는지를 알게 되었다. 어떤 방법으로 아름다움을 포착하고, 어느 찰나에 그것을 감지하기 시작하는지를. 일단 인간이 관찰을 시작하면, 자연은 순순히 자신의 이야기를 모두 열어 보여주고, 이런 몽롱한 상태에서 그 이야기는 조용히 화폭으로 옮겨간다. 재현(再現)의 의미를 이해하려면 카르파초(비토레 카르파초 : 1472-1527, 베네치아의 화가/역주)와 벨리니(젠틸레 벨리니 : 15세기 베네치아의 화가로, 벨리니 집안은 15-16세기에 걸쳐서 베네치아의 공예 및 미술계를 거의 지배하다시피 했음/역주)의 작품을 보아야 한다.

어떤 융합의 현상이 표현 기술로 하여금 꽃을 피우는 경지를 수반하는지를, 그리고 그림으로 그려야 할 요소와 화가의 완전한 공감이 이루어지고 난 다음에, 재현을 행하는 화가와 재현의 대상인 소재와 그리고 재현 행위의 주제— 이들 세 가지 요소 가운데 무엇이, 그리고 무엇을 위하여 화가는 화폭 위에다 자신을 보다 적극적으로 표현하는지를 알아내기가 불가능해진다는 사실을 나는 나중에야 알게 되었다. 기교의 의미를 알려면 베로네세나 티치아노(르네상스 시대의 가장 위대한 베네치아의 화가/역주)를 봐야 한다.

마지막으로, 그렇다면 이런 인상들의 가치를 제대로 인정하지 않으면서, 천재의 재능이 분출하기 위해서는 거의 아무것도 필요하지 않다는 사실을 나는 깨달았다.

누가 이 말을 믿겠는가? 그림의 제목이나 화가의 이름이나 또는 그림의 주제만 따지려는 행위, 그러니까 보다 광범위하게 이야기하자면, 눈앞에 숨겨진 진리에 대한 무관심은 나를 분노하게 했다. 그것은 화가의 내면에 존재하는 인간성을 무시하는 짓이었다. 그리고 폭풍이 화폭으로 들어가면, 압도적인 열정이 기교의 혼돈 상태를 쓸어낸다. 천재성의 의미, 그러니까 화가의 의미가 무엇인지를 알아내려면, 틴토레토를— 베네치아의 미켈란젤로를 보아야 한다.

18 그러나 나는 그때 그런 높은 차원까지는 이해하지 못했다. 당시 베네치아에서, 그리고 피렌체에서는 훨씬 더 강렬하게, 그리고 보다 정확하게 이야기하자면, 여행을 끝내고 난 다음에 모스크바에서 보낸 겨울 동안에, 보다 전문적인 다른 생각들이 내 머릿속을 차지하게 되었다.

이탈리아의 미술을 처음 접하게 되는 사람이라면 누구나 마음속에 담아서 떠나게 되는 가장 두드러진 인상은, 우리가 그것을 어떤 형태로 보거나 거기에 어떤 명칭을 붙이든지 간에, 우리의 문화가 가진 구체적인 단일성에 대한 깨달음이다.

예를 들면, 인본주의자들의 이교도적인 특성에 대해서 — 자연계와 비자연 계열의 분야에서 이루어진 발전을 놓고, 사람들이 얼마나 많은 이야기를, 그리고 얼마나 많은 방법으로 그런 이야기를 했던가. 그리고 르네상스 시대에 유럽 전체의 문화에 공통된 초점을 이룬 현상이 부활을 믿는 신념의 일치에 뿌리박고 있다는 사실을 분명히 알아야 한다. 마찬가지 이야기지만, "계시," "승천," "가나의 결혼(가나는 에브라임과 므낫세의 경계선을 이룬 작은 시내이며, 두 지역의 결혼과 결합에 관해서는 구약성서 여호수아 16장 8절과 17장 9절을 참조하기 바람/역주)," "마지막 만찬" 따위의 종교적인 주제를 다루는 그들의 방법을 그들의 위대한 세계에서 드러난 방종한 쾌락의 극치와 혼동하여 부도덕하다고 몰아붙인 시대착오도 우리는 많이 봐오지 않았던가?

그리고 우리 천 년 문화의 특이성이 나에게 보여준 것은 바로 이러한 단절된 이해의 장벽이었다.

이탈리아는 우리가 처음 태어나 요람에서부터 무의식적으로 숨 쉬던 모든 것을 나에게 명료하게 보여주었다. 이탈리아의 미술 자체는 이런 면에서 내가 진지하게 사고해야 할 바를 충족시키고 완성시켰으며, 그 후로 시간이 흐를수록, 새로운 미술 소장품들을 접할 때마다 궁극적으로 염료에서 우러난 어떤 견해를 한꺼번에 눈앞에 펼쳐서 보여주었다.

예를 들면 나는 성경이 딱딱하고 집약적인 이야기만 담은 책이 아니라, 인본주의를 해석하는 교본임을 이해했고, 또한 모든 영원성의 본질이 무엇인지도 깨달았다. 무조건 강제로 요구하기보다는 점점 더 멀어지는 과거의 관점에서 되돌아보고 비교하는 융통성이 반드시 필요하다는 사실도 나는 배웠다. 나는 문화의 역사란 과거에 알던 사항들과 그후에 생겨난 모르는 사항들을 심상으로 둘씩 짝을 지어 엮은 방정식의 연속이며, 그뿐 아니라, 급수에서 불변하는 상수(常數) 역할을 맡은 알려진 개념이 전설로 등장하여, 전통의 기초를 이루고, 다시금 미지의 개념으로 순간순간 새로운 양상을 보이며 — 문화의 흐름에서 현실의 순간으로 작용한다는 사실도 이해하게 되었다.

그리고 이것이 그때 내가 흥미를 느꼈던 바이며, 그때 이해하고 사랑했던 것이다.

나는 역사적 상징성의 살아 있는 실체를 사랑했고, 다시 말하자면, 칼새가 둥우리를 짓듯이, 세계를 건설하도록 인간을 도와주는 본능을 신봉했으니 — 인간이 지은 거대한 둥우리는 하늘과 땅으로, 삶과 죽음으로, 넘겨줄 준비가 끝난 시대와 의무를 불이행하는 시대라는 두 가지 시대로 이루어졌다. 그러나 상반되는 모든 요소를 내포한 큰 둥우리는 모든 부분의 투명한 상징성을 포괄하는 끈으로 서로 견고히 연결되었기 때문에 무너지지 않았다고 나는 생각했다.

그러나 나는 젊었고, 이것이 천재성의 본질이나 운명에는 적용되지 않는다는 사실을 알지 못했다. 나는 천재의 존재가 형상으로 굴절된 상징들 속이 아니라, 남들과 다름없이 살아가며 체득한 경험 속에 존재한다는 사실을 알지 못했다. 나는 천재가, 옛날 원시인들과는 확연하게 다르게, 직선적이고 거친 도덕적 본능에 뿌리를 내린다는 사실을 알지 못했다. 천재의 특이성만이 주목할 가치를 가진다. 비록 문화에서는 도덕적 정서(情緖)의 불꽃이 남김없이 타오르기는 하지만, 분출의 불꽃을 일으킨 사람은 그의 행동이 울타리를 넘어 퍼져나가리라고 항상 생각한다. 나는 인습 타파를 부르짖는 이들이 빈손으로 태어나지 않은 희귀한 경우에만, 가장 오래 지속되어온 형상들을 그냥 내버려둔다는 사실을 알지 못했다.

교황 율리우스 2세가 시스티나 성당의 그림을 보고 색채가 초라하다고 불평했을 때, 미켈란젤로는 마음이 통하는 사람들에게 천지 창조를 그린 천장에 관해서 말하면서, 자신의 생각을 이렇게 밝혔다. "이 그림에 나타난 시대의 사람들은 황금을 몸에 두르고 살지는 않았습니다. 여기에 그려놓은 사람들은 부자들이 아니었습니다." 그의 말은 어린아이처럼 솔직했고, 그래서 천둥처럼 힘이 있었다.

내면에서 억압당한 사보나롤라(15세기 이탈리아의 종교 개혁가이며 순교자/역주)가 서서히 무너지는 상태로 인간은 문화의 경계에 이른다. 그러나 억압을 당하지 않은 사보나롤라는 경계를 무너트린다.

19 내가 베네치아를 떠나기 전날 밤에, 이곳에서 자주 열리던 야외 음악회가 불빛을 환히 밝힌 광장에서 열렸다. 광장 주위에 둘러선 건물들의 정면은 땅바닥에서부터 지붕 꼭대기까지 온통 작은 점들처럼 등불로 장식했다. 광장의 세 방향에서는 어둡고도 허여스름한 조명이 투명해 보였다. 광활한 하늘 아래에 모여 앉은 청중의 얼굴은, 지붕을 덮고 멋지게 조명을 받는 연주회장에 와 있기라도 한 듯, 지금 막 목욕을 하고 나온 사람들처럼 상기되었다. 갑자기 이 환상의 무도회장 천장에서 가벼운 빗발이 뿌렸다. 그러나 비는 내리기 시작하는가 싶더니 어느새 끝나버렸다. 비를 맞은 조명이 광장 위에서 반사되어 흐릿한 색채를 띠며 끓어올랐다. 산마르코 대성당의 종탑은 붉은

대리석으로 만든 탑처럼 장밋빛 안개 속으로 솟았고, 보드라운 구름이 둥근 꽃다발을 층층이 만들며 탑의 중간까지 올라가 걸렸다. 조금 더 떨어진 곳에서는 짙은 올리브빛 안개가 감돌았으며, 동화 속에서처럼 대성당의 지붕은 안개 속으로 자취를 감추었다. 성당이 위치한 쪽의 광장은 마치 깊은 바닷속의 왕국처럼 보였다. 성당 앞에는 고대 그리스에서부터 쉬지 않고 빨리 달려와 벼랑 끝에 다다른 듯이 이곳에서 갑자기 멈춰선 다섯 마리의 말이 황금빛으로 빛났다.

음악회가 끝나자, 원형 주랑(柱廊)을 따라서 돌아가다가 잠시 음악 소리에 파묻혔던 맷돌처럼, 천천히 걷는 사람들의 단조로운 발소리가 들려왔다. 이것은 한가하게 산책하는 사람들의 시끄러운 발자국 소리가 함께 어울려, 얼음판에서 달리는 스케이트의 날들처럼 울리는 소리였다.

산책하는 사람들 틈에서는 여인들이, 유혹을 물리치는 정도가 아니라 위협까지 하느라고, 화를 내며 빠른 걸음으로 지나갔다. 발걸음을 서두르며 여인들은 적을 격퇴하고 섬멸하려는 듯한 표정으로 뒤를 돌아보고는 했다. 손짓해 부르는 듯한 매혹적인 몸매를 흔들면서, 여인들은 주랑 현관 어디에선가 재빨리 모습을 감추었다. 뒤를 돌아보는 순간에는 장례식장 분위기의 음산한 베네치아 여인들의 얼굴이 검은 베네치아 머릿수건 속에서 상대방을 노려보았다. 알레그로 이라토(allegro irato, 화가 나서 빠르게/역주)의 박자로 서두르던 그들의 걸음걸이는, 작은 다이아몬드처럼 하얗게 빛나는, 광장의 불빛과 이상하게도 잘 어울렸다.

나는 마음속에서 베네치아와 영원히 맺어진 당시의 흥분감을 두 번이나 시로 표현해보려고 시도했었다. 베네치아를 떠나기 전날 밤, 나는 숙소에서 잠이 깰 무렵인 새벽녘에 들려온 기타의 아르페지오에 잠이 깼다. 내가 서둘러 창가로 가니, 아래쪽에서는 물이 찰랑거렸으며,

갑자기 사라지려는 음악 소리의 흔적이 혹시 그곳에 남아 기다리지나 않을까 하는 심정으로, 저 멀리 밤하늘을 물끄러미 쳐다보았다. 만일 누가 그때 나의 시선을 보았다면, 반쯤 잠에 취해 몽롱한 상태에서 내가, 베네치아의 하늘에 "기타자리"라고 부르고 싶은 새로운 별자리가 나타나리라고 기대하면서, 별자리가 어디서 떠오르는지 찾고 있다는 생각을 했을지도 모른다.

제3부

1 겨울이 되면 모스크바는 시커먼 나무들이 커튼처럼 두 겹으로 줄지어 선 도로들로 바둑판처럼 갈라진다. 집 안에서는 레몬을 반으로 잘라놓은 듯이 동그란 불빛이 노랗게 타오른다. 눈을 잔뜩 머금은 하늘이 나무 위로 낮게 깔리고, 하얗던 것들이 모두 푸른빛을 낸다.

길가를 따라서 헌 옷을 입은 젊은이들이, 누구인가를 머리로 당장 들이받기라도 하려는 듯, 몸을 잔뜩 웅크리고 달려갔다. 나는 그들 가운데 몇몇 사람은 알았지만 나머지 대부분은 모르는 얼굴이었는데, 그들은 거의 다 내 나이 또래, 그러니까 내 어린 시절을 구성하는 수많은 얼굴들이었다.

사람들은 얼마 전부터 그들의 이름에 "씨"라는 말을 붙여서 부르기 시작했으며, 어른만이 누리던 권리를 그들에게 나눠주었고—재산을 모으거나, 이윤을 취하거나, 부정을 저지르는 비밀을 알려주었다. 그들은 보다 세심한 배려가 필요한 성급함을 노출시켰다.

세상에는 죽음과 예지가 존재한다. 미지의 대상은 우리에게 소중하며, 미리 일게 된 대상에 대해서 우리는 두려움을 느끼고, 모든 정열은 밀려오는 필연에서 무작정 벗어나려고 도망친다. 우주를 서서히 와해시키는 시간이라고 믿어지는, 공유의 시간이 따라 흘러가는 공유의 필연적 과정에서 때때로 정열이 벗어날 곳이 아무데도 없다면, 존속하는 종들은 자신을 복제하지 못하여 어디에서도 존재하지 못하게 된다.

그러나 끊임없이 이어지는 노변(路邊)의 법칙들이 공유의 시간과 더불어 존재하고, 사라지지 않고 재생을 거듭하기 때문에, 그리고 이 과정에서 모든 새로운 세대가 등장하기 때문에, 삶이 설 자리와 정열이 타오를 자리는 언제나 존재한다.

젊은이들은 몸을 숙이고 눈보라 속으로 뛰어갔고, 비록 그들이 서두르는 이유가 저마다 다를지라도, 어떤 개인적인 이유도 뛰어넘는 공통된 무엇에 그들은 다 함께 쫓겼으며, 이것은 그들 본디의 역사적 진실성, 그러니까 정열이 회귀함으로써 인간성이 방금 그들의 내면으로 들어가서, 종말을 피하려는 수많은 시대를 위해서 마련한 공통된 운명의 길에서 그들을 구출했음을 보여주는 증거였다.

그리고 도피할 수 없는 대상으로부터 도피한다는 모순성으로부터 그들을 보호하여, 그들이 미쳐버리지 않고, 이미 시작된 과거를 저버리지 않고, 온 세상이 목을 매지 못하도록 막기 위해서, 길가의 가로수들 뒤에는 어떤 힘이, 힘겨운 시련을 겪어 경험이 많아진 어떤 힘이, 현명한 시선으로 그들의 뒤를 따라다녔다. 예술은 나무들 뒤에 버티고 서서, 역사를 그림자의 윤곽으로만 보는 관찰의 기술을 예술이 어떤 비역사적인 세계로부터 가져왔는지를 깨닫고 항상 당황한다는 성향을 우리의 내면에서 대단히 훌륭하게 식별해낸다. 어머니들과 아내들의 초상화가 자연과학에 종사하는 학자들의 연구실에서까지도 견뎌내면서, 죽음을 서서히 벗어나는 수수께끼가 되었듯이, 예술은 나무들 뒤에서 우리의 삶과 놀랄 만큼 흡사한 모습을 취했다.

그것은 도대체 어떤 종류의 예술이었던가? 그것은 매혹적이고 독창적이며 앞서가는 예술— 스크랴빈과 블로크와 코미사르제프스카야 (1864-1910, 러시아의 여배우/역주)와 벨리의 젊은 예술이었다. 그리고 그것은 무척 놀라운 예술이었으며, 변화에 대한 어떤 생각도 일깨우지 않는데서 그치지 않고, 그와는 반대로 애초부터, 과거를 부활시키고 되풀이해서 더욱 영구하게 존속시키되, 이왕이면 더 빨리, 더 열심히, 그리고 더 충실하게 발전시키고 싶어했을 따름이다. 그들은 그것을 단숨에 되풀이하기를 원했고, 그것은 정열이 없이는 상상조차 하기 어려운 일이었으며, 그래서 정열은 옆으로 단숨에 벗어났고, 그러는 과정에서 새로운 무엇이 창조되었다. 그러나 새로움은 일반적인 사고방식에 따라 옛것을 변모시켜서 일어난 결과가 아니라, 그와는 정반대로, 계속되는 어떤 양식을 열광적으로 재생산하는 방식을 통해서 얻어진 결과였다. 그것이 바로 예술의 본질이었다. 그렇다면, 그 세대의 본질은 무엇이었는가?

내 나이 또래의 아이들은 1905년에 열세 살이었고, 전쟁이 터지기 직전에는 스물두 살이 되었다. 그들의 인생에서 가장 중요한 두 시기는 우연히도 그들의 조국의 역사에서도 두 차례의 중요한 격동기에 해당했다. 그들의 어린 시절과 사춘기와 성숙기는 과도기의 시점과 직접 연결되었다. 우리 생애에서 가장 중요한 부분은 격변기의 신경조직 속으로 얽혀 들어갔고, 노년층과 어린 세대는 쓸모가 없다고 시대로부터 점잖게 외면을 당했다.

내가 외국에서 고국으로 돌아갔을 때는, 1812년의 나폴레옹 침공 100주기였다. 브레츠크에서 출발하던 철로는 알렉산드르 선이라고 이름이 바뀌었다. 역의 건물들은 하얀 칠을 했고, 종탑의 파수꾼들은 깨끗한 옷차림이었다. 쿠빈카의 역 대합실은 온통 깃발로 뒤덮였고 문간에는 증강된 경비병이 근무를 섰다. 근처에서는 멋진 행진이 벌어졌으며, 이 행사를 위해서 물이 잘 스며들도록 승강단에 잔뜩 깔아놓은 모래는 아직 사람들의 발자국이 별로 나지 않은 채로 눈부시게 빛났다.

그러나 이런 것들은 100년 전에 벌어졌던 사건에 대한 기억을 승객들에게서 불러일으키지 못했다. 울긋불긋 달아놓은 장식은 지배층의 가장 두드러진 특성을 — 역사에 무관심한 지역 주민들의 면모를 여실히 보여주었다. 그리고 만일 이런 축제 분위기가 어딘가에 반영되었다면, 그것은 사상의 체계에서가 아니라, 열차가 운행하는 과정에서였다. 역에 설 때마다 기차는 걸핏하면 예정보다 늦게 출발했고, 들판에서는 신호를 받고 다른 때보다 훨씬 더 자주 멈추고는 했다.

나는 그보다 1년 전 겨울에 세상을 떠난 세로프 생각이 저절로 머리에 떠올랐고, 그가 들려주었던 이야기들 — 그가 황족의 초상화를 그렸던 시절과, 유수포프 집안이 개최했던 그림 그리기 행사에 참석한 화가들이 저녁에 그린 풍자화와, 쿠테포프스키의 저서 「황제의 사냥」이 유발한 호기심, 그리고 우리 집 식구들이 20년 동안 살았던 황실청 산하 미술학교와 관련하여 분위기에 따라 들려준 수많은 다른 자질구레한 사건들에 관한 회상에 빠져들었다. 나는 1905년에 대해서도 비슷한 추억들이 머리에 떠오르는데, 카사트킨 집안에서 벌어진 극적인 사건과, 누덕누덕 기운 외투를 걸친 내 잔등을 후려치던 코사크 병사들의 용맹한 회초리 앞에서 꼬리를 감추었던 나의 서푼 짜리 혁명적 영웅 심리를 회상했다. 그리고 마지막으로 여러 역에서 보았던 광경에 관해서 말하자면, 역마다 넘쳐흐르던 경비병들과 깃발들은 정치에 무관심했던 내가 생각했던 것처럼 순진한 구경거리는 아니었으므로, 내 예상을 넘어 훨씬 더 심각한 연극의 한 장면을 엮어나가던 중이었다.

내가 접했던 지식층의 작은 일부만으로 그들 전체를 판단하기에는 부족한 느낌이 든다는 사실을 인정하지 않았다면, 나는 당시의 세대가 정치에 무관심했다고 말했을지도 모르겠다. 내가 하려는 말은 그들 세대가 그런 면을 나에게 보여주기는 했지만, 그들은 여러 시대에 대해서도 똑같은 입장을 보이면서, 그들이 대변하는 학문과 철학과 예술에 대한 첫 선언을 앞세우며 등장했다는 점이다.

2 그러나 문화는 무작정 아무나 처음 손을 내미는 사람의 품에 달려가 안기지는 않는다. 앞에서 열거한 모든 요소들은 갈등을 통해서만 얻어진다. 사랑을 결투라는 대결로 파악하는 개념도 역시 그런 경우에 해당한다. 예술의 잉태는 온갖 고뇌를 개인적으로 경험하며 치러야 하기 때문에 생기는 투쟁적인 반항기를 맞는 십대에만 이루어진다. 신인 작가들의 작품에는 그러한 혼란 상태의 여러 양상이 주근깨처럼 나타난다. 이런 신인 작가들은 분리된 집단을 만든다. 가장 두드러진 두 파는 에피고노스(epigonos, 그리스어로 "나중에 태어난 사람," 특히 "조상보다 못한 자손"을 뜻하며, 문예나 사상의 아류나 모방자를 지칭하는 용어가 되었음/역주) 파와 노바토르(novator, 개혁자/역주) 파였다. 그들은 고립된 상태에서는 분출이 불가능하여 아무런 힘도 발휘하지 못하는 부분적인 집단이었으며, 여기에서의 분출이란, 너무나 집요하게 사람들이 기대하던 것이어서, 단순히 기다리는 정도가 아니라 이미 집필이라는 산고(産苦)의 과정으로 접어든 소설의 분위기로 벌써부터 주변의 모든 것을 집어삼키고 넘쳐흐르는 경지를 의미한다. 에피고노스 파는 정열이나 재능이 별로 없는 충동적인 욕망을 대변했다. 노바토르 파는 좌절된 증오와 확고부동한 투쟁성이 두드러진 특징이었다. 그것들은 거창한 대화에 자주 등장하는 어휘와 운동이어서, 당시의 격동적인 움직임에 생명을 불어넣는 개념을 전혀 이해하지 못하고 어설프게 추종하려던 자들이, 옆에서 조금씩 얻어듣고는 아무 대목이나 대충 토막을 내어 여기저기 돌아다니며 원숭이처럼 흉내를 내며 퍼뜨리던 표현에 불과했다.

그런가 하면, 시인이 되기로 예정된 사람의 운명은 이미 허공에서 어른거렸다. 사람들은 그가 어떤 사람이 될지는 확실히 단언하기가 어려웠지만, 그래도 나중에 어떤 유형의 사람이 되리라고 비슷하게 예상할 수는 있었다. 그리고 외적인 양상에서, 수십 명의 젊은이들이 서로 비슷한 고뇌에 싸이고, 비슷한 사상을 간직하고, 저마다 비슷한 독창성을 내세웠다. 문학 운동이라는 측면에서 볼 때, 노바토르 파는 눈에 띌 만큼 통일성을 드러냈다. 그러나 역사적으로 어느 운동이나 다 그랬듯이, 그들의 통일성도 알고 보면 커다란 기계를 돌려서 잘 섞은 다음에 뽑아내는 한 장의 추첨권이나 마찬가지였다. 그러나 운동은 영원히 하나의 운동으로 그치고 말 운명이었으니, 기계로 마구 뒤섞은 무수한 우연들 가운데 뽑힌 몇 장의 추첨권이 불꽃을 튀기며 승리와, 정복과, 개성과, 일방적인 의미를 뽐내게 된 기묘한 사건으로 끝났다. 그리고 뽑힌 추첨권에 적힌 운동의 이름은 미래파였다.

그 추첨에 당첨되어 미래파 운동의 간판이 된 사람은 마야콥스키(블라디미르 블라디미로비치 마야콥스키 : 1893-1930, 러시아의 혁명 시인/역주)였다.

3 우리는 집단 편견이라는 긴장된 상황에서 서로 낯을 익히게 되었다. 그보다 훨씬 오래 전에, 한 시인이 다른 시인을 자랑스럽게 소개하는 관례에 따라, 아니시모프는 나에게 「사사기의 함정(*Sadok Sudei*)」에 실린 그의 시를 보여주었다. 그러나 그것은 에피고노스 파의 동아리 "서정시(Lyrika)"와 맥락을 같이 했다. 에피고노스 파는 동료 의식을 거리낌 없이 드러냈으며, 그들 집단은 마야콥스키를 그들의 위대한 이상을 실현할 거인으로 간주했다.

그뿐만 아니라 (1914년 겨울에 벌어진 일이었지만) 얼마 후에 내가 가입하게 될 노바토르 파의 문학 단체 "원심 분리기"에서 셰르셰네비치, 볼샤코프, 그리고 마야콥스키가 우리의 적이며, 그들과 "원심 분리기" 사이에서 장난 정도가 아닌 심각한 반목이 진행 중이라는 사실을 알게 되었다. 이미 한 차례 나를 감탄시켰고 또한 내가 멀리서도 점점 더 매력을 느끼던 사람과 논쟁을 벌이게 될지도 모른다는 가능성을 나는 전혀 심각하게 받아들이지는 않았다. 노바토르 파의 독창성이란 철저히 그런 정신으로 이루어졌다. "원심 분리기"의 탄생은 겨우내 끝없는 싸움판 속에서 추진되었다. 겨울 동안 내가 한 일이라고는 당의 기강을 따르고, 당의 취향과 정신에 나를 전부 희생하는 것뿐이었다. 나는 그들이 언제라도 필요로 한다면, 그들이 나에게서 바라던 바를 아낌없이 바치겠다고 각오를 새롭게 했다. 그러나 나는 내 능력을 이번에는 과대평가했다.

  5월이 다 지나간 어느 무더운 날, 우리가 아르바트의 찻집에서 이미 자리를 잡고 앉아 있었는데, 위에서 이름을 밝힌 세 사람이 젊은 사람들답게 떠들고 웃으면서 안으로 들어와서, 종업원에게 모자를 주고는, 길거리에서 전차와 마차 소리 때문에 높였던 언성을 조금도 낮추지 않은 채, 거리낌 없는 태도로 우리가 있는 쪽으로 다가왔다. 그들의 목소리는 듣기에 좋았다. 나중에는 시 낭송에서 그들의 목소리가 유행을 하기도 했다. 그들의 옷차림은 고상했고 우리는 좀 지저분했다. 우리 적들의 위상은 어느 모로 보더라도 우리보다 우월했다.

  보브로프가 셰르셰네비치와 논쟁을 벌여, 전에 그들이 우리에게 싸움을 걸었으며 우리 쪽에서 더 심한 무례를 범했으니 이제 아주 끝장을 낼 필요가 있지 않겠느냐고 서로 따지는 동안에, 나는 마야콥스키에게서 눈을 떼지 않고 그를 지켜보았다. 아마 그를 가까운 자리에서 본 것은 그때가 처음이었다고 나는 기억한다.

  철판 조각이 진동하는 듯한 어휘의 선택, 그리고 "아"를 "에"로 발음하는 습성을 보니 그는 배우의 소질을 타고난 듯싶었다. 의도적인 그의 상인힘은, 상황이나 직업만 달랐더라면, 그의 높은 신분을 상징하는 성품으로 여겨졌으리라. 그렇게 훌륭한 인상을 준 사람은 마야콥스키 혼자만은 아니었다. 친구들이 그의 곁에 자리를 잡았다. 그들 가운데 한 사람은, 마야콥스키처럼, 멋쟁이 난봉꾼처럼 행동했으며, 또다른 한 사람은, 마야콥스키처럼, 진정한 시인의 인상을 주었다. 그들은 모두 그와 비슷해 보였지만 그것은 마야콥스키의 특출한 자질을 위축시키기는커녕, 오히려 두드러지게 강조하는 효과를 가져왔다. 그는 인생에서 한 사람의 역할만 맡아 살기가 억울하다는 듯, 이런 모든 역을 한꺼번에 해냈다. 그의 미래를 미리 상상해보지 않더라도 한눈에 누구나 그것을 느꼈다. 그의 몸에 밴 이런 인상이 사람들로 하여금 그를 두려워하게 했고, 그에게 속박을 당하게 만들었다.

우리는 일어섰거나 걸어가는 사람의 모습을 대수롭지 않게 언제라도 보고는 하지만, 똑같은 상황에서도 마야콥스키가 등장하면 기적이 일어나는 듯싶어서, 모두들 자기도 모르게 그에게로 시선을 돌리고는 했다. 그에게는 자연스러움이 초자연적으로 보였다. 그것은 그의 키 때문은 아니었고, 얼핏 보기에는 평범하고 대수롭지 않은 또다른 특징 때문이었다. 그는 대다수의 사람들과는 달리 모든 존재를 외모에 담아내는 사람이었다. 그는 단호한 표현력이 풍부했던 반면에, 대다수 사람들에게는 그런 능력이 거의 없어서, 그들은 예외적인 격변을 맞아야만, 헤아리기 어려운 의도와 무력한 추측의 안개 속에서 가끔 제대로 모습을 드러내고는 했다. 반면에 그는, 마치 나중에 이어질 모든 상황에서 활용하기 위해, 영혼의 위대한 삶을 미리 한 번 살아보고 난 다음날에 존재하는 듯했고, 다른 사람들은 모두 융통성이 없는 다음 단계에서 무리를 지어 그를 따라가는 듯했다. 그는 자전거에 걸터앉은 자세로 높은 의자에 올라앉아서, 몸을 앞으로 숙이고, 송아지고기 요리를 잘라 먹거나, 카드 놀이를 했고, 얼굴을 돌리지도 않고 항상 사방을 곁눈질하고, 자기가 썼거나 다른 사람들이 쓴 시에서 특별히 잘된 구절을 골라 콧속으로 흥얼거리고 외우면서 의젓하게 쿠즈넷츠키 거리를 산책하고, 얼굴을 찡그리기도 하고, 여러 공식적인 모임에 모습을 나타냈다. 그러나 그런 피상적인 모든 행동의 깊은 속을 들여다보면, 전속력으로 달려가는 스케이팅 선수의 뒤에서처럼, 다른 모든 날보다 하루 앞선 시간이 항상 광채를 뿜었으며, 이렇게 놀라운 첫 도약이 이루어진 다음에는 과감하고도 당당하게 꼿꼿한 자세를 취했다. 그는 개성을 살려 처신했지만, 때때로 사람들은 그의 단호한 결단력에 놀랐는데, 그는 어떤 결정을 내리는 순간에 이미 지체 없이 행동에 임했으며, 행동의 결과는 아무도 방향을 바꿀 수가 없었다. 그런 결단력이 그의 천재성이었으며, 결정을 실천하는 일이 언젠가는 그에게 얼마나 경이적으로 여겨졌던지 그는 항상 그것을 그의 주제에서 규범으로 삼았으며, 동정심이나 마음의 동요가 없이 규범을 실현하는 데에 자신을 가차 없이 바쳤다.

그러나 그는 아직 젊었고, 이런 주제로 구현될 형식들은 여전히 요원하기만 했다. 그러나 주제는 한없이 목말라 했고, 지체하는 습성을 용납하지 않았다. 그래서 처음에는 미래의 환희를 미리 맛보는 즐거움이 필요했고, 미리 누리는 환희를 1인칭으로 실현하면 그것은 겉치레가 되었다.

일상적인 삶에서 품위를 지키기 위한 규칙들과 마찬가지로, 가장 높은 차원의 자아 표현의 세계에서는 자연스러워 보이는 이런 겉치레들 중에서, 그는 예술가에게 가장 고통스러운 부담이지만 외적인 순수함의 겉치레를 선택했고 — 그의 친구들이나 친지들에게는 가장 고상한 태도로 대했다. 그는 이러한 겉치레를 워낙 철저하게 실천했기 때문에, 거기에 얽힌 가장 깊은 본성을 알아내기는 거의 불가능했다.

그리고 이뿐만 아니라, 그가 소심함을 모르게 된 주요 원인은 극심한 소심함이었고, 겉으로는 무한히 자유롭게 행동했지만, 내면에는 자유가 박탈되었다는 엄청난 불안감이 숨어 있었으며, 걸핏하면 이유 없이 침울함에 잠기고는 했다. 그가 노란 외투를 입고 다니는 심리상태

역시 이해하기 힘들었다. 노란 외투의 도움을 받아서 그가 중산층 사람들이 즐겨 입는 상의에 맞서 싸우겠다는 속셈은 전혀 아니었고, 차라리 그의 내면에 숨은 검은 벨벳 같은 재능을 부정하려는 외적인 표현인 듯싶었는데, 현란하고도 어두운 천재성의 여러 형태는 재능이 덜 뛰어난 다른 사람들의 경우보다 훨씬 더 일찍 그를 괴롭히기 시작했다. 그것은 찬물을 끼얹어가며 서서히 지피기가 불가능했던 일상적인 불꽃의 온갖 하찮음에 대해서, 그리고 종족을 존속시키기 위해서라면 충분할지도 모르는 열정은 예술적 창조를 이룩하기에는 부족하다는 사실을 아무도 마야콥스키 자신만큼은 알지 못했기 때문이었다. 예술적인 창조는 종족의 "위상"을 존속시키기 위해서 필요한 열정, 그러니까 내적으로는 다른 열정들을 닮았지만 그것이 가진 특이성은 새로운 약속을 의미하는 그런 열정을 요구하며 앞을 가로막는다.

갑자기 논쟁이 끝났다. 우리가 완전히 무찔렀어야 할 적들은 조금도 패배한 기색을 보이지 않고 당당하게 물러갔다. 그날의 휴전을 위해서 합의를 본 내용은 오히려 우리가 수치심을 느끼게 만들었다.

그러는 사이에 어느덧 밖에는 어둠이 깔렸다. 부슬비가 내리기 시작했다. 적들이 물러간 후에는 찻집이 음산하게 텅 비었다. 먹다가 만 케이크와 따끈한 우유로 부옇게 얼룩이 진 유리잔과 파리들이 눈에 띄었다. 그러나 폭풍우는 오지 않았다. 햇살이 따사롭게 길바닥에 깔려서는 연한 자줏빛 스위트피 꽃처럼 아지랑이로 피어올랐다. 때는 1914년 5월이었다. 역사적인 격변의 순간들이 눈앞으로 다가왔다! 그러나 누가 그런 사실을 알았던가? 「금계」(金鷄, 니콜라이 림스키-코르사코프의 가극/역주)에 나오는 이야기처럼 어리석은 도시는 온통 에나멜과 금박 종이로 활활 타올랐다. 옻칠을 입힌 듯이 포플러의 초록빛 잎사귀들이 빛을 냈다. 풀잎처럼 초록빛이고 독성을 머금은 색채들은 머지않아 사라지기에 앞서서 마지막으로 빛났다. 나는 마야콥스키를 미칠

듯이 좋아하게 되었고, 벌써 그가 보고 싶었다. 내가 좋아해서는 안 될 사람들을 포기하지 않았던 내 심정을 다시 설명할 필요가 있을까?

4 우리는 다음 날 그리스 카페 차양 밑에서 우연히 다시 만났다. 넓고 샛노란 길 한 토막이 푸슈킨 거리와 니키틴 거리 사이를 연결했다. 앙상하게 마른 개들이 길게 혀를 내밀고, 몸을 길게 뻗고 엎드려서는, 하품을 하고, 다시 편안하게 머리를 앞발에 얹었다. 하녀들과 다양한 사람들이 오가며 남의 이야기를 주고받았으며, 이런저런 일로 한탄을 늘어놓았다. 아지랑이가 한쪽으로 물결치면 나비들이 옆으로 쏠리면서, 더위 속으로 녹아버리는 듯이 갑자기 날개를 접었다가 재빨리 다시 펼쳤다. 흰옷을 입은 어린 여자아이가 땀을 흘리며, 휘파람 소리를 내는 줄로 머리부터 발끝까지 감싸 돌리면서, 깡충깡충 줄넘기를 했다.

나는 멀리서 마야콥스키를 알아보고 록스에게 저 사람이 마야콥스키라고 알려주었다. 그는 코다세비치와 동전 던지기 놀이를 하고 있었다. 바로 그때 코다세비치가 자리에서 일어나 잃은 만큼 돈을 내고는, 차양 밑에서 나와 스트라스트노에 쪽으로 갔다. 마야콥스키는 자리에 혼자 남았다. 우리는 안으로 들어가, 그에게 인사를 하고, 이야기를 시작했다. 조금 있다가 그는 시를 두어 구절 읽어주겠다고 자청했다.

포플러는 초록빛으로 반짝였다. 참피나무는 회색으로 빛났다. 잠에 취했던 개들이, 벼룩 떼의 극성을 견디다 못해서, 동시에 네 발로 펄쩍 뛰어 일어나더니, 야만적인 폭력에 시달리는 그들의 무력함에 대한 증인이 되어달라고 하늘을 향해 울부짖고는, 졸음을 이기지 못해 짜증스러워하며 미친 듯이 모래 위에서 뒹굴었다. 지금은 이름이 알렉산느르로 바뀐 브레츠크 거리에서는 전차들이 거친 소리를 질러댔다. 그리고 여기저기서 사람들은 머리를 깎고, 면도를 하고, 빵을 굽고, 음식을 튀기고, 물건을 팔며 돌아다녔지만— 그러나 그들은 아무것도 보지 못했다.

그가 그때 읽어준 것은 무척 비극적인 내용을 담은 「나(Ya)」(네 편의 시를 담은 시집으로, 1913년에 출판되었으며, 우리나라에는 영어 제목 「블라디미르 마야콥스키」라는 제목으로 더 잘 알려졌음/역주)였는데, 얼마 전에 출판된 작품집이었다. 나는 숨을 죽이고, 나 자신의 존재를 완전히 잊고, 내 온 마음을 바치며, 열광의 상태에서 그의 시에 귀를 기울였다. 나는 일찍이 그런 시를 들어본 적이 없었다.

거기에는 모든 것이 담겨 있었다. 산책로와, 개와, 참피나무와, 나비들. 미용사와, 빵집 주인과, 양복장이와, 전차. 내가 왜 그것들을 여기에 나열하는가? 지금은 10판까지 나와서 누구나 쉽게 구할 수 있는, 더위에 짓눌린 신비한 여름의 이야기를 우리는 잘 기억한다.

멀리서 기관차가 흰 철갑상어처럼 요란스레 달려갔다. 그가 창조한 시의 거친 외침 속에는 똑같이 멀고 먼 절대적인 거리감이 담겨 있었다. 거기에는 심오한 활력이 존재했고, 그것이 없이는 삶의 모든 순간에 어느 방향을 향해서라도 길을 열어주는 무한성이나 어떤 독창성이 존재하지 못하고, 그것이 없이는 시가 오해의 차원을 넘지 못하고, 일시적으로 아무것도 설명하지 못하는 무엇으로 전락한다.

그런데 지금은 모두가 얼마나 단순해졌던가! 그가 창조한 것은 비극이라고 했다. 그리고 그것은 마땅히 비극이라고 불러야 한다. 그 비극의 이름은 "블라디미르 마야콥스키"였다. 그 제목은 천재성이 뜻하는 바가 무엇인지를 단순하게 설명했으니, 시인은 창조자가 아니라— 1인칭으로 세상과 맞서는 인간이며, 시의 소재였다. 그 제목은 시인의 이름이 아니었고, 시의 이름이었다.

5 나는 그때 길거리에서 통째로 그를 나 자신의 삶 속에 담았다. 그러나 그는 거인이었으며 — 따로 떨어져 있는 동안에도 그를 곁에 붙잡아두기는 불가능한 일이었다. 그래서 나는 그를 잃었다. 이 무렵에 그는 나에게 자신의 모습을 보여주었다. 「바지를 입은 구름」, 「배반의 피리」, 「전쟁과 세계」, 「인간」. 띄엄띄엄 시간을 두고 발표된 그의 작품들이 어찌나 충격적이었는지, 나는 새로운 작품을 대할 때마다 엄청난 괴리감을 느꼈다. 그래서 나는 항상 무슨 보충 설명이 필요했다. 나는 그의 비약적인 변화를 감당할 준비가 되어 있지 않았다. 저마다의 새로운 단계에서 그는 항상, 마치 처음으로 접하는 듯이, 새롭게 느껴질 만큼 발전을 계속했다. 그에게 익숙해지기란 불가능했다. 그렇다면 그는 어디가 그토록 남달랐다는 말인가?

그는 비교적 지속적인 자질들을 갖춘 사람이었다. 그리고 나의 열정도 비교적 변함이 없는 폭이었다. 나는 항상 그에게 정열을 바칠 준비가 되어 있었다. 그러한 상황에서 내가 그에게 가까워지려면 갑작스럽게 서둘러서는 안 되었다. 그리고 그때의 상황은 이러했다.

그가 창작 활동을 하는 동안 나는 4년에 걸쳐 그에게 익숙해지려고 노력했지만 성공하지 못했다. 그러다가 나는 그다지 창조적이지 못한 그의 작품 「150,000,000」을 읽고 검토하는 데 소요된 2시간 15분 동안에 그를 이해하게 되었다. 그리고 그에 대한 나의 정신적인 순응은 10년 동안 번민 속에서 계속되었다. 그러다가 갑자기, 그의 목소리가 절정기를 맞아서, 전에도 늘 그랬듯이 그가 참된 자기 자신을 세상에 널리 알리던 무렵에, 그는 어느 틈엔가 죽어서 묻혔고, 눈물 속에서 나는 그를 향한 모든 열정을 한꺼번에 잃었다.

그의 인간성은 가까이 하기에 어렵지 않았으나, 세상에 대해서는 그가 내면의 세계를 끊임없이 통제하여, 기분에 따라 힘차게 작동시키다가 정지하기를 반복했다. 나는 그가 자석으로부터 자력을 제거함으로

써 어떤 이득을 취했는지를 영원히 이해하지 못하겠지만, 말굽자석은 자력의 모든 현상을 무력화하면, 온갖 사상을 벌떡 일어서게 하거나 모든 쇳가루를 양극으로 끌어당기던 힘을 잃고, 단 한 톨의 무게조차 움직이지 못하게 된다. 어떤 새로운 분야의 능력에서 그토록 앞서 나아가던 사람이, 스스로 예고한 순간에, 비록 고충의 대가를 치르면서라도 어떤 결정적인 필요성을 충족시켜야 할 순간에, 자신이 가진 무한한 능력을 그렇게 철저히 포기해버린 사례는 역사상 유례를 찾을 수가 없다.

블라디미르 마야콥스키의 비극적인 측면에, 그의 이름을 불후하게 만든 힘에, 시를 통해서 자신을 영원한 존재로 만든 시인에게, 가장 강한 자에 의해서 실현된 가능성에 익숙해지고, 그러면서도 이른바 "흥미 있는 인간"에 대해서만 익숙해지지 않는다는 것은 불가능한 일이었다.

그날 나는 그와 가까워지지 못하는 이런 불가능함을 안타까워하며, 거리에서 집으로 돌아갔다. 나는 크렘린 궁전이 내다보이는 집에 세를 들어 살았다. 강 건너에서 살던 니콜라이 아세예프가 곧 나를 찾아오기로 되어 있었다. 그는 다방면에서 재능이 많은 S- 자매의 집에 들렀다가 오겠다고 했다. 나는 문을 들어서는 그를 보며, 표현 방법은 모르더라도 총명한 상상력을, 음악에서의 가식적인 불연속성을, 진정한 예술적 본성의 예리함과 섬세함을 느끼고는 했었다. 나는 그를 좋아했다. 그는 흘레브니코프(빅토르 블라디미로비치 흘레브니코프, 귀족 집안 출신의 미래파 시인/역주)에게 매료되었다. 그가 나에게서 어떤 매혹적인 장점을 찾아냈는지는 알 길이 없다. 우리는 예술과 인생에서 서로 다른 대상을 추구했다.

6 크렘린 궁전을 지나 포크로브카로 가서, 역에 도착하여 그곳에서 발트루샤이티세 가족과 함께 다시 툴라의 오카에 다다르는 동안, 포플러들은 초록빛으로 빛났고, 강물에 드리워진 노랗거나 흰 석조 건물들의 그림자는 도마뱀들처럼 달렸다. 브야체슬라프 이바노프(상징주의 시인이며 철학자/역주)가 그곳에서 이웃에 살았다. 그리고 휴일을 즐기러 나온 다른 사람들도 예술 단체 소속이었다. E. V. 무라토바도 그들 가운데 한 사람이었다.

라일락은 여전히 만발했다. 길을 따라 먼 곳까지 피어 있던 라일락은 음악이나 빵과 소금(러시아에서는 찾아온 손님에게 빵과 소금을 대접하는 풍습이 있음/역주)을 곁들이지 않고도 저택으로 들어가는 넓은 길에서 나를 흥겹게 반겼다. 그 길 너머로는 잡초가 제멋대로 우거지고 가축들의 발길에 뭉개진 앞마당을 지나, 한참 내려가서, 집들이 나타났다.

다가올 여름은 풍성하고 무더울 것 같았다. 나는 그 무렵에 새로 문을 연 극장을 위해서 클라이스트(베른트 하인리히 빌헬름 폰 클라이스트: 독일의 시인이며 극작가/역주)의 「깨어진 항아리(*Der Zerbrochene Krug*)」를 번역하던 중이었다. 공원에는 뱀이 아주 많았다. 우리는 만나기만 하면 뱀에 대한 이야기를 했다. 목욕을 하거나 생선을 넣고 묽게 끓인 요리를 먹으면서도 우리는 뱀 이야기를 했다. 나 자신에 관한 이야기를 하라고 부탁을 받으면 나는 마야콥스키에 대한 이야기를 꺼내고는 했다. 언제나 마찬가지였다. 나는 마야콥스키를 신격화했다. 나는 내 영혼의 지평이 마야콥스키라고 믿었다. 내가 기억하기로는, 그를 제2의 빅토르 위고로 비유한 사람은 브야체슬라프 이바노프가 처음이었다.

7

전쟁이 발발했을 때는 날씨가 갑자기 바뀌어서 비가 내렸고, 여인들의 눈에서는 첫 눈물이 흘러내리기 시작했다. 전쟁은 아직도 초기 단계였으며, 처음 당하는 일이라서 사람들은 겁을 먹었다. 전쟁을 어떻게 다루고 처리해야 할지를 아무도 몰라서, 마치 다들 얼음처럼 차가운 물에 빠진 기분이었다.

동원령을 받은 지역 주민들을 태운 열차는 기존의 시간표에 따라 출발했다. 기차가 머리를 철로에 찧으며 출발하면, 그 뒤에는 마가목의 붉은 열매처럼 쓰디쓴 흐느낌, 비둘기가 울어대는 듯한 기괴할 정도로 나지막한 소리의 흐느낌이 파도처럼 밀려들었다. 여름에는 어울리지 않게 옷을 잔뜩 끼어 입은 노파를 누군가 억지로 떼어내서 품에 안았다. 징집병의 친척들이 짤막한 몇 마디 위안의 말을 속삭이며 그녀를 역의 입구로 데리고 갔다.

처음 몇 달 동안 계속되었던 통곡의 예식은 차츰 줄어들어서, 젊은 아내들과 어머니들은 성화(성모 마리아와 막달라 마리아와 요한 등이 그리스도의 죽음에 대한 애도를 나타내는 장면을 그린 성화, pieta라고도 함/역주) 앞에서 비통한 울음을 쏟아냈다. 성화는 질서정연하게 슬픔의 행렬에 함께 어울렸다. 그것이 지나가면 역장들은 모자를 벗었고, 전봇대들도 길을 내주었다. 오래 전에 지나간 전쟁 이후에 아무도 손을 대지 않고 방치해두었던 눈부신 성화는 낯선 물건이었기 때문에, 어디에서나 눈에 띄게 된 불행의 상징물은 시골 마을의 모습을 바꿔놓았다. 사람들은 지난밤에 비밀 장소에 숨겨두었던 그것을 꺼내서, 아침이 되자 마차에 싣고 역으로 나왔으며, 손으로 들고 역 앞으로 나갔다가, 다시 진흙탕 시골길을 따라 집으로 가져갔다. 자원해서 전쟁터로 홀로 떠나는 이들이나 무리를 지어 초록빛 마차를 타고 마을에서 떠나는 이들을 사람들은 이렇게 배웅했다.

그러나 당당하게 행군하여 대오를 이루고 곧장 공포의 땅으로 떠나는 군인들이라면 사람들은 별다른 마음의 동요를 보이지 않고 환송했다. 소지품을 단단히 챙긴 그들은 전혀 농부답지 않은 모습으로, 빛나는 박차(拍車)를 짤랑거리고 아무렇게나 걸친 외투를 등 뒤로 휘날리며, 열차의 높은 화물칸에서 모래밭으로 뛰어내렸다. 힘찬 굽으로 역의 지저분하고 낡아빠진 널빤지 바닥을 자랑스럽게 구르는 말들을 쓰다듬으며, 다른 병사들이 마차에 타고 서서 기다렸다. 승강단의 여인들은 공짜 사과를 나눠주지도 않았고, 할 말을 몰라서 애꿎은 호주머니를 뒤지지도 않았으며, 단단히 동여맨 머릿수건 자락으로 입을 가리고는, 발갛게 상기된 얼굴로 웃었다.

9월이 거의 다 지나갔다. 강이 흐르는 계곡에서 부옇게 바랜 황금빛 나무 한 그루가 물을 끼얹어 지저분하게 얼룩진 불길처럼 타올랐고, 바람에 구부러지고 여기저기 꺾이기도 한 나무로 열매를 따러 기어 올라간 사람들은, 뻗어나간 가지마다 잔뜩 웅크리고 매달려서, 불행에 꿋꿋하게 맞서면서, 괴이하게 황량한 풍경을 만들어냈다.

8월의 어느 날 오후, 아직 이른 시간이었음에도 불구하고, 테라스에 놓아둔 나이프와 접시가 초록빛을 띠었고, 석양이 꽃밭에 내려앉았고, 새들이 숨을 죽였다. 하늘이 눈속임을 하려고 어두운 밤의 엷은 그물을 찢어 "요술 모자"(이것을 쓰면 남들의 눈에 모습이 보이지 않게 되는 전설의 투구로서, 「니벨룽엔의 노래」에서는 그물처럼 엮였다고 묘사했음/역주)를 엮어서 덮어쓰기 시작했다. 대지를 큰 소리로 찬양하며 자랑스럽게 모든 초목의 뿌리를 함께 품었던 하늘이 이제는 땅을 가려 하찮은 존재로 만들자, 죽은 듯이 고요해진 숲이 악의에 찬 눈을 부라리며 허공을 올려다보았다. 고슴도치 한 마리가 길로 굴러 나왔다. 길 위에서 죽은 실모시는 줄을 꼬아 만든 매듭을 닮은 이집트의 상형문자처럼 보였다. 고슴도치는 살모사를 입으로 한번 건드려보고는 갑자기 쓰러져 꼼짝도 하지 않았다. 다시 몸을 풀어 움직이기 시작한 고슴도치는 한 줌쯤 되는 가시를 내뻗고는 주둥이를 감추었다. 그러는 사이에 일식은 계속되었으며, 의심이 많은 가시 덩어리는 겁에 질려 몸을 동그랗게 움츠리고, 어찌해야 할 바를 몰라서 점점 불안해하다가, 결국 제 구멍으로 되돌아갔다.

8 겨울이 오자 S— 집안 자매의 한 사람인 Z. M. M.은 트베르스키야 대로에 거처를 마련했다. 사람들이 그녀를 만나러 그곳을 자주 들렀다. (내 친구이며) 훌륭한 음악가인 I. 도브로베인도 가끔 찾아왔다. 마야콥스키도 왔다. 이 무렵에 나는 마야콥스키가 우리 세대에서 가장 앞선 시인이라고 확신하게 되었다. 그리고 세월이 지나면서 내 판단이 옳았음이 증명되었다.

섬세하고도 진실한 성격의 흘레브니코프도 찾아왔다. 그러나 오늘날까지도 나는, 시가 역사와 더불어 흐르고 참된 우리의 삶과 함께 호흡한다고 믿기 때문에, 그의 공적을 전적으로 인정하기가 어렵다.

세베랴닌 또한 찾아왔다. 그는 그의 느낌을 이미 마련된 틀에 맞춰서 공식에 따라 운문으로 쏟아내는 서정시인이었으며, 그와 비슷한 형식을 구사했던 레르몬토프(미하일 유리예비치 레르몬토프: 19세기 러시아의 시인이며 소설가/역주)는 진부하고 하찮은 온갖 기교에도 불구하고, 개방적이고 솔직한 재능을 과시하는 구성으로 가끔 한 번씩 사람들을 놀라게 했다.

그러나 시인으로서 가장 위대한 숙명을 타고난 사람은 마야콥스키였고, 그 사실은 나중에 다시 확인되었다. 나중에 어느 시점에서라도 우리 세대가, 예세닌이나 셀빈스키 또는 츠베타예바나 다른 어느 시인의 목소리를 빌려, 인상적으로 우리의 사상을 쏟아놓을 때마다, 그들을 서로 또는 그들의 세대와 묶어주는 바로 그 유대 속에서는, 그러니까 그들의 시대로부터 영원한 우주를 향해 호소하는 목소리 속에서는, 마야콥스키의 핏발 어린 외침이 메아리쳤다. 비록 그들 자신이 나름대로 다른 길을 선택하기는 했지만, 나는 나에게 익숙한 이 극적인 시적 운동의 흐름에 한해서만 스스로 언급을 제한하고 있으므로, 티호노프나 아세예프 같은 대가에 대해서는 아무 말도 하지 않겠다.

마야콥스키는 혼자 오는 적이 별로 없었다. 그와 함께 오던 사람들은 그의 운동에 참가한 미래파 시인들이 대부분이었다. 나는 M—의 집 안에 갖춰진 살림살이에서 프리무스(야외에서 사용하던 휴대용 석유난로의 상표명/역주)를 이때 처음 보았다. 그때만 해도 새로운 발명품인 프리무스는 냄새가 나지 않았는데, 그것이 삶을 망쳐놓으며 그토록 널리 퍼져나가리라고 누가 상상이나 했겠는가?

불꽃이 이글거리는 유리 뚜껑은 요란한 소리를 내면서 세찬 압력으로 불길을 밀어올렸다. 고깃덩이를 하나씩 올려놓기만 하면 곧 익었다. 주인 여자와 그녀를 돕던 사람들의 팔은 카프카즈의 태양에 그을린 듯이 팔꿈치까지 갈색으로 뒤덮였다. 춥고 비좁던 부엌은 우리의 불타는 정착지였으며, 부엌에서 나온 우리는 여자들과 어울렸고, 파타고니아 사람들처럼 신기한 난로의 비밀을 알지 못하던 그들은, 아르키메데스의 시대로부터 재생된 듯한 빛나는 구리 원판 위로 몰려들어 굽어보았다. 그리고— 우리는 맥주와 보드카를 마시러 달려 나가고는 했다.

거실에는 높다란 성탄절 나무가 피아노를 향해 길게 가지를 뻗고는 바깥에 늘어선 가로수들과 수상한 음모를 꾸몄다. 날씨는 아직 엄숙하고도 음울했다. 반짝이는 금박 종이 고리들이 몇 개의 상자에 담겨 소파 위에 과자 통처럼 쌓여 있었다. 아침에 나무를 장식하기 위해서 특별히 초청을 받은 사람들이 오후 3시쯤에 여기저기서 모여들었다.

마야콥스키는 시를 읽고, 모든 사람을 웃겼고, 어서 카드 놀이를 하고 싶은 조급한 마음에 서둘러 저녁을 먹었다. 그는 냉혹할 만큼 정중했으며, 끊임없는 불안감을 대단히 교묘한 솜씨로 감추었다. 그의 마음속에서는 무슨 일이 일어나고 있었으며, 그는 위기를 겪는 중이었다. 그는 노골적으로 침착한 척 꾸미려고 했지만, 내면의 불안과 열기가 무척 심해서, 그의 거짓 표정에서는 식은땀이 돋았다.

9 그러나 그가 언제나 노바토르 파의 추종자들과 함께 온 것은 아니었다. 가끔 그가 데려오는 시인들 중에는, 마야콥스키와 자리를 같이 하면 항상 당연히 거치게 되는 시험을 훌륭하게 통과한 사람들도 있었다. 마야콥스키를 따라다니는 많은 사람들 가운데, 내가 조금도 긴장하지 않으면서 대하고 교류할 만한 사람은 볼샤코프뿐이었다. 마야콥스키와 볼샤코프가 언성을 높이지 않고도 한참동안 이야기를 계속하는 경우도 있었다. 그들의 우정은 이해하기가 어렵지 않았으며, 그보다 나중에 사귀기는 했지만 마야콥스키가 죽을 때까지 계속 친분을 유지했던 L. Y. 브릭에 대한 보다 강렬한 집착 못지않게, 그 우정은 완전히 자연스러웠다. 볼샤코프와 함께 있으면 마야콥스키는 자신으로부터 분리되지도 않고 자신의 품위를 떨어트리는 일도 없었으므로, 사람들은 마야콥스키에 대해서 고통을 느끼지 않아도 좋았다.

마야콥스키의 공감은 흔히 혼란을 불러일으켰다. 활력을 일으킬 만큼 강한 자의식을 갖춘 시인으로서, 서정적인 요소를 발가벗겨서 그것을 거대한 주제와 연결하는 중세적인 용기를 어느 누구보다도 두드러지게 발휘하여, 편협한 분파의 여러 정체성에 근접한 목소리를 그의 시가 갖추게 되자, 그는 똑같은 호흡과 힘으로 훨씬 더 고립되고 주관적인 또다른 전통을 공략했다.

그는 「청동 기마상」(표트르 대제의 기마상에서 영감을 얻어 알렉산드르 푸쉬킨이 쓴 시/역주)나 「죄와 벌」이나 「페테르부르크」(안드레이 벨리의 시/역주)의 심오한 기초를 이루는 도시, 러시아 지식인들의 고질이라고 일컬어지는 불필요하게 장황한 서술의 안개로 뒤덮인 도시, 그러나 사실은 미래에 대한 영원한 추측의 안개에 가렸을 뿐인 도시, 19세기와 20세기의 불안정한 대도시가 그의 발밑에서 서서히 꿈틀대며 일어서는 환상을 보았다.

그는 이런 개념들을 받아들였고, 그와 같은 웅대한 정관(靜觀)과 더불어, 다른 한편으로는 마치 그것이 무슨 의무이기라도 한 듯이, 아무렇게나 함께 모인 추종자들과 부끄러울 만큼 하찮은 동인(同人)들의 왜소한 사상이나 평범한 계획에도 충실히 임하는 일면을 보였다. 진리라면 거의 동물적으로 추구하면서도, 그는 실속 없는 명성과 자격 없는 권위를 누리는 얄팍한 딜레탕트들과 어울려 다니기도 했다. 그리고 무엇보다도 이상했던 일은, 그는 자신이 이미 오래 전에 영원히 부정하고 내버린 운동을 이어받은 사람들의 사상으로부터 계속해서 무엇인가 새로운 가치를 발견하고 받아들였다는 점이다.

그것은 아마도 불가피하다고 알려진 길을 따라가야 한다고 의지력을 때때로 유도하는 그런 현학적 선례를 처음에는 수립했다가 나중에 스스로 부정해야 하는 정신적인 갈등 끝에 느끼게 된 숙명적인 소외감의 결과였던 것 같다.

10 그러나 이런 진실은 모두 나중에야 밝혀졌다. 그가 나중에 보여준 여러 특이함의 증상은 그때만 해도 별로 눈에 띄지 않는 단계였다. 그는 전쟁과 도시에 대해서 아흐마토바와 세베랴닌과 자기 자신과 볼샤코프가 쓴 시들을 낭송했고, 밤늦게 우리가 친구들과 헤어졌을 때는 모스크바가 전쟁터를 잊고 먼 후방에서 잠들어 있었다. 거대하고 광활한 러시아가 겪는 수송과 보급 문제는 항상 부담스러

운 것이었으며, 벌써부터 난관에 봉착한 실정이었다. "장비"와 "의약품"과 "면허"와 "냉장고"와 같은 새로운 어휘들로부터 이미 억측의 애벌레들이 부화했다. 그리고 수송량에 관한 억측이 오가는 가운데, 필수적인 보충 인원을 가득 실은 열차들이 밤낮으로 군가 소리에 맞춰 달려갔으며, 그들이 대체한 전장의 사상자들은 병원 열차를 타고 돌아왔다. 그리고 가장 훌륭한 젊은 여자들은 간호병이 되었다.

전선의 싸움터는 인간의 솔직한 면모를 보여주는 마당이었으나, 후방의 도시는, 비록 의도적으로 엄청난 거짓에 적극적으로 합세하지는 않았다고 하더라도, 어쨌든 거짓된 입장을 취해야만 했다. 비록 아직 아무도 도시를 꾸짖으려고 하지는 않았지만, 도시는 붙잡힌 도둑처럼 핑계를 대며 빠져나가려고 했다. 모든 위선자들이 그렇듯이 모스크바는 겉으로만 화려한 삶을 자랑했으며, 겨울철 꽃가게의 진열창처럼 인위적인 아름다운 한 겹으로 얇게 위장을 했다.

모스크바의 소리는 밤이면 마야콥스키의 목소리를 그대로 닮은 듯 싶었다. 모스크바에서 벌어진 사건들과 누적되어 뇌성처럼 울려퍼지는 마야콥스키의 목소리는 두 방울의 물처럼 서로 닮았다. 그러나 그 유사점은 자연주의가 추구하는 성질의 것이 아니라 양극과 음극을, 예술가와 삶을, 또한 시인과 그가 사는 시대를 연결 짓는 끈이 되었다.

모스크바 경찰 수뇌의 집은 M—의 집 건너편에 있었다. 가을이 되어 며칠 동안, 자원 입대의 서명 절차 때문에 마야콥스키와 나, 그리고 내가 기억하는 바로는 볼샤코프가 그곳에서 함께 만났다. 우리는 서로 남모르게 수속을 밟던 중이었다. 나는 부모의 충고를 따르겠다는 결정을 내리지 않았다. 그리고 내 추측이 틀리지 않는다면, 나의 동지들도 마찬가지였다.

셰스토프의 아들인 젊은 미남 소위는 나더러 그런 생각을 버려야 한다고 설득했다. 그는 단호하게 전선의 현실을 나에게 설명했으며, 전장이 내가 생각했던 바와는 정반대이리라고 경고했다. 얼마 후에 휴가를 끝내고 전선으로 돌아간 그는 첫 교전에서 전사했다.

볼샤코프는 트베리 기병 학교에 입교했고, 마야콥스키는 얼마쯤 기다리다 차례가 되어서 소집장을 받았으며, 나는 전쟁이 터지기 직전 여름에 병역을 면제받았고, 그 이후에도 모든 신체검사에서 불합격 판결을 받았다.

1년 후에 나는 우랄 지방으로 떠났다. 떠나기 전에, 나는 모스크바에서보다 사람들이 전쟁을 훨씬 덜 의식하는 듯 보이는 페테르스부르크에서 며칠을 보냈다. 이 무렵에 징집장을 받은 마야콥스키는 얼마 전부터 그곳에서 살고 있었다.

삶에 필요한 모든 움직임을 거대한 영역 속에 너무나 쉽게 가두는 환상적인 공간들은, 언제나 그렇듯이, 수도 모스크바의 생동력을 숨겨 버렸다. 수많은 가로등을 밝히거나 많은 눈이 내리지 않더라도, 겨울과 석양의 빛깔이 드리우면, 거리는 은빛 광란 속으로 멀리 달려가며 반짝였다.

마야콥스키와 나는 리테이노이 거리를 걸어내려갔는데, 그는 길을 따라서 성큼성큼 몇 킬로미터를 지치지도 않고 걸었으며, 나는 마야콥스키가 어떤 환경에도 잘 어울리며, 어떤 풍경에서도 멋진 그림틀 노릇을 완벽하게 한다는 사실을 깨닫고 다시 한 번 놀랐다. 이런 재능에서 그는 모스크바보다는 페테르스부르크를 훨씬 더 돋보이게 했다.

이 무렵에 그는 「배반의 피리」를 발표하고 「전쟁과 세계」의 초고를 준비하던 중이었다. 「바지를 입은 구름」도 노란 장정으로 꾸며져서 출판된 직후였다. 그는 나에게 자기가 이곳에 와서 새로 사귄 친구들을 소개해주겠다고 했으며, 고리키와의 친분에 대해서도 이야기했고, 그의 여러 작품에서 사회적인 주제가 점점 더 많은 부분을 차지하게 되어, 새로운 방식으로 일을 할 여유가 생겼으며, 저마다의 작업에 어떻게 한정된 시간을 할당하게 되었는지에 관한 이야기도 했다. 그런 다음에 나는 처음으로 브릭스 일가를 만나러 갔다.

내가 알던 마야콥스키에게는 수도 모스크바보다, 「대위의 딸」에 등장하는 반쯤 아시아적 겨울 풍경이, 우랄 지방이, 푸가초프의 카마가 더 잘 어울리는 배경이라고 나는 다시 느꼈다.

나는 2월 혁명이 끝난 지 얼마 지나지 않아서 다시 모스크바로 돌아왔다. 마야콥스키는 페트로그라드(상트페테르부르크의 옛 이름으로, 두 이름 모두 "표트르 대제의 도시"라는 뜻임/역주)에서 내려와 스톨레슈니코프 마구간 집에서 묵었다. 나는 아침에 그를 만나려고 방으로 찾아갔다. 그는 막 자리에서 일어나던 참이었고, 옷을 입으면서 「전쟁과 세계」에서 새로 쓴 부분을 나에게 읽어주었다. 나는 내가 받은 감흥을 과장할 필요는 없었다. 그는 내가 받은 느낌을 내 눈에서 읽어냈다. 그리고 자신의 영향력이 나에게 얼마나 큰 비중을 가졌는지도 잘 알았다. 나는 미래파에 대한 이야기를 꺼냈으며, 이제는 미래파 이야기는 아주 집어치웠으면 좋지 않겠느냐고 솔직하게 말했다. 그는 웃으면서 내 말에 거의 동의했다.

11 마야콥스키가 나에게 어떤 영향을 주었는지 나는 이미 설명했다. 그러나 모든 사랑은 상처와 희생을 수반하기 마련이다. 나는 처음 마야콥스키를 만나서 그가 내 삶의 한 자리를 차지하게 되었을 때의 상황을 서술했다. 그러나 그런 결과로 내 삶이 어떻게 달라졌는지에 대해서는 아직 말하지 않았다. 빠뜨렸던 그 이야기를 이제는 할 때가 되었다.

나는 그날, 심한 충격을 받고 어쩔 줄을 몰라하며, 카페에서 집으로 돌아갔다. 나는 사람을 사귀는 재주가 나에게 전혀 없음을 이미 인정했

아버지 레오니드가 그린 여덟 살 때의 파스테르나크

부모님의 은혼식 날의 파스테르나크 형제 자매들
(아버지 레오니드의 그림)

파스테르나크 가의 앨범 속에서 나온, 보리스가 소년이었을 때의 사진.
아버지는 유명한 화가였고, 어머니는 피아니스트였다.(1896)

어머니 로사, 보리스, 아버지 레오니드, 동생 알렉산드르(1905)

모스크바 대학을 졸업할 당시 스물세 살의 파스테르나크(1913)

첫 아내와 그들의 아들과 함께 한 파스테르나크(1924)

마야콥스키(머리가 짧은 사람)와 그의 애인 릴리 브릭,
그리고 S. 에이젠슈타인과 함께(1924)

스물두 살 때의 마야콥스키(1915)

마야콥스키의 장례 행렬(1930)

관 속의 마야콥스키를 지켜보고 있는 오십 브릭(릴리의 남편, 안경 쓴 사람)과 릴리 브릭(1930)

다. 그러나 문제는 그것이 전부가 아니었다. 또다른 문제는 웬일인지 나는 그와 함께 있으면 죄를 지은 듯한 기분이 들어서 어떻게 해야 좋은지 판단할 길이 없다는 것이었다. 내가 조금만 더 나이가 어렸더라면 나는 문학을 포기했을지도 모른다. 그러나 나에게는 나이가 커다란 장애물이었다. 벌써 여러 번의 변신을 거듭하면서 정신적인 방황을 계속했던 나로서는 다시 네 번째로 내 삶의 방향을 바꿀 여유가 없었다.

다른 상황도 벌어졌다. 우리가 살아가던 시대, 그리고 우리 두 사람이 관련된 모든 대상은 나를 마야콥스키와 묶어놓았다. 우리에게는 몇 가지 공통점이 있었다. 나는 그런 점들을 의식했다. 인간이 자신을 제대로 가누지 못하게 되면 사소한 미해결의 문제들도 시간이 흐를수록 점점 더 복잡해진다는 사실을, 인간은 그런 하찮은 문제들로부터 자신을 보존해야 한다는 사실을 나는 이해했다. 문제의 핵심을 명확히 파악하지 못했던 나로서는 문제가 될 만한 모든 가능성을 제거하려고 했다. 나는 낭만적인 작품을 버렸다. 그리고 이러한 비낭만적인 경향은 「보루(堡壘)를 넘어서」에 잘 반영되었다.

그러나 이때부터 내가 거부하게 된 낭만적 작품 속에는 인생의 전체적인 개념이 숨겨져 있었다. 그것은 시인의 삶이 내포하는 삶의 개념이었다. 우리는 그것을 상징주의자들로부터 물려받았고, 상징주의자들은 주로 독일인이었던 낭만주의자들로부터 그것을 물려받아 그들에게 맞게끔 변형시켰다.

그 개념은 비록 짧은 기간 동안이었지만 블로크에게도 영향을 주었다. 그는 자연스럽게 자신이 접한 낭만주의의 형태에 대해서 만족할 수가 없었다. 그에게는 그것을 드높이거나 포기하는 양자택일의 선택밖에 없었다. 그는 기존 개념을 버리기로 결심했다. 마야콥스키와 예세닌은 그것을 드높였다.

자신이 삶의 척도라고 믿으며 그런 신념에 인생을 바치는 시인이라면, 오르피즘(윤회전생[輪回轉生]하는 영혼이 오르페우스의 고행으로 신적 생명을 얻게 된다는 교의/역주)과 기독교 사상의 정신적 세계와 연결되는 모든 것에서, 그러니까 그의 상징적 기호에서 낭만주의적 개념은 명백하고 찬란하게 나타난다. 그러한 의미에서 마야콥스키의 인생과 예세닌의 운명에는 자멸을 초래하는 동시에 그들을 전설로 만든 어떤 불가사의한 요소, 어떤 형용사로도 서술이 불가능한 요소가 내포되어 있었다.

그러나 전설을 벗어나면 낭만주의적 성향은 기만의 울타리에 지나지 않는다. 낭만주의의 기초가 되는 시인은 그를 부각시키는 노릇을 해야 하는 비시인(非詩人)을 대비시키지 않으면 상상하기가 어려운데, 그 이유는 그가 도덕적 관념의 연구에 몰두하며 살아가는 사람이 아니라, 시각적으로 사실적인 "상징"이어서, 그의 윤곽이 눈에 보이도록 드러나게 하려면 어떤 배경을 요구하기 때문이다. 그리스도 수난극이 호소력을 갖추려면 천국이 필요했던 사실과는 뚜렷하게 대조적으로, 이런 시인이 주인공인 연극은 시선을 끌려면 평범성이라는 악역을 필요로 하는데, 이는 낭만주의가 항상 속물성이라는 배경을 필요로 해서, 소시민층이 사라지면 시적인 내용을 절반이나 상실한다는 사실과 같은 이치이다.

내가 활동하던 시대에는 한 사람의 생애를 이야기하는 전기를 쓰려면 배경과 같은 풍경의 개념이 필수적이었다. 나도 처음에는 그들과 의견을 같이했다. 그러나 나는 상징주의자들처럼 그것이 아직 하나의 의무적인 요소로 내 머릿속에 굳어버리기 전에, 영웅주의가 내세우는 어떤 암시로 자리를 잡기 전에, 그리고 그것이 피 냄새를 풍기기 전에, 그런 개념을 버렸다. 그리고 무엇보다도 우선, 나는 낭만주의에서 그것이 기초의 역할을 확립하기 전에, 그런 개념으로부터 무의식적으로 나 자신을 해방시켰다. 그리고 두 번째로, 그것이 가지고 있는 광채가 나의 작품

세계에는 어울리지 않는다고 판단했으며, 어떤 종류의 시적인 희롱도 나를 거짓되고 중뿔난 존재로 만들 것이라는 판단을 했기 때문에, 의식적으로도 그것을 피했다.

혁명이 일어나던 해 여름 동안에 완성된 「인생은 나의 누이」는 당시의 시적인 표현 방식과는 조금도 맥락이 같지 않다는 평을 들었고, 그래서 나는 그 작품을 존재하게 했던 원동력이 나 자신과는, 그리고 내가 이해하는 시의 세계와는 비교도 되지 않을 만큼 막강했기 때문에, 그 힘의 정체성에 대해서 철저히 무관심해졌다.

12

때로는 몇 달씩 바깥바람을 쐬지 못하던 시브체프−브라첵 공동주택의 식당에서는 겨울 석양과 아르바트의 지붕들과 나무들이 내다보였다. 수염이 텁수룩하게 나고 남달리 멍청하게 보이던 마음씨 좋은 신문 기자가 그 집의 주인이었는데, 그는 오렌부르크에 가족이 있으면서도 독신자의 인상을 풍겼다. 그는 한 달 동안 갖가지 견해가 담긴 기사를 읽고 나서는 그냥 내버려두었기 때문에 식탁 위에는 몇 아름이나 되는 신문이 쌓였고, 그렇게 읽고 버린 신문지의 폐허 속에는 베이컨의 기름 조각이나 빵의 부스러기 같은 아침식사의 찌꺼기들이 돌처럼 단단하게 굳어가며 잔뜩 쌓이고는 했으며, 그러다가 모처럼 시간이 나면 그는 한꺼번에 식탁을 몽땅 치우고는 했다.

말일이 되어 방세를 내지 못해서 내가 미처 양심의 가책을 느끼게 되기도 전인 13일에, 구운 거위와 회계 사무실 직원들에 대한 디킨스의 성탄절 이야기에서처럼, 방 안의 난로가 요란한 소리를 내고 악취를 풍기면서, 불길이 투명한 빛으로 변했다. 밤이 되자 초소에서 병사들이 요란하게 권총을 쏘아댔다.

어떤 때는 그들이 총을 쏘는 소리가 야만적인 함성에 밀려나기도 했다. 그리고 이 무렵에는 총소리가 길에서 났는지 아니면 집 안에서 났는지 분간하기 어려울 때가 많았다. 완전히 미쳐버린 광란의 분위기 속에서 가끔 찾아오는 고요한 순간에도, 서재를 홀로 차지한 전화기가 울리고는 했다.

그곳에서 울려대던 전화는, 모스크바에서 존재가 제법 알려진 시인이 모두 모이는 트루브니코프스코이에서의 친목회에 나를 초대했다. 그리고 나는 바로 그 전화기로 마야콥스키와 논쟁을 벌이기도 했지만, 그것은 이보다 오래 전, 코르닐로프(러시아의 장교로서 1917-1918년 내란에 참가했으며 총사령관을 지냄/역주)의 반란이 일어나기 전의 일이었다.

마야콥스키는 볼샤코프와 립스케로프가 포함된 시인들의 명단에 내 이름을 추가하여 신문에 광고를 냈다고 나한테 알려왔는데, 안타깝게도 그 명단에는 중국 음식점에서 난동을 부리는 소처럼 행동하며 그를 지극히 맹목적으로 추종하던 시인들의 이름도 나란히 올랐다. 처음에 나는 거의 모르는 사람과 다름없는 그에게서 전화를 받는 내가 좋아하는 인물과 대화를 나눌 기회가 생긴 것이 기뻤지만, 그의 말을 듣고 나서는 점점 화가 치밀어 올라서 그가 하는 말에 나대로의 이유를 들어 조목조목 따지며 반박을 퍼부었다. 나는 그토록 예의를 무시하던 그의 태도에 놀랐다기보다는, 그런 태도가 드러낸 상상력의 부족이 못마땅했으며, 그때 내가 항의를 한 까닭은 허락도 없이 내 이름을 사용했기 때문이라기보다는, 2년 동안이나 내가 떠나 있었음에도 불구하고 내 운명이나 직업에 조금도 변동이 없었으리라고 그가 일방적으로 판단했기 때문임을 나는 지적했다. 그는 적어도 내가 무사히 살아 있었다는 데 대해서, 그리고 혹시 다른 보람 있는 일을 하려고 문학을 포기하지는 않았는지에 대해서 조금쯤은 관심을 보였어야 옳았다. 그랬더니 그는 이런 모든 불평에 대하여 내가 우랄 지방에서 돌아온 후 봄철에 한 번 만난 적이 있다고 상당히 조리 있게 대답했다. 그러나 무슨 유별난 이유 때문인지는 몰라도 나는 그의 대답이 조금도 흡족하지 않았다. 그래서 나는 믿기 어려울 만큼 필요없는 고집을 부리면서 신문에 발표한 내용을 정정하라고 요구했는데— 이미 저녁이 되어 신문이 나올 시간이 다 되었으므로 그렇게 하기는 불가능한 실정이었고, 지금 생각하니 별로 이름도 알려지지 않았던 내가 잘난 체하며 그런 소리를 했다는 것은 오히려 가소로운 짓이었다.

비록 「인생은 나의 누이」에 대해서 아무에게도 알리지 않았고, 내가 어떤 과정을 겪고 있는지를 남들한테 숨기기는 했지만, 내가 변함없는 삶을 이어간다고 주변의 모든 사람이 제멋대로 생각한다는 사실이 나는 싫었다. 그리고 봄에 우리가 나누었다고 마야콥스키가 언급했던 대화를 내가 제대로 기억하지 못했기 때문이기도 했지만, 그때 우리가 그렇게 험악한 대화를 주고받은 다음에도 초대를 받아들여야 한다는 모순성에 나는 더욱 화가 났다.

13 몇 달이 지난 다음 초보 시인이었던 A—의 집에서 만났을 때, 마야콥스키는 전화로 나눈 이 대화를 나에게 상기시켰다. 발몬트, 호다세비치, 발트루샤이티스, 예렌부르크, 베라 인베르, 안토콜스키, 카멘스키, 부를리우크, 마야콥스키, 안드레이 벨리 그리고 츠베타예바가 모두 그곳에 모였다. A—가 훗날 얼마나 대단한 시인으로 성공할 재목인지를 나에게 설명해주려는 사람은 아무도 없는 듯했다. 그때 그녀가 집필 중이라던 멋진 "시"가 무엇인지는 알 길이 없었지만, 나는 모든 사람의 눈길을 순식간에 끌어모으는 그녀의 단순성을 알아차리고는 본능적으로 그녀를 독특한 인물이라고 분류했다. 그녀에게서는 내가 그처럼 소중하게 생각했던 준비된 순발력, 정열에 불꽃이

붙으면 모든 관습과 영예를 집어던질 자세가 갖추어져 있었다. 그 만남에서 우리는 솔직하고 다정하게 몇 마디 말을 나누었다. 그날 저녁의 모임에서 방을 꽉 메운 미래파 시인들과 상징주의 시인들의 틈바구니에 낀 나에게 그녀가 수호신 노릇을 해주었다.

낭송회가 시작되었다. 시를 읽는 순서는 명성이나 권위에 관계없이 나이순으로 결정되었다. 자신의 순서가 되자, 마야콥스키는 자리에서 일어나서, 긴 의자 뒤쪽에서 튀어나온 빈 선반 언저리를 손으로 꽉 잡고는, 「인간」을 낭송하기 시작했다. 내가 항상 마음속으로 상상했던 대로, 그는 시간을 배경으로 삼은 조각품처럼, 자리에 앉았거나 서 있는 사람들의 위로 우뚝 솟아서, 손으로 잠깐 멋진 이마를 짚기도 하고, 다시 긴 의자에 무릎을 대고 기대기도 하면서, 심오한 감정과 열띤 영감에 젖어 그의 시를 읽어 내려갔다.

안드레이 벨리는 마르가리타 사바슈니코프와 나란히 마야콥스키를 마주 보면서 앉아 있었다. 벨리는 전쟁 동안 스위스에서 지냈다. 그는 혁명이 일어나자 고국으로 돌아왔다. 그리고 아마도 그는 마야콥스키를 이때 처음 보았고, 그의 목소리도 처음 들었을 것이다. 그는 황홀경에 빠진 사람처럼 귀를 기울였으며, 비록 한마디도 감탄의 말을 하지는 않았지만, 그가 느끼던 열광적인 감격은 얼굴에 역력히 드러났다. 그는 놀라고도 감사하는 표정으로 시를 낭송하는 사람을 올려다보았다. 나는 낭송을 듣는 모든 사람들, 츠베타예바나 예렌부르크 같은 시인들을 일부러 눈여겨보지는 않았다. 나는 내 눈에 띄는 사람들만 둘러보았다. 대부분의 사람들은 질투심이 어린 자만심의 노예였고, 그런 감정을 벗어나지 못했다. 그들은 저마다 자기가 유명한 사람이요, 그들 모두가 ― 시인이라고 믿었다. 오직 벨리만이 자신을 완전히 망각하고, 결코 후회를 수반하지 않을 기쁨에 젖어서, 마야콥스키의 목소리에 몰입하여 귀를 기울였는데, 그것은 기쁨이 절정에 이르면, 이러한 경지를 영원히 추구하려는 열망과 희생만이 존재하기 때문이었다.

서로 악착같이 대립하던 두 문학 집단의 기둥이었던 위대한 두 명의 천재가 우연히도 내 눈앞에서 자리를 같이 했다. 나에게 뿌듯한 즐거움을 준 친분관계를 맺은 벨리가 거기 함께 있었기 때문에, 나는 마야콥스키의 위대함이 더욱 두드러진다고 느꼈다. 마치 그때 처음 만나기라도 한 듯, 그는 완전히 신선한 모습을 나에게 보여주었다. 그런 감격스러운 경험은 그날 저녁이 마지막이었다.

그런 다음에 몇 해가 흘렀다. 한 해가 지난 다음에 내가 「인생은 나의 누이」를 처음 읽어준 사람이 마야콥스키였는데, 그는 그 시를 들은 첫 사람이었고, 그는 내가 누구에게서도 결코 기대할 수 없었던 대단한 반응을 보여주었다. 다시 한 해가 지나갔다. 그는 「150,000,000」을 자신과 친한 지인들에게 읽어주었다. 그리고 나는 처음으로 그를 반박할 말이 하나도 없어졌다. 여러 해가 다시 지나갔다. 우리는 러시아에서 그리고 외국에서 여러 번 만났으며, 친밀한 우정을 키우려고 힘썼고, 작품도 같이 쓰려고 노력했지만, 그와 가까이 지내면 지낼수록 나는 점점 더 그를 이해하지 못하게 되었다. 이 무렵 우리 두 사람의 사이에 관해서는 다른 사람들도 잘 알았겠지만, 나는 도저히 그를 이해하지 못할 단계에 이르렀으며, 우리의 관계를 악화시킬 필요는 없을 듯싶었다. 이 시기를 회고해본다고 해도 다채로운 내용은 조금도 없고, 지금까지 내가 이미 한 이야기에 보탬이 될 내용도 없으리라. 따라서 나는 곧장 남은 이야기를 마치고 싶다.

14

"시인의 마지막 한 해"라고 이름을 붙여도 될 시기에 끝없이 되풀이되던 이상한 현상에 대해서 이야기하겠다.

여태껏 다 마무리를 짓지 못한 계획들이 갑자기 끝난다. 흔히 미흡

한 완성에 보탬이 될 길은 아무것도 없고, 다만 실현되지 못했던 꿈이 실현되었다고 납득할 만한 새롭고 유일한 확실성만 제시된다. 그리고 이 확실성은 후대로 전해졌다.

사람들은 습관을 바꾸고, 새로운 계획을 세운다며 분주해지고, 그들의 고양된 영혼에 대해서 끝없이 자랑한다. 그리고는 갑자기 — 종말이 오는데, 어떤 경우는 극단적이지만 대부분은 자연스러운 죽음이다. 비록 자연스러운 경우라고 하더라도, 자기를 지킬 마음이 없다면, 자살과 아주 비슷하다. 그리고 그들은 갑자기 약진하거나 멈추고는 갖가지 계산을 한다. 그들은 새로운 계획 때문에 분주한 나날을 보냈고, 「소브레메니크(Sovremennik, 동시대인)」를 편집하던 중이었다. 그들은 농민을 위한 신문을 창간하려고 준비했었다. 그들은 20년 동안 준비한 작품들을 모아 전시회를 열 준비를 했고, 외국으로 나가려고 여권 수속을 밟았다.

그러나 다른 한 무리의 사람들이 기억하기로는, 그들이 우울증에 빠졌고, 짜증을 잘 부렸고, 울고 싶은 듯 보였다. 수십 년을 스스로 그런 삶을 선택하여 고독하게 외톨이로 지낸 사람들은, 깜깜한 방에 갇힌 아이처럼 갑자기 그런 삶이 두려워져서, 우연히 지나가는 사람들을 아무나 붙잡고, 홀로 지내기가 싫다면서 매달린다. 이러한 정신적인 상태를 목격한 사람들은 그들의 귀를 믿지 못한다. 삶에서 보통 사람들보다 훨씬 더 많은 은총을 받은 사람들이면서도, 그들은 인생이 아직 시작도 되지 않았고, 과거의 경험도 없으며, 어떤 도움도 받지 못했다고 불평한다.

그러니 1836년의 푸슈킨(1799년에 태어난 푸슈킨은 1837년에 죽었으며, 죽기 한 해 전인 1836년에는 「소브레메니크」를 창간했음/역주)이 그가 여태까지 살아온 어느 다른 해의 푸슈킨과도 달랐으리라는 사실을 — 1936년의 푸슈킨에게서 누가 눈치를 채고 믿었겠는가? 아직 살아 있고, 맥박이 뛰며, 살려고 하는 의지가 강한 근원적인 심장의 고동에 맞춰, 다른 마음들로부터 오랫동안 울리던 메아리가, 팽창하면서 부활한 마음과 어울려 갑자기 하나가 되는 순간이 오리라는 사실을 누가 알았겠는가? 그런 불규칙한 심장들의 고동이 자꾸만 자꾸만 빨라지다가, 결국은 갑자기 모든 고동이 균일해지고, 근원적인 심장의 고동과 일치하는 규칙적인 박자를 찾아내고는, 남은 시간을 완벽한 조화를 이루며 살아가리라는 사실을 또 누가 알았겠는가? 이것은 은유가 아니라는 사실을. 이런 현상이 실제로 삶에서 벌어진다는 사실을. 이런 현상을 따로 부르는 이름이 비록 아직 없기는 해도, 이것은 격렬하고, 실재하며, 핏줄로 더욱 강력하게 연결된 인생의 한 과정이라는 사실을. 먼저 흘러간 시간의 연속성을 그토록 갑작스럽게 그리고 그토록 즐겁게 잘라서 내버리는 그런 비인간적인 청춘이 존재한다는 사실을, 그리고 그런 과정은 따로 이름이 없어서 불가피하게 무엇과 견주어 비교해야만 하는데, 갑작스러움이라는 특성 때문에 무엇보다도 죽음을 연상시킨다는 사실을. 그것이 죽음과 흡사하다는 사실을. 그것은 죽음과 흡사하지만, 그러나 죽음은 아니며, 사람들이 분명히 똑같다는 주장을 하지 않았기 때문에, 그런 주장을 하지 않았다는 이유 하나만으로도, 그것은 전혀 죽음이 아니라는 사실을.

 그리고 이러한 심성의 형상이 달라지기 때문에, 추억과 창조가, 창조와 희망이, 이미 창조된 세계와 앞으로 창조되어야 할 미래의 세계가, 서로 자리를 바꾼다. "그 사람의 사생활이 어땠지?"라고 사람들은 때때로 묻는다. 이제는 그것을 밝히겠다. 최대한의 영역으로 퍼져나간 반론들이 수축하고, 집결하고, 조화를 이루다가 갑자기, 부분적인 구성 개념들이 한꺼번에 모두 살아 숨쉬기 시작하고, 드디어 하나의 생물처럼 존재를 시작한다. 그것은 눈을 뜨고, 깊이 한숨을 쉬고, 편의상 일시적으로 걸쳤던 마지막 허위의 가면들을 벗어던진다.

그리고 그것이 밤이면 잠을 자고 낮에는 깨어나서 관찰하며, 두 다리로 걸어 다니고 인간이라는 이름으로 불린다는 사실을 상기한다면, 그의 행동이 다음과 같은 배경과 연결된다는 추측은 당연하다.

거대하고, 실재하고, 실감나게 존재하는 도시. 그곳에 겨울이 왔다. 그곳에서는 어둠이 일찍 찾아오고, 노동하는 낮 시간은 곧 밤의 불빛과 자리를 바꾼다.

오래 전에, 아주 오래 전 한때, 그곳은 무척 두려운 곳이었다. 그곳은 정복해야 하고, 그것이 지닌 냉담함을 무너뜨려야 하는 대상이었다. 그리고는 오랜 세월이 흘러갔다. 존중하는 인식을 도시는 상실했고, 그것은 순종하는 버릇을 키웠다. 도시가 한때 어떻게 그토록 불안감을 주었는지를 돌이켜보려면 무척 힘이 들 정도가 되었다. 도시의 불빛은 반짝이고, 손수건으로 입을 가리고 기침을 하면서, 그들은 계산기로 추측을 계속한다. 눈이 내려 도시를 뒤덮는다.

새롭고도 원시적인 감수성만 없었더라면, 도시의 소름끼칠 만한 거대함은 눈에 띄지도 않고 순식간에 지나쳤을 것이다. 새로운 탄생의 취약성과 비교해본다면, 사춘기의 수줍음은 무엇이란 말인가? 그리고 다시 한번, 어릴 때처럼 모든 대상을 새로운 눈으로 관찰한다. 가로등과, 타자수들과, 문짝과, 장갑과, 구름과, 달과, 눈. 무서운 세상이다!

도시는 썰매와 털외투의 잔등에서 끈질기게 버티고, 한 닢의 은화처럼 전찻길의 레일을 따라 한참 굴러가다가, 저 멀리 안개 속에서 얌전히 쓰러져 납작하게 눕고, 그러면 양가죽 외투를 걸친 신호수의 아내가 그것을 줍는다. 도시의 추억은 회전을 하고, 점점 작아지고, 다른 우발적인 사건들과 어울리며 끓어오른다. 거기에서는 조금쯤 부주의한 흔적들이 여기저기서 쉽게 눈에 띈다. 그것들은 의도적으로 상상한 불쾌한 기억이다. 그런 기억은 난데없이 나타나고, 의식적으로 부풀어 오른다. 그러나 아무리 잔뜩 부풀어 오른 다음이라고 해도 그것들은 아주 가까운 과거에 너무나도 의기양양하게 짓밟아버린 다른 잘못들에 비하면 완전히 미미한 기억일 따름이다. 그리고 짓밟아버린 잘못들은 과거의 삶에서 벌어졌던 경험이며 기꺼이 찢어버렸어야 하는 경험이기 때문에, 비교의 대상이 되지 못한다는 점이 중요하다. 아, 그 즐거움이 더 영구적이고 정당했더라면 얼마나 좋았을까!

그러나 그것은 믿음과 비교의 대상이 아니면서도, 인간을 하나의 극한에서 다른 극한으로 집어던지는 희열이며, 인생에서는 어떤 다른 것도 우리에게 그런 즐거움을 베풀지 않는다.

그리고 사람들은 그래서 얼마나 기가 꺾였던가! 안데르센의 미운 오리새끼는 얼마나 자주 반복되는가! 사람들은 그토록 터무니없는 상상에 얼마나 시달렸던가!

그러나 혹시 내면의 목소리가 거짓말을 한다면? 무서운 세상이 결국은 옳은가?

"담배를 피우지 마십시오." "용건만 간단히 말씀하십시오!" 이런 말들은 진리가 아니라는 말인가?

"그 사람이? 목을 매달았다고? 그렇게 걱정하지 말아요."

"사랑에 빠졌어? 그 사람이? 하하하! 그 사람은 자기 자신밖에는 아무도 사랑하지 않아요."

거대하고, 실재하고, 실감나게 존재하는 도시. 겨울과 서리, 20도의 서리가 땅에 박힌 말뚝처럼 피어오르고, 쩌걱거리는 수양버들 가지가 엮어놓은 하늘이 길을 따라 비스듬히 매달렸다. 모든 것이 안개 속에서처럼 부옇게 흐려졌고, 미끄러지며 멀어지다가 사라졌다. 하지만 이런 기쁨 속에 슬픔이 어떻게 존재할까? 그렇다면 이것은 재생의 순간이 아닐까? 이것이 죽음일까?

15 시민들이 출생과, 죽음과, 결혼을 신고하러 찾아가는 사무소에는 진리를 측정하는 도구가 없으며, 인간의 진실성은 엑스레이로도 측정이 되지 않는다. 신청서에 기입을 하는 낯선 사람의 손이 얼마나 확고한지 여부 하나만 보고도 등록 내용의 사실이 증명된다. 그리고 수속이 끝난 다음에는 아무도 의심을 하지 않고, 더 이상 따지는 일도 없다.

신청인은 자필로 마지막 글자를 적음으로써, 소중한 누군가를 당연한 어떤 존재로 세상 사람들에게 넘겨주고, 그는 자신의 진실성을 스스로 측정해보고 거기에 불변의 어떤 목적을 부여하게 되며, 그러면 물려받은 존재에 대해서 사람들이 따지고, 의심하고, 비교하기 시작한다.

그들은 남자가 전에 사랑했던 다른 여인들과 그녀를 비교하지만, 오직 그녀만이 그 남자를 닮았고, 그리고 그의 앞에서 거쳐간 모든 상대를 닮았다. 그들은 남자의 감정을 추측해보려고 하지만, 그들은 사람이란 아무리 영원한 하루라고 하더라도 단 하루 동안만을 사랑하지는 않고, 그러면서도 또한 비록 영원하지는 않더라도, 지나간 여러 나날을 완벽하게 축적한 시간만큼 사랑하기도 한다는 사실을 알지 못한다.

그러나 두 가지의 다른 표현이, 한 천재와 한 아름다운 여인이, 그들 사이에 존재하는 어떤 사소한 공통점을 찾았다. 그리고 그들은 놀랄 만큼 서로 닮았다.

여자는 어린 시절부터 많은 행동의 제약을 받았다. 여자는 아름다웠으며, 그 사실을 아주 어릴 때 이미 깨달았다. 그리고 그녀가 다른 사람들과 함께 할 때는, 어느 쪽으로라도 한 발자국만 움직이면, 여자 스스로 또는 다른 사람들이 꼭 마음의 상처를 받게 마련이었기 때문에, 그녀가 한껏 자신에게 충실해도 되는 곳이라고는 이른바 자연의 세계에 서뿐이었다.

젊은 처녀인 그녀가 집을 나선다. 여자는 무슨 생각으로 그런 행동을 하는가? 여자는 벌써부터 사서함을 통해서 비밀 편지들을 받아왔다. 여자는 자기의 비밀을 지금까지 두세 친구에게만 알려주었다. 그러니까 여자가 밀회를 위해서 집을 나섰음을 우리 모두 인정하도록 하자.

여자가 집을 나선다. 여자는 밤이 자기를 눈여겨보고, 바람이 그녀의 모습을 보고 가슴을 졸이고, 별들이 그녀에게 무슨 말인가를 해주었으면 좋아했으리라. 여자는 마음속에만 담겨 있지 않고 넓은 대지 위에서 존재할 때 그 본래의 아름다움을 자랑하는 나무나 울타리나 세상의 모든 만물처럼 멋진 무엇이 되고 싶어하리라. 그러나 누가 그런 소망이 그녀의 마음이라고 말했다면 여자는 대답을 하는 대신에 웃어넘겼으리라. 그녀는 이런 생각을 전혀 하지 않는다. 그녀에게는 세상에서 이런 생각을 대신 해줄 먼 친척 오빠가 있는데, 그는 그녀 자신에 대해서 그녀보다 훨씬 더 잘 알고, 그녀에 대한 마지막 책임자 노릇을 하는 데 익숙하다. 그녀는 자연의 왕성한 활력을 건전하게 사랑하며, 그녀의 느낌과 우주의 느낌 사이에 유지되는 계정 잔액을 잠시라도 그녀가 망각하지 않는다는 사실을 인정하지 않았다.

봄, 봄의 저녁, 벤치에 앉은 할머니들, 정원의 나지막한 담, 수양버들. 포도주의 초록빛, 약하게 증류하여 얻은 불모의 하얀 하늘, 먼지와 조국, 메마르고, 날카로운 목소리들. 막대기처럼 뻣뻣한 소리들 그리고 부서진 소리의 조각들 속에서 들려오는 부드럽고 뜨거운 침묵.

남자가 여자를 만나려고 길을 따라서 오는데, 그녀가 가장 자연스럽게 만나는 바로 그 남자이다. 기쁨을 주고받으며, 여자는 오직 그를 만나기 위해서 왔다는 말을 자꾸 되풀이한다. 부분적으로는 그녀의 말이 진실이다. 어느 만큼은 먼지와, 조국과, 조용한 봄날 저녁에 이끌리지 않는 사람이 어디 있겠는가? 여자는 왜 자신이 바깥으로 나왔는지 이미 잊었지만 그녀의 두 발은 기억한다. 남자와 여자는 계속해서 걷는다. 그들은 계속해서 함께 걸어가고, 그들이 더 멀리 나아가면 나아갈

수록, 더 많은 사람들이 그들을 향해서 온다. 그리고 영혼을 다 바쳐서 만난 그 남자를 사랑하기 때문에 여자는 그녀의 발에 대해서 조금도 실망하지 않는다. 그러나 발은 그녀를 계속해서 이끌어가고, 두 연인은 보조를 맞추기가 어려워지는데, 그러다가 갑자기 길이 넓어지고 훨씬 더 한적한 곳이 눈앞에 나타나자 그들은 잠시 쉬어가고 싶은 마음에 주위를 둘러보지만, 흔히 이때쯤 되면 먼 친척 오빠가 이곳에 나타나서 그들을 만나게 되고, 그러면 어떤 상황이거나 간에, 아무리 완전히 "일심동체"가 된 상황이라고 하더라도, 그는 두 사람을 이 세상의 모든 끈으로 묶어놓고는, 자랑스럽게, 발랄하게, 그리고 따분하게, 옛날 동전에서처럼 옆얼굴로 옆얼굴을 찍는다.

16 4월 초순에 모스크바 사람들은 되돌아온 겨울의 기습을 받아 아연실색했다. 7일에는 두 번째로 해빙이 시작되었으며, 마야콥스키가 권총으로 자살한 14일에는, 봄을 아직은 낯설어하는 사람들도 적지 않았다.

나는 비보를 전해 듣자마자 O. S.를 그곳으로 불렀다. 마야콥스키의 죽음에 대한 이야기를 갑자기 들어 충격을 받으면, 오히려 그녀 자신의 슬픔을 이겨내기가 쉽지 않을까 하고 나는 바랐다.

11시와 12시 사이에 권총 자살에 대한 이야기가 파문을 일으키며 퍼져나갔다. 소식을 전하는 전화기들이 떨렸고, 사람들은 얼굴이 파랗게 질렸으며, 사람들이 루비얀스코이 거리를 따라 발길을 재촉했고, 앞마당을 가로질러 집으로 들어갔으며, 층계는 다른 입주자들과 시내에서 온 사람들이 이미 넘칠 정도로 몰려들어서, 엄청난 사건에 놀라 벽으로 서로 밀리며 흐느껴 울었다. 나에게 비극적인 사건을 가장 먼저 알려주었던 Y. 체르나크와 로마딘이 나에게로 왔다. 제니아(나중에 파스테르나크의 부인이 되었음/역주)도 그들과 함께였다. 그녀의 모습을 보자마자 나는 두 뺨이 발작적으로 움찔거렸다. 제니아는 흐느끼면서 나에게 어서 위층으로 올라가보라고 했지만, 바로 그때 온몸을 덮어씌운 시체가 들것에 실려서 내려왔다. 모두들 서둘러 아래층으로 몰려 내려오는 바람에 입구가 막혔고, 우리가 겨우 사람들 틈을 비집고 밖으로 나갔을 때는, 구급차가 벌써 대문으로 들어서던 참이었다. 우리는 구급차를 따라서 헨드리코프 집으로 들어갔다.

대문 밖 길거리에서는, 평소처럼 삶이 무심하게 흘러갔다. 그런 연극에 항상 등장하는 불청객들, 아스팔트를 깐 앞마당의 구경꾼들을 뒤에 남겨두고 우리는 그곳을 떠났다.

질척거리는 진흙탕 위로 힘없이 다리를 흐느적거리며 돌아다니는 봄바람은 처음으로 걸음마를 배우는 듯싶었다. 멀리서 내가 여기 있노라고 소리를 지르는 수탉과 아이들의 목소리가 들려왔다. 이른 봄에는 그런 소리가 도시의 시끄러운 소음에도 불구하고 무척 먼 곳까지 들렸다.

전차가 느릿느릿 스비바야 언덕길을 올라갔다. 전찻길을 따라 올라가다 보면, 왼쪽 보도와 오른쪽 보도가 번갈아 가면서 전차 창문에 닿을 정도로 가까워졌다 다시 멀어졌다 하는 곳에 이르는데, 손잡이에 매달려 좌우로 흔들리며 그곳을 올라가노라면, 시계 가게들과 구둣방들이 갑자기 사라지고, 길을 걷다가 미끄러져 넘어진 늙은 여자를 굽어보듯 자기도 모르게 엉거주춤한 자세로 몸을 구부리고 모스크바를 굽어보게 되며, 납작 엎드린 듯 펼쳐진 풍경에서는 종탑들과 지붕들이 솟아올라 모습을 바꾸고, 그러다가 느닷없이 벌떡 일어난 도시는 치맛자락을 휘날리며, 편편하고 재미없는 길을 따라 전차를 끌고 내려간다.

이번에는 도시가 움직이는 형상이 너무나 분명하게도 망자의 생애에서 떼어낸 한 소삽과 같다는 생각이 들었다. 번화무쌍한 풍경은 마야콥스키의 내면에 존재하는 중요한 무엇인가를 강렬하게 상징했으며,

그래서 나는 온몸을 부르르 떨었고,「구름」에 나오는 유명한 전화 통화가, 바로 옆에서 누군가 큰 소리로 외치듯이, 생생하게 내 머릿속에서 천둥처럼 울렸다. 나는 정거장에서 S-와 나란히 서 있었으며, 그녀에게로 머리를 숙이고 그녀에게「구름」에서 8행(마야콥스키의 시「바지를 입은 구름」의 첫 여덟 줄을 뜻함/역주)을 읊어주려고 했지만……"나에게 '나'는 너무나 하잘것없어"……내 입술은 벙어리장갑 속의 손가락들처럼 서로 달라붙어 떨어질 줄 몰랐고, 감정이 너무나 북받쳐서 나는 더 이상 말을 잇지 못했다.

헨드리코프 집 끝에서는 두 대의 자동차가 기다렸다. 호기심에 가득 찬 사람들이 차를 둘러쌌다.

복도와 식당에는 모자를 썼거나 벗은 사람들이 서거나 앉아 있었다. 그는 더 안쪽에, 그의 서재에 안치되었다. 복도에서 릴리아의 방으로 들어가는 문은 열어놓았고, 아세예프가 문간에 서서 문설주를 움켜쥐고 울었다. 시체를 안치한 방의 안쪽 구석 창가에서는 고개를 푹 숙이고 흐느껴 우는 키르사노프의 어깨가 들먹였다.

눈물에 젖은 애도의 분위기 속에서 간간이 숨죽인 목소리로 나누는 초조한 대화가 이곳에서도 오고갔는데, 진혼곡이 끝난 다음에, 꿀물처럼 끈적한 장례식 이후에 처음 들려온 속삭임의 목소리는, 마루 밑에서부터 들려오는 소리처럼 냉담했고, 생쥐 냄새가 나는 듯싶었다. 잠깐씩 그렇게 대화가 오가는 사이에 조심스럽게 짐꾼 한 사람이 방으로 들어와서, 승마 구두 같은 장화에 꽂았던 끌을 꺼내서는, 월동용 바람막이 틀을 뜯어내고 창문들을 천천히 소리 없이 열었다. 밖은 외투를 입지 않으면 아직 추운 날씨였지만, 참새들과 아이들은 서로 두서없이 위로하기라도 하듯이 재잘거렸다.

시체 곁에서 발돋움을 하고 조심스럽게 떠나면서, 릴리아에게 전보를 친 사람이 있느냐고 누군가 나지막한 목소리로 물었다. 전보는 보냈다고 L. A. G.가 안심시켰다. 제니아가 나를 한쪽 옆으로 데리고 가서는, 엄청난 비극을 당한 L. A.가 끔찍한 부담을 이겨내느라고 보여준 용기를 말해주었다. 그녀는 울기 시작했다. 나는 제니아의 손을 꼭 잡아주었다.

끝없는 바깥세상의 무심함이 창문을 통해서 쏟아져 들어왔다. 육지와 바다를 가르는 경계선을 따라서 잿빛 나무들이 길게 늘어섰다. 나는 따뜻한 무엇인가를 열망하는 듯한 싹들이 다닥다닥 붙은 나뭇가지들을 물끄러미 쳐다보면서, 저 나무들 너머 저편 멀리, 실감이 나지 않을 정도로 머나먼 곳, 전보가 도착할 런던이 어떤 곳인지를 상상해보려고 했다. 얼마 안 있으면, 그곳에서, 누군가가 울음을 터뜨리고는, 우리를 향해 손을 내밀고, 기절해서 쓰러지리라. 나는 목이 꽉 잠겨오는 것을 느꼈다. 나는 마야콥스키가 있는 방으로 다시 들어가서 한껏 흐느껴 울기로 했다.

키가 훤칠한 그는, 우울한 표정으로, 벽을 향하여 모로 누웠고, 홑이불이 그의 턱까지 덮였으며, 마치 잠이라도 자고 있는 듯이 입은 반쯤 벌린 채였다. 그는 당당하게 우리 모두에게 등을 돌렸고, 비록 잠이 들었고, 비록 그렇게 누워 있어도, 우리와 헤어져 무엇인가를 추구하느라고 끈질기게 분투하는 모습이었다. 포착하기 어려운 순간의 표정을 가면이 골화(骨化)해놓았기 때문에, 그의 얼굴에서는 그가 "아름답게 살아온 22년"(마야콥스키가 스물두 살에 썼던 「바지를 입은 구름」의 첫 부분의 한 구절/역주)을 이야기했을 때의 표정을 그대로 되살렸다.

현관에서 갑자기 술렁이는 소리가 들렸다. 모인 사람들 틈에서 아까부터 흐느끼던 어머니와 언니보다 늦게 혼자서 도착한 망자의 여동생 올가 블라디미로브나가 집으로 들어섰다. 그녀는 감정을 시끄럽게 드러내며 나타났다. 그녀의 목소리가 그녀보다 먼저 방으로 들어왔다. 층계를 올라오면서, 그녀는 어떤 사람과 큰 소리로 말하듯이, 가끔 죽은 오빠의 이름을 부르며 혼잣말을 했다. 마침내 그녀의 모습이 보였는데, 그녀는 쓰레기더미를 파헤치며 지나가듯이 사람들을 밀치고, 오빠의 방 문간에 이르더니, 두 손을 번쩍 들고는 우뚝 멈춰 섰다. "볼로디야!" 올가의 울부짖는 목소리가 온 집 안에 울렸다. 짧은 순간이 흘렀다. "아무 대답도 없잖아요! 오빠가 대답이 없어요. 볼로디야. 볼로디야! 이걸 어떡하면 좋아!"

올가는 비틀거리면서 쓰러지려고 했다. 옆에 있던 사람들이 그녀를 부축해 일으켜서 정신을 차리게 했다. 겨우 몸을 가누자마자 올가는 애절하게 곧장 시체 쪽으로 가서 그의 발치에 주저앉더니, 아까 미처 끝내지 못한 이야기를 두서없이 다시 계속했다. 그러자 결국 나는 한참을 참았던 울음을 터뜨렸다.

마야콥스키가 자살한 바로 그 방에서는, 그런 곳에서라면 어떤 극적인 장면의 무대를 가득 채우는 집단적인 분위기가 충격적이고 생생한 사실을 순식간에 몰아내기 때문에, 이렇게 마음껏 울기가 불가능했다. 저쪽 아스팔트가 깔린 앞마당에서는 염전에서 나는 악취, 불가피한 현실을 신격화하는 악취, 그러니까 원숭이의 흉내로부터 비롯하여, 충실한 복제를 가능하게 만드는 연쇄적인 흥분처럼, 생명을 잉태하는 도시의 거짓된 숙명론적 악취가 풍겼다. 물론 거기에서도 남모르게 흐느끼는 사람들이 없지는 않았지만, 그것은 사람들이 거주하는 집과, 비상 출입구와, 권총집 같은 일상적인 것들에 얽힌 갑작스러운 이변에 대해서, 사람들로 하여금 역겨움과 절망 때문에 견디기 어려울 정도로 속이 뒤집히게 만드는 모든 대상에 대해서, 동물적인 통찰력이 반응하여 재생되는 목멘 흐느낌일 따름이었다.

위대한 무엇을 잃고 난 사람들이 당연히 그러듯이, 그의 죽음에 대해서 느끼는 대로 숨김없이, 그리고 조금도 꾸밈이 없는 슬픔을 나타낸 첫 번째 사람은 그의 여동생이었으며, 풍금의 웅장한 통곡에 맞춰, 올가의 혼잣말을 반주로 삼아서, 사람들은 덩달아 지칠 줄 모르고 한없이 울었다.

올가는 슬픔을 주체하지 못했다. "그들에게 목욕탕을 만들어줬어요."(마야콥스키가 쓴 풍자적인 희곡 「목욕탕」에 대한 내용임/역주) 마야콥스키 자신의 목소리가 여동생의 콘트랄토로 이상하게 바뀌어 외쳤다. "더 재미있으라고요. 사람들이 웃었죠. 그들이 오빠의 이름을 외쳐 불렀는데 ― 이런 일이 벌어질 줄이야 누가 알았겠어요. 볼로디야, 왜 우리에게 도움을 청하지 않았나요?" 올가는 흐느끼며 신음을 하다가 정신을 가다듬고는, 무슨 충동을 느꼈는지 마야콥스키에게로 가까이 갔다. "아직 잊지 않으셨죠? 아직 잊지 않으셨겠죠, 볼로디치카?" 올가는 오빠가 아직 살아 있기나 한 듯이 이렇게 묻고는 그의 시를 읊기 시작했다.

나에게 '나'는 너무나 하잘것없어.
나는 나를 자꾸만 떠나려 하네.
여보세요!
거기 누구신가요? 어머니인가요?

어머니! 아들이 심하게 앓아요.
어머니! 아들의 마음에 불이 붙었어요.
동생 리우디아와 올리아에게
난 갈 곳이 없다고 전해주세요.

17

저녁에 돌아외서 보니, 마야콥스키는 이미 입관이 끝난 다음이었다. 낮에 방을 가득 채웠던 얼굴들은 보이지 않았고 다른 얼굴들이 대신 자리를 차지했다. 저녁에는 비교적 조용했다. 이제는 흐느끼는 사람도 별로 없었다.

　나는 갑자기, 이미 완전히 과거 속에 묻혀버린 그의 삶이, 바깥 창밑에서 서성거린다고 상상했다. 나는 가로수가 늘어서고 포바르스카야 거리를 닮은 조용한 길거리처럼, 그의 인생이 창문으로부터 옆으로 멀어지는 환상을 보았다. 그리고 이 거리에 가장 먼저 나타나서, 바로 저 벽 앞에 우뚝 버티고 선 것은 어떤 하나의 국가, 여러 시대를 향하여 돌진하며 그들 시대로부터 전무후무하다고 영원히 인정을 받은 놀라운 국가였다. 그것은 창밑에 와서 멈춰 섰고, 사람들은 만세를 부르며 그것의 손을 잡았다. 그것이 보여준 낯설고도 생생한 양상은 어딘가 망자를 닮았다. 그들은 쌍둥이처럼 서로 놀랄 만큼 닮았다.

　그리고 마야콥스키가 어쩌면 이런 국가에서 살아가는 특수한 시민인지도 모르겠다는 황당한 생각이 그제야 내 머리에 떠올랐다. 그의 피 속에는 시대의 새로운 기운이 힘차게 흘렀다. 그가 보여준 특이성은 아직 반밖에 완성되지 못한 시대, 우리가 사는 시대의 특이성과 동일했다. 나는 여러 면에서 독창적이었던 그의 독립적인 성격과 괴팍함을 회고해보았다. 우리의 시대에 고유하지만, 아직은 완전하게 성숙하지 못한 정신적인 경지와 닮아 있던 그의 모습이 이런 모든 사실을 설명한다. 그는 일찍이 별로 힘들이지 않고 미래를 터득했고, 그래서 그는 어려서부터 미래의 총아가 되었던 듯싶다.

(1931년)

보리스 파스테르나크의
단편소설들

제니아 류베르스의 소녀 시절

길고 긴 나날

1 류베르스는 페름에서 태어나 그곳에서 자랐다. 가장 오래된 기억은 장난감 배와 인형들이었고, 다음으로는 집 안을 가득 채웠던 것 같은 털이 수북하고 너덜너덜한 곰 가죽이었다. 아버지는 루니에프 광산 사무소의 소장이었으며, 추소바야의 공장들이 이곳과 많은 거래를 했다.

진한 팥 빛깔의 사치스러운 곰 가죽은 모두 선물로 받은 것들이었다. 아이들의 방에 깔아놓은 하얀 암곰의 털은 꽃잎이 지는 거대한 국화처럼 보였다. '제닛츠카의 방'에 들여놓으려고 마련한 가죽은 가게에서 특별히 신경을 써서 골라, 한참 흥정을 해서 값을 치르고, 따로 사람을 시켜 배달한 것이었다.

여름에 그들은 카마 강 건너편의 시골 별장에서 지냈다. 그때만 해도 제니아는 일찍 잠자리에 들어야 했다. 그녀는 모토빌리카의 밤 불빛을 볼 기회가 없었다. 한번은 앙고라 고양이가 무엇 때문인지 겁을 먹고 밤중에 깨어나서, 잠결에 심하게 뒤척였고, 그래서 제니아마저 잠에서 깨어났다. 제니아는 발코니에 모인 어른들을 보았다. 난간 위로 늘어진 오리나무는 잎이 무성했고 잉크처럼 무지개 빛깔로 반짝였다. 잔에 담긴 차는 붉은빛이었다. 소매단추와 카드는— 노란색, 그리고 탁상보는 — 초록빛. 그것은 악몽이었지만, 제니아가 아는 악몽이었으니, 어른들의 카드 놀이였다.

그런 반면에 멀리 떨어진 건너편 강둑에서 무슨 일이 일어나는지는 전혀 알 길이 없었으므로, 그곳 강둑은 이름도 없고, 뚜렷한 빛깔이 없고 모양도 분명치 않아서, 그곳의 움직임은 낯익으면서도 정다워서 악몽이 아니었으며, 연초 빛깔의 구름 속에서 굴러다니며 우르릉거리는 악몽은 아니었고, 낯선 그림자를 바람으로 흩뿌려 복도의 불그레한 대들보에 어른거리게 하는 악몽도 아니었다. 제니아는 울기 시작했다. 아버지가 들어와서 모든 설명을 해주었다. 영국인 가정교사가 벽 쪽으로 돌아섰다. 아버지의 설명은 간단했다. 그것은— 모토빌리카라고 했다. 창피하게 그러면 어떡하니? 너처럼 다 큰 아이가. 어서 자려무나. 계집아이는 아무것도 알아듣지 못한 채 만족해서는, 울음을 멈추고 흘러내리는 눈물을 빨아먹었다. 아이는 무엇인지 몰랐던 이름만을 알고 싶었는데— 아버지는 모토빌리카라고 일러주었다. 그날 밤 동안은 그만하면 만족스러운 설명이어서, 아침이 될 때까지 제니아에게는 그것이 완전하고 편안한 의미를 간직한 이름이었다.

그러나 이튿날 아침이 되자 제니아는 다시 모토빌리카가 무엇이며 모토빌리카에서는 밤에 무슨 일이 일어나는지를 물었고, 모토빌리카는 공장이고, 국가에서 소유한 공장이며 거기에서는 무슨 틀을 짜서……그러나 제니아는 그런 자세한 설명에는 흥미가 없었으며, "공장"이 어느 나라의 이름인지, 그리고 "공장"이라는 곳에서 사람들이 무엇을 하는지가 궁금했지만, 그런 것들을 물어보지는 못했고, 무슨 까닭에서였는지 일부러 비밀로 숨겨둬야겠다고 작정했다.

그리고 그날 아침에, 제니아는 전날 밤과는 달리, 이제 어린아이가 아니었다. 아이가 난생처음으로 깨닫게 된 사실이지만, 어떤 현상들은 사람들에게 정체를 드러내지 않고, 소리를 지르면서 야단을 치거나, 담배를 피우고 자물쇠로 문을 채우는 어른들에게만 비밀을 알려주었다. 새로 알게 된 모토빌리카에 대해서나 마찬가지로, 제니아는 가장 근본적이고, 중요하고, 두려운 모든 상황을 아무한테나 털어놓지 않고 숨겨두었다가 훗날 자신을 위해서 써먹어야 한다는 점을 깨달았으며, 그래서 그녀가 생각하는 모든 내용을 함부로 입 밖에 내지 않았다.

여러 해가 흘러갔다. 어린아이들은 태어날 때부터 자주 집을 비우는 아버지라는 개념에 익숙해져서, 그들의 눈에는 아버지의 존재가 저녁 식사에는 전혀 모습을 보이지 않고 가끔 만찬에나 참석하러 나타나는 특별한 속성을 가진 사람으로 여겨지기가 쉽다. 점점 더 자주 그들은 세를 든 사람도 없어 완전히 텅 빈 집에서 먹고 말다툼을 하거나, 술을 마시고 식사를 했으며, 열을 올리거나 고집을 부리는 다정한 골칫거리인 어머니, 무슨 익숙한 전깃불과 같은 어머니의 분위기를 영국인 가정교사의 미적지근한 가르침이 대신할 수는 없었다. 조용한 북녘의 하루가 커튼을 통해서 집 안에 들었다. 낮은 웃을 줄을 몰랐다. 참나무 울타리에서는 백발 머리가 자랐다. 은빛 햇살이 층층으로 무겁게 쌓였다. 라벤더 물로 씻은 영국인 가정교사의 손길이 식탁보 위를 분주히 오갔는데, 그녀는 누구에게나 정당한 몫을 정확히 나눠주었으며, 인내심의 샘이 마를 줄 몰랐고, 그녀의 공평성은 항상 깨끗하게 가지런히 정리된 그녀의 방과 책들에서도 똑같이 느껴졌다. 식사의 시중을 드는 하인은 식당에서 대기하다가 새 음식을 한 가지씩 가지러 갈 때만 부엌으로 나갔다. 모든 것은 마음에 들 만큼 흡족했지만, 몹시 슬펐다.

그런 식으로 아이는 여러 해 동안 의심과 외로움으로, 나로서는 그냥 '기독교'라고 부르기가 불가능해서 차라리 '기독교 사상'이라는 이름을 붙이고 싶은 쇠의식에 시달렸으며, 그녀가 저지른 악행과 회개를 거부하는 고집으로 인해서, 세상에서는 아무것도 개선될 기미나 가능성이 없다는 생각이 가끔 들고는 했다. 그러는 사이에 — 비록 아이들이 전혀 의식하지 못했던 사실이지만 — 그들의 어머니와 아버지가 집에서 머물 때, 그러니까 그들이 집으로 돌아온다기보다는 그냥 집으로 들어온 다음에는, 그와는 정반대로, 그들의 태도로 인해서 아이들은 온통 떨기만 했고, 마음의 동요를 일으키고, 당황해서 어찌할 바를 몰랐다.

아버지가 어쩌다 농담을 하면, 알아듣지 못한 아이들은 앞뒤가 맞지 않는 이야기에 항상 겁이 나고 슬퍼지기도 했다. 아버지는 아이들의 이런 기분을 짐작했고, 아이들이 그런 사실을 안다고 느꼈다. 그래서 그의 얼굴에서는 쓸쓸한 혼란의 그늘이 떠나지를 않았다. 화가 났을 때는 아버지가 전혀 모르는 사람처럼 변했고, 이성을 잃을 만큼 분노에 휩싸인 순간에는 난생처음 보는 사람 같았다. 모르는 사람에게서는 아무런 감정도 느끼지 못한다. 그래서 아이들은 아버지에게 건방진 말대꾸를 하는 일이 없었다.

그러나 처음 얼마 동안은, 아이들의 방에서 맴도는 비판이나, 그들의 조용한 눈빛에서 나타나는 저항에 대해서 아버지는 무관심했다. 그는 아이들의 감정을 눈치채지 못했다. 화를 내는 낯선 사람 같은 아버지보다는, 느낌이 단절되고 불쌍해 보이는 아버지가 아이들에게는 더 무서워 보였다. 그런 인상은 아들에게보다는 딸에게 더 강하게 남았다. 그러나 아들이나 딸 누구도 어머니는 이해가 불가능한 존재였다.

어머니는 아이들에게 포옹과 선물을 끊임없이 퍼부었고, 아이들이 그러기를 바라지 않을 때에도 몇 시간씩 그들 곁에 붙어서 지냈으며, 어머니의 그런 정성을 다 받아들일 자격이 없다고 생각했던 아이들에게는 그래서 오히려 정신적인 짐만 되었다. 그리고 어머니가 본능적으로 끊임없이 그들에게 붙여준 여러 가지 애칭과 별명을 아이들은 받아들이고 싶지가 않았다.

그리고 흔히, 모처럼 확실한 마음의 평화를 그들이 되찾은 다음에, 그들이 죄의식을 전혀 느끼지 않을 때, 뾰루지가 나기 전에 열이 오르는 현상과 비슷하며 좀처럼 정체를 드러내지 않는 비밀스러운 분위기가 그들 주변에서 모두 사라진 다음에는, 그들을 피하면서 아무런 이유도 없이 자꾸 화를 내는 어머니가 아이들에게는 낯선 사람처럼 느껴졌다. 우편집배원이 왔다. 아이들은 편지의 수신인에게, 어머니에게 편지를 가져다주었다. 어머니는 아이들에게 고맙다는 말도 없이 편지를 받았다. "어서 너희들 방으로 가거라." 문이 요란하게 닫혔다. 아이들은 말없이 고개를 숙이고, 영원히 절망에서 헤어나오지 못할 듯한 기분을 느끼며, 밖으로 나갔다.

처음에 그들은 울고는 했지만, 그러다가, 평상시보다 격한 말다툼을 거친 다음, 아이들은 싸움을 시작했다. 세월이 흐르면서 공포는 증오로 바뀌었고, 공포는 점점 더 깊이 뿌리를 내렸다.

부모들이 베풀거나 뱉어낸 감정은 모두가 멀리서 왔고, 잘못된 순간에, 아이들이 촉발하지도 않았고 그들이 이해하지 못하는 어떤 까닭으로 인해서 나타났으며, 언제나 그랬듯이, 모든 사람이 잠자리에 들려는 무렵에 멀리서 울부짖음처럼, 아득하게 숨겨진 밤의 신비처럼 여겨졌다.

★   ★   ★

이러한 환경에서 아이들은 교육을 받았다. 그들이 자신의 상황을 인식하지 못했던 까닭은, 무엇이 그들을 형성하고, 창조하고, 단단히 묶어주는지를 아는 사람은, 비록 어른들이라고 해도, 거의 없었기 때문이다. 삶은 인간을 어떻게 이끌어나갈지를 알려주지 않는다. 인생은 스스로 설정한 목적을 너무나 좋아하고, 해야 할 일을 혹시 알려준다고 해도, 삶이 성공하기를 바라고, 삶이 동원하는 여러 방법을 찬양하는 사람들에게만 알려준다. 인간은 아무도 인생을 돕지 못하고, 누구라도 그것을 혼란으로 몰아넣을 수가 있다. 어떻게? 이렇게 말이다. 만일 한 그루의 나무가 스스로 알아서 성장하도록 내버려둔다면, 나무는 우주를 귀감으로 본받아야 한다는 사실을 망각하고 수많은 가지를 치거나, 뿌리 속으로 몽땅 사라지거나, 단 하나의 잎사귀를 위해서 자신을 헛되이 낭비하고, 천 가지 가능성 가운데 하나만 생산한 다음에는, 그 하나를 천 번 재생산하기 시작한다.

영혼의 나무에는 죽은 가지가 생기지 않게 하려고, 나무가 성장하기를 지체하지 않게 하려고, 인간이 불멸의 본질을 창조해야 하는 소명을 편협한 마음과 혼동하지 않도록 막으려고, 인간의 천박한 호기심을 삶으로부터 멀리 쫓아버리려는 수많은 방편을 동원하면서, 그것은 인간이 지켜보는 가운데 계획을 수행하려 하지 않고, 어떻게 해서든지 인간을 회피한다.……그리하여 온갖 훌륭한 종교와, 온갖 보편적인 진리와 온갖 편견, 그리고 그중에서도 가장 재미있고도 찬란한 '심리학'이 생겨났다.

아이들은 이제 더 이상 유아가 아니었다. 처벌과 보복과 보상과 정의라는 개념은 이미 그들의 영혼으로 침투했었지만 의미가 퇴색되었으며, 그리하여 삶은 그들을 위해서 필요하고, 본질적이며, 아름답다고 여겨지는 계획들을 행하게 되었다.

2

호손 양은 그럴 여자가 아니었다. 그러나 어느 날, 그만 아이들에 대한 비이성적인 애정의 포로가 되어, 류베르스 부인은 별로 중요하지도 않은 사소한 일로 영국인 가정교사를 심하게 꾸짖고 말았으며, 그래서 가정교사는 자취를 감추었다. 얼마 지나지 않아 그녀를 대신하여 병약한 프랑스 여자가 슬그머니 나타났다. 훗날 제니아는 프랑스 여자가 파리처럼 나약했으며 아무도 그녀를 좋아하지 않았다는 사실밖에는 기억이 나지 않았다. 제니아는 그녀의 이름을 완전히 잊어버려서, 음절이나 소리 하나도 머리에 떠오르지 않았다. 제니아에게 남은 기억이라고는 프랑스 여자가 그녀를 야단치고는, 가위를 집어들고 곰 가죽에서 피가 묻은 부분을 잘라냈다는 사실뿐이었다.

그녀가 생각하기에는 그때부터 모두들 그녀에게 마구 소리를 질러대서, 그녀는 계속해서 두통에 시달리게 되었으며, 그녀가 가장 좋아하는 책의 어떤 구절도, 저녁식사 후에 읽는 일과서(日課書)처럼, 다시는 제대로 이해하지 못할 정도로 심한 혼란에 빠진 듯했다.

그날 하루는 끔찍하게도 길게 질질 끌었다. 어머니는 여행 중이었다. 그녀는 조금도 서운하지 않았다. 어머니가 집에 없어서 그녀는 오히려 마음이 홀가분한 느낌조차 들었다.

잠시 후에는 길고 지루한 날이 passè(프랑스어의 시제에서 과거/역주)와 futur antèrieur(전미래/역주)의 사이를 찾아 헤매는 시간으로 바뀌어 무료함이 망각 속으로 사라졌으며, 히아신스에 물을 주고, 시비르스카야와 오한스카야를 산책하느라고 시간이 가는 줄도 모르고 지냈다. 어찌나 잘 잊어버렸던지, 다른 날, 둘째 날이 왔어도 얼마나 길고 지루한지는 느끼지도 못했고, 신경조차 쓰지 않아서, 저녁에 등불 밑에서 책을 읽는 동안에는, 무기력한 줄거리의 전개가 그녀로 하여금 온갖 부질없는 생각으로 빠져들게 했다. 그리고 바로 그런 이유로 인해서, 훨씬 더 먼 훗날에, 그녀의 가족이 살았던 오한스카야의 집을 생각할 때면, 항상 그녀는 둘째 날이 거의 끝나갈 무렵에 겪었던 사건이 머리에 떠오르고는 했다. 끝이 없었던 그날. 밖에는 봄. 그토록 괴롭고 힘들었던 나날의 끝에 찾아온 우랄 지방의 봄은, 단 하룻밤 사이에 사납게 질풍처럼 터져나와서, 사나운 광란의 강물 같은 질풍이 되어, 온통 세상을 뒤덮어버리며 흘렀다. 능산 불빛은 저녁 미람의 무력함을 더욱 강조하기만 했다. 등불은 빛을 내지 못하고, 병든 과일처럼 안으로만 부풀어 오르면서, 희뿌연 수종(水腫)은 부어오른 등피(燈皮)만큼 팽창했다. 등불은 속이 비었다. 등불이 마땅히 있어야 할 탁자 위에서, 정확한 자리를 찾아가서 보면, 그것은 계집아이가 방 안에서 늘 보았던 자리에, 그러니까 조각을 새겨넣은 천장의 제자리에 달려 있었다. 그렇지만 등불은 방 안보다는 봄의 하늘과 접촉점이 더 많았고, 불빛과 하늘은 아픈 사람의 병상을 찾아가는 한 잔의 물처럼 서로 가까워진 듯했다. 불빛의 영혼들이 축축이 젖은 땅 위에 깔린 길거리에서는, 하녀들의 헛소문이 오갔으며, 계속해서 눈이 얇아지며 녹아내리는 물방울들은 밤을 맞아 엉겨붙었다. 그곳 길거리에서는 가로등 불빛들이 저녁 내내 돌아오지 않았다. 그녀의 아버지와 어머니는 여행 중이었다. 하지만 그날 저녁에 어머니가 돌아올지도 모를 일이었다. 한없이 길기만 했던 그날이나 이튿날. 아니면 생각지도 않았는데 불쑥 돌아왔는지도 모른다. 그랬을 가능성도 있다.

그러나 그날 밤 잠자리에 든 제니아는, 그날도 다른 날과 마찬가지로 길고 지루했던 하루였다고 느꼈으며, 처음에 그녀는 가위를 가져와서 삼각포 공주 속옷과 홑이불에 난 얼룩들을 오려서 버릴까 생각했으나, 다시 생각을 바꿔서, 프랑스 여자 가정교사의 분갑을 몰래 가져다가, 얼룩진 부분에 분가루를 하얗게 바르면 되겠다고 마음을 먹었으며, 제니아가 분갑을 두 손으로 들고 있는데 가정교사가 들어오더니 뺨을 때렸다. "이제는 분까지 바르는구나. 그런 짓까지 하다니. 이제는 모르는 게 없겠어. 벌써 오래 전부터 알았던 모양이야." 제니아는 뺨을 맞았기 때문에, 야단을 맞았기 때문에, 기분이 상했기 때문에, 그리고 가정교사가 그녀에게 뒤집어씌운 죄는 저지르지 않았음을 알기는 하면서도, 가정교사가 전혀 의심조차 못했던 무엇인가를 — 떳떳하지 못한 어떤 짓을 저질렀기 때문에 — 잘못을 저질렀다고 느꼈기 때문에 울음을 터뜨렸다. 그것은 필요한 일이었고 — 제니아는 망연할 정도로 이것이 다급하다고 느꼈으며 — 머릿속에서도 느끼고 두 무릎 사이에서도 느꼈고 — 왜 그래야 하는지 또는 어떻게 해야 할지를 모르면서도, 무슨 수를 써서든지 그리고 어떤 대가를 치르더라도, 그것을 숨겨야만 한다고 느꼈다. 그녀는 최면에서 갑자기 깨어난 듯, 몸을 움직일 때마다 관절들이 쑤셨다. 그리고 고통스럽고 짜증이 나는 이런 막연한 느낌은 그 자체가, 자신에게 일어난 사건의 의미를 어린 아이가 파악하지 못한 어떤 생리작용의 결과였으므로, 그녀는 출혈을 보고 역겹고 더러운 죄라도 지은 듯이 불쾌감을 느꼈다. "Menteuse(거짓말이야/역주)!" 길거리에서 웃음거리가 된다는 치욕과 무지함이라는 수치의 중간쯤에 서서, 그녀는 아니라고 부정하는 정도로 만족해야 했으나, 그것은 무엇보다도 나쁜 일이었다. 제니아는 이를 악물고 몸을 떨면서, 터져나오는 울음을 억누르면서, 벽을 붙잡고 매달렸다. 카마 강에 몸을 던지고 싶었지만 아직은 물이 너무 차가웠고, 덜 녹은 얼음덩이들이 떠다녀서 그럴 수가 없었다.

제니아도 그리고 가정교사도 초인종이 울리는 소리를 미처 듣지 못했다. 두 사람의 흥분은 팥 빛깔의 곰 가죽을 보고는 말문이 막혔고, 어머니가 들어섰을 때는 너무 늦어버렸다. 어머니가 보니, 딸은 울고 있었고 가정교사는 상기된 얼굴이었다. 무슨 일인지 설명을 하라고 어머니가 명령했다. 가정교사는, "제니아"라고 부르는 대신 "votre enfant (당신의 아이/역주)"라고 차가운 말투를 써가며, 당신의 아이가 오늘 분을 바르는 현장을 잡았는데, 확실하지는 않았지만 벌써 오래 전부터 그런 의심을 해왔으며 — 하지만 어머니는 그녀의 말을 막고는 — 노골적으로 놀라움을 드러내며 — 아이가 아직 열세 살도 되지 않았는데라고 말했다. "제니아 — 네가? — 하느님 맙소사, 너 도대체 어떻게 된 일이냐?" (그 순간에 어머니는, 막내 딸이 벌써 오래 전부터 못된 짓을 저지르고 성미가 비뚤어지려는 기미를 알아차렸지만, 그것을 막으려는 노력을 전혀 기울이지 않았고 — 그래서 딸이 깊은 수렁으로 떨어졌다면서, 자신의 생각이 논리적이라고 상상했다.) "제니아, 바른 대로 말을 해. — 더 나쁜 짓을 하게 되기 전에. — 이 분갑을 들고 — 넌 도대체 뭘 하려고 한 거니?" 아마도 류베르스 부인은 그렇게 묻고 싶었을지도 모를 일이지만, 그저 간단히 이렇게 물었다. "이것으로 뭘 했지?" 하면서 그녀는 '이것'을 빼앗아 들고는 머리 위로 흔들었다. "어머니, 맘젤(mademoiselle의 어린아이 말투/역주) 말은 믿지 마세요. 난 절대로 —" 하다가 제니아는 울음을 터뜨렸다. 그러나 어머니는 그녀의 울음 뒤에는 나쁜 암시가 숨어 있다고 상상했지만, 사실은 그런 추측은 전혀 근거가 없었다. 그녀는 비난을 받아야 할 사람은 자신이라고 믿어서, 마음속으로 두려움을 느꼈고, 모성 본능에 어긋나더라도 "교육적이고 이성적인 방법"을 동원해서 모든 사태를 수습해야 한다고 생각했다. 그래서 어머니는 감정에 쏠리지 않으리라고 작정했다. 어머니는 그녀의 마음을 심히 아프게 했던 눈물을 딸이 거둘 때까지 기다리기로 했다.

그리고 그녀는 침대에 걸터앉아서, 아무 말도 없이 멍한 눈으로 책장의 모서리를 물끄러미 쳐다보았다. 값비싼 향수 냄새가 그녀에게서 풍겨왔다. 딸이 조용해지자, 어머니는 다시 질문을 시작했다. 제니아는 눈물이 글썽글썽한 눈으로 창밖을 내다보고는, 흐느껴 울었다. 얼음이 떨어졌는데, 요란히 부서지는 소리를 냈으리라. 별이 하나 반짝였다. 그리고는 차갑고, 광채도 없이, 선명하게, 공허한 밤의 궂은 어둠이 자리를 잡았다. 제니아는 창문에서 눈을 돌렸다. 제니아는 어머니의 목소리에서 신경질적인 위협을 느꼈다. 프랑스 가정교사는, 잔뜩 긴장하고 엄숙한 표정을 지은 채로, 벽 앞에 버티고 섰다. 그녀는 시종을 연상시키는 자세로 시계의 끈에 손을 얹었다. 제니아는 다시 한번 카마 강과 별들에게로 시선을 돌렸다. 그리고는 결심을 내렸다. 아무리 차갑더라도, 아무리 얼음이 떠다니더라도, 그녀는 — 몸을 던졌다. 그녀는 자신의 입에서 나오는 어휘들, 무섭고도 부정확한 어휘들 속으로 빠져들어서, '그것'에 대한 이야기를 어머니에게 했다. 어머니가 아무런 말도 없이 제니아의 이야기를 끝까지 들어준 유일한 이유는 딸이 그녀의 고백을 채색한 따사로움에 크게 놀랐기 때문이었다. 딸의 첫마디 말에서 모든 사실이 분명해졌다. 아니다. 이야기를 시작하기에 앞서서, 긴 한숨을 깊이 들이마시던 순간에 어머니는 딸이 하려는 이야기가 무엇인지를 깨달았다. 어머니는 사랑의 고뇌와 가냘픈 딸의 몸매에 대한 동정심에 젖어 조용히 귀를 기울였다. 어머니는 딸의 목을 끌어안고 울음이라도 터뜨리고 싶었다. 그러나 ― 체면은 지켜야 했고, 그래서 어머니는 침대에서 일어나 이불을 들춰보았다. 그리고는 딸을 가까이 불러 천천히, 천천히, 부드럽게 제니아의 머리를 쓰다듬었다. "너는 착한 아이란다……" 하는 말이 어머니의 입에서 흘러나왔다. 소란스러운 몸짓으로 그녀는 창문 쪽으로 가서, 그들에게 등을 돌렸다. 제니아의 눈에는 가정교사가 보이지 않았다. 눈물이 가득히 고였고 ― 어머니가 ― 방 안을 가득 채웠다. "침대는 누가 정리하지?" 그것은 물을 필요도 없는 질문이었다. 제니아는 몸이 떨렸다. 그루샤에게 미안한 생각이 들었다. 그리고는 귀에 익은 프랑스어로 알아듣기 힘든 어휘들이 오갔는데, 어머니와 가정교사가 서로 화를 냈다. 그리고는 다시 목소리를 가다듬고 어머니가 말했다. "제닛츠카, 애야, 내가 곧 뒤따라갈 테니까, 식당에 가 있으렴. 너를 위해서 시골에 마련한 여름 별장 얘기를 해줄 테니 ― 너하고 아빠하고 그곳에서 함께 여름을 지내면 좋을 거야."

등잔 불빛은, 겨울에 류베르스 일가의 집에서 항상 그렇게 느껴지듯이, 다시 따뜻하게, 열심히, 성실하게 타오르며, 단순한 모습을 되찾았다. 어머니의 검은담비 외투 자락이 장난을 치듯이 파란 모직 식탁보를 스쳐 지나갔다. "이겨서 블라고다트에 기대를 걸고 기다려 부활제 전주일이 끝나면 아니라" ― 읽어봐도 무슨 말인지 나머지 내용을 제대로 알 길이 없는 전보용지가 반으로 접혀 있었다. 제니아는 피곤했지만 한결 기분이 풀려서, 긴 의자의 한쪽 끝에 기대어 앉았다. 제니아는 편안한 자세로 얌전히 앉았고, 바로 그런 자세로 제니아는 여섯 달 후에, 예카테린부르크에 있는 학교의 복도에서, 차갑고 노란 긴 의자의 한쪽 끝에 앉았으며, 러시아어로 구두시험을 끝내고는, 그녀의 실력으로는 가장 우수한 점수를 받았다.

★　★　★

다음 날 아침에 어머니는 그녀에게 '그것'이 발생할 때는 어떻게 해야 되는지를 알려주었고, 그것은 별일이 아니며, 다시 그런 일이 반복될 테지만, 두려워하지 말라고 했다. 어머니는 그런 일에 대해서 별다른 설명을 보태거나 구체적으로 무슨 명칭을 대주지는 않았지만, 이제부터는 딸의 공부를 자기가 스스로 맡아서 혼자 가르치고, 다시는 멀리 떠나지 않겠다는 설명도 보태었다.

프랑스 여자 가정교사는 제니아의 집에서 겨우 몇 달을 지낸 다음에 태만하다는 이유로 쫓겨나고 말았다. 그녀를 위해 마차를 불렀고, 층계를 내려오던 가정교사는 층계참에서 마주 올라오던 의사를 만났다. 의사는 가정교사의 인사를 차갑게 받아넘기고, 잘 가라는 인사조차 하지 않았으며, 가정교사는 의사가 벌써 그 사건에 관한 이야기를 들어서 다 알고 있으리라고 생각하고는, 얼굴을 찌푸리고 체념한 듯 고개를 저었다.

하녀가 문간에서 의사를 맞아주었고, 제니아가 서 있던 복도에서는 조용한 발자국 소리가 부산스러웠고, 돌바닥이 울리는 나지막한 여운이 평상시보다 길게 허공에서 떠다녔다. 그리고 아침에 길거리에서 시끄럽던 재잘거리는 소리가, 층계에서 잠시 주춤거리다가, 즐겁게 집안으로 들어와서 맴돌며 일으키는 반향과, 프랑스 여자 가정교사와, 하녀와 의사, 두 명의 죄인, 그리고는 밝은 빛의 도움을 받고, 신선한 공기와 맑은 발자국 소리의 도움을 받아, 정결해지면서 성숙의 문을 들어선 사람— 이것이 제니아가 사춘기를 회상할 때면 언제나 가장 먼저 머리에 떠오르는 장면이었다.

따스한 4월의 태양이 빛났다. "여러 마디 말을 하고, 여러 마디 말이 오고, 여러 마디 말을 한다!" 하는 소리가 텅 비고 환한 복도의 한 끝에서 다른 끝까지 낭랑하게 울렸다. 털옷들은 여름을 맞아 모두 치워버렸다. 깨끗하게 치우고 모습을 바꾼 방들이 감미로운 안도의 한숨을 돌렸다. 그날 하루 종일, 한이 없고 끝도 없이 길기만 하던 지루한 그날 내내, 모든 구석에서, 모든 방에서, 이중창에서 떼어내 벽에 비스듬히 기대어놓은 유리창에서, 거울 속에서, 물을 가득 채운 유리 주전자에서, 정원의 푸른 대기 속에서, 거품처럼 부풀어 오르면서 코를 찌르던 병꽃과 벚꽃이 미소를 짓거나 정신없이 떠들었고, 지칠 줄 모르고, 한없이 타오르고, 깜박이며 광채를 뿜었다. 마당에서는 지루한 대화가 하루 종일 계속되었는데, 그들은 밤이 왕좌에서 밀려났다고 선언했으며, 이제 다시는 밤이 돌아오지 않을 것이고 그래서 아무도 잠을 자지 못하게 하겠다는 말을, 수면제 노릇을 하는 룰라드(roulade, 단일 모음 음절을 빠르게 연속적으로 부르는 장식악절/역주)처럼, 하루 종일 쉴 새 없이 반복했다. "여러 마디 말, 여러 마디 말!" — 하지만 그들은, 맑은 공기에 취하고 햇빛에 그을려 안으로 들어올 때는, 소리가 귓전에 울려 아무 말도 들리지 않았으며, 누가 무슨 말을 하는지 하나도 이해하지 못한 채로, 허겁지겁 얼른 식사를 끝내고 난 다음에, 요란히 의자를 끌고 자리를 바꿔서는, 다시 한번 낮으로 되돌아가느라고, 저녁이 오도록 마련하여 비워둔 시간으로 마구 침범하여, 양지에서 죽어가는 나무들이 가느다란 목소리로 노래를 부르고 푸른 하늘이 귀가 따갑도록 재잘거리고 대지가 늪처럼 번들거리며 빛나는 오늘로 돌아갔다. 집과 마당의 경계선이 사라졌다. 걸레로 아무리 닦아도 흔적은 없어질 줄 몰랐다. 마룻바닥을 뒤덮은 눈부신 흙이 말라붙어 갈라졌다.

아버지는 사탕과 기적을 가져다주었다. 집 안은 놀기에 아주 유쾌하고 아늑했다. 붕대처럼 보드라운 흰 종이를 한겹 한겹 벗겨낼 때마다, 점점 더 투명해지면서 점점 더 확실하게 빛깔이 짙어지는 얇은 종이들 속에서, 눅눅한 바스락 소리를 내며 딱딱한 알맹이들이 모습을 드러냈다. 어떤 돌멩이들은 편도(扁桃)에서 짜낸 기름방울을 닮았고, 어떤 것들은 푸른 수채화 물감을 뿌린 것 같았으며, 그리고 또 어떤 것들은 딱딱하게 굳은 치즈 조각 같았다. 어떤 것들은 잠이 들어 깊은 꿈에 잠긴 듯 흐릿했으며, 또 어떤 것들은 얼린 핏빛 오렌지 주스처럼 현란하게 반짝였다. 누구도 그 돌을 만지려고 하지 않았다. 오얏이 달콤한 물을 함빡 머금어 두꺼운 껍질로 감추듯이, 그것들을 비밀스럽게 숨겨 감춘 종이 거품을 벗겨내면, 그들은 그냥 완벽한 모습을 드러냈다.

아버지는 아이들에게 무척 다정하게 대해주었고, 자주 어머니와 함께 시내로 나가고는 했다. 그들은 집으로 돌아올 때는 언제나 함께 왔으며, 행복해 보였다. 그러나 중요한 점은, 두 사람 다 조용하고, 부드럽고, 참을성을 보였다는 사실인데, 어머니가 어쩌다 장난기가 어린 눈으로 꾸짖는 듯이 아버지의 눈을 빤히 쳐다볼 때면, 어머니는 아버지의 작고 못생긴 눈에서 평화로움을 빨아들이는 듯싶었고, 그런 다음에 어머니는 그 평화로움을 나누어주려는 듯이, 커다랗고 아름다운 눈으로 아이들과 주변의 다른 사람들을 천천히 바라보았다.

한번은 그녀의 어머니와 아버지가 아주 늦게 잠자리에서 일어났다. 그리고는, 왜 그랬는지는 아무도 모르지만, 그들은 나루터에 정박해놓은 증기선에서 점심을 먹기로 결정했으며, 아이들도 함께 데리고 갔다. 그들은 세리오자에게 차가운 맥주를 맛보라고 허락했다. 그들은 너무나 즐거운 시간을 보내서 언젠가 다시 증기선에 와서 점심을 먹겠다고 했다. 아이들은 이때 부모가 퍽 낯선 사람들이라고 느꼈다. 어째서 그런 기분이 들었을까? 딸은 열광할 만큼, 혼란에 휘말릴 정도로 행복했으며, 그렇게 행복한 순간이 영원히 계속되리라는 생각이 들었다. 그해 여름에는 시골집에 못 가게 되었다는 말을 듣고도 아이들은 실망하지 않았다. 아버지는 얼마 뒤에 어디론가 떠났다. 견고한 쇠로 테를 박은 커다란 세 개의 노란 여행용 가방이 집 안에 나타났다.

3 기차는 밤이 늦어서야 떠났다. 보름쯤 전에 류베르스는 집에 들렀으며 거처가 마련되었다는 편지도 보냈다. 썰매 몇 대가 서둘러 역으로 갔다. 길바닥의 빛깔을 보고 그들은 역이 가까웠음을 알았다. 길바닥이 검은 빛깔이었고, 가로등이 갈색 철로에 빛을 뿌려주었다. 한편 구름다리 위에서는 카마 강의 전경이 펼쳐졌으며, 밑으로는 시꺼먼 강물이 묵직하게, 무서움을 머금고, 시끄러운 소리를 내며 흘러갔다. 물길은 번개처럼 빨리 달아나다가, 나중에 저 멀리까지 가서는 갑자기 겁에 질린 듯이, 한 차례 몸을 떨며 굽이치고는, 구슬처럼 반짝이는 신호등 불빛들 사이로 미끄러져 나아갔다.

바람이 일었다. 집과 담벼락의 그림자 형체가, 키에서 쌀겨 가루가 일 듯이, 회오리치며 위로 날아오르면서 윤곽의 모서리들이 공중에서 부스러졌다. 삶은 감자 냄새가 났다. 썰매는 앞서 가는 마차들의 뒷막이와 줄지어 매달려서 흔들리는 바구니들을 피해 옆으로 비켜서서 그들을 앞질러 나가기 시작했다. 그들의 짐을 실은 마차가 멀찌감치 눈에 띄었고, 그들이 나란히 달리게 되자, 울리아샤가 수레에서 마님에게 뭐라고 소리를 쳤지만, 덜커덕거리는 바퀴 소리 때문에 알아들을 수가 없었고, 털럭대는 수레와 함께 흔들리는 울리아샤의 목소리도 덩달아 흔들렸다.

처음 듣는 이상한 밤의 소음과 어둠과 신선한 공기가 너무나 신기해서, 딸은 슬픔 따위는 느낄 겨를이 없었다. 머나먼 곳에서 신비하고 검은 무엇이 기다리고 있었기 때문이었다. 부둣가 창고들 너머에서는, 해안선과 선박에 매달린 불빛들을 도시가 강물에 담궈 씻어냈다. 그리고는 더 많은 불빛들이 나타나서, 눈이 먼 구더기처럼 시커멓게 무리를 지어 번들거리며 깜빡였다. 류비모프스키 부둣가에서는 채광용 창문들과, 창고의 지붕들과, 갑판들이 냉정한 푸른빛으로 물들었다. 전마선(傳馬船)들이 별을 노려보았다. "여기는 쥐구멍 속인가 봐" 하고 제니아는 생각했다. 백인 짐꾼들이 그들 주변으로 몰려들었다. 세리오자가 가장 먼저 뛰어 내렸다. 그는 두리번거리며 주위를 둘러보고는, 그들의 짐을 실은 수레가 먼저 와 있음을 알아채고 굉장히 놀랐는데 ― 말이 머리를 뒤로 젖혔고, 목을 굽히며 수탉처럼 뒷발로 일어서더니, 마차의 뒷막이에 몸을 대고는, 뒷걸음질을 쳤다. 그러나 여기까지 오면서 세리오자는 줄곧 수레가 뒤로 처져서 따라오지 못하는 것은 아닌지 걱정을 많이 했었다.

하얀 교복 상의를 걸치고 부둣가에 서서 기다리던 소년은 앞으로 하게 될 여행 때문에 흥분한 상태였다. 제니아와 세리오자 두 사람에게는 이번 여행이 신기한 경험이었으며, 벌써부터 그는 새로 접한 어휘들 ― 정거장, 기관차, 대피선, 통과 차량 따위의 표현이나 소리의 결합에 호기심을 느꼈으며, '1등'이니 '2등'이니 하는 말은 달콤하고도 씁쓸한 맛이 입안에 돌게 했다. 제니아도 세리오자 못지않게 이런 모든 일에 대해서 열광적인 흥분을 맛보았지만, 그러나 그것은 사내아이가 느끼는 흥분과는 방법이 좀 달랐다.

갑자기 땅 밑에서 솟아오르기라도 한 듯이 불쑥 어머니가 나타났다. 어머니는 아이들에게 간이식당으로 따라오라고 지시했다. 그곳으로부터 그녀는 당당하게 사람들 틈을 비집고 나아가더니, 어떤 사람에게 곧장 가서는 위협적이고 커다란 목소리로 "역장"이라는 사람을 불렀는데—"역장"이라는 이름을 이때 처음 들었지만, 어디를 가든지 사람이 많이 모인 곳에는 그렇게 불리는 인물이 꼭 한 사람씩 나타났으며, 모두 저마다 여러 모로 다른 사람이었다.

그들은 돌아가며 한 차례씩 하품을 했다. 그들이 자리를 잡은 식탁 옆의 창문에는 먼지가 많이 끼었고, 어찌나 탁하고 어찌나 큼직했던지, 그들은 마치 병을 만드는 암녹색 유리를 생산하는 곳에 와 있는 듯한 기분이었고, 너무 더워서 잠시라도 모자를 머리에 쓰고 버티기가 힘들었다. 소녀가 창밖을 내다보았는데, 그곳은 길거리가 아니라 방이었으며, 그녀 앞에 놓인 물병의 속보다도 엄숙하고 침울한 분위기로 가득한 그 방으로는 증기 기관차들이 어둠을 데리고 천천히 들어와서 잠시 멈추었다가 떠나가고는 했다. 기관차가 지나간 다음에 보니까 그곳은 방이 아니었으며, 줄지어 선 기둥들 뒤켠으로는 하늘이 눈에 띄었고, 다른 한쪽에는—넓은 초원과 목조 가옥들이 펼쳐지고, 걸어 다니는 사람들이 멀리 희미하게 사라지는 모습도 보였으며, 그곳에서는 아마도 지금쯤 수탉들이 울 것이고, 조금 아까는 물장수들이 웅덩이에 와서 물을 길어 갔으리라…….

그곳은 대도시의 소란스러움이나 광채가 없는 시골 정거장이었으며, 밤이 뒤덮은 도시를 떠나는 사람들이 때맞춰 함께 모여들어, 그곳에서 오랫동안 말없이 기다렸고, 떠돌이들은 그곳에서 사냥개나, 보따리나, 짚으로 싼 발동기나, 덮개를 씌우지 않은 자전거와 함께 땅바닥에 누워서 잠을 청했다.

아이들은 윗자리에서 잤다. 사내아이는 곧 잠이 들었다. 기차는 아직도 정거장에서 출발시간을 기다렸다. 날이 밝기 시작했고 갑자기 제니아는 객차 내부가 깨끗하고, 검푸른 빛이고, 춥다는 사실을 깨달있다. 그리고 잠시 후에 그녀는—어느새 잠에 빠져들었다.

★　★　★

그는 아주 뚱뚱한 남자였다. 그는 이리저리 천천히 흔들리면서 신문을 읽었다. 그를 보자마자 큰 몸집의 흔들림을 그녀는 분명히 알게 되었으며 — 몸집의 흔들림은, 햇살이나 마찬가지로, 객차 안의 모든 것으로 스며들고 넘쳐났다. 제니아는 완전히 잠에서 깨어나 기분이 상쾌했지만, 침대에서 벗어나지 않는 이유가 기다려야 하기 때문이고, 일어나야겠다는 판단은 다른 생각들이나 마찬가지로 구속을 받지 않더라도 명료하게, 어떤 도움도 없이 저절로 이루어지리라고 믿기 때문에, 게으름을 피우는 사람이 사물들에 대해서 생각하거나 대상을 관찰하는 그런 한가하고도 면밀한 시각으로, 위에서 그를 내려다보았다. 그녀는 뚱뚱한 남자를 쳐다보면서, 저 사람이 언제 객실로 들어왔으며, 어느 틈에 세수를 하고 저렇게 옷을 고쳐 입었을까 하고 생각해보았다. 지금이 몇 시인지 그녀는 알 길이 없었다. 지금 막 잠이 깨었으니 필시 아침이리라. 제니아는 남자를 보았지만 그는 제니아를 보지 못했는데, 제니아가 잠을 잔 위쪽 침대는 경사를 이루며 벽에 바싹 붙어 있었기 때문이었다. 그는 신문에서 눈을 떼고 위나, 옆이나, 대각선으로 한눈을 파는 일이 없었기 때문에 제니아를 보지 못했고 — 제니아의 침대 쪽으로 어쩌다가 눈을 들고 올려보았어도 그들의 눈길이 마주치지 않았는데, 그것은 그의 눈에는 매트리스만 보였거나 그렇지 않으면⋯⋯ 어쨌든 제니아는 재빨리 속옷을 여몄고 별로 제대로 가려주지도 않는 스타킹을 끌어올렸다. 어머니의 자리는 저쪽 구석이었다. 땅딸막한 남자의 시선을 눈여겨 살펴본 제니아는 어머니가 벌써 옷을 다 입고 책을 읽는 모양이라고 판단했다. 그렇다면 세리오자가 아래 칸에 없다는 말일까? 어디로 갔을까? 제니아는 기분 좋게 하품을 하고는 기지개를 켰다. 숨이 막힐 듯한 더위 — 제니아는 그제야 더위를 깨닫고, 머리들로부터 시선을 돌려 중간 높이에 달린 자그마한 창문으로 바깥을 내다보았다. "그런데 땅은 어디로 갔지?" 제니아가 마음속으로 소리쳤다.

제니아가 본 풍경은 말로 형언하기가 어려웠다. 뱀처럼 구불구불 미끄러져가는 기차에 실린 채로 그들은 요란한 개암나무 숲으로 쏟아져 들어갔고, 바다가 되었고, 세계가 되었고, 바라는 대로 무엇이든지, 아무것이나 다 되었다. 숲이 줄기차게 달려갔고, 눈부시게 깨끗하고, 선명하게 휘파람을 불어대며 숲은, 조용히 속삭이면서, 널따란 산등성이를 아래로, 아래로, 고꾸라지듯이 내려갔고, 그러다가 숲이 점점 더 멀어지고 작아지면서, 자욱한 안개 속에서 서로 엉겨붙더니, 거의 완전히 검은 빛깔이 되어 가파르게 떨어졌다. 그리고 다른 쪽의 허공에는 수많은 소용돌이와 동그라미를 그리며 거대한 무엇이, 폭풍우를 머금은 황녹색 구름 더미들이 솟아올라서, 머릿속을 뒤흔들어 멍한 가사상태로 몰아넣었다. 제니아는 숨을 멈추었고, 무한하고도 초연한 공간의 속도를 얼른 머릿속에 담았으며, 커다란 구름은 어떤 나라, 경쾌하고도 산을 닮은 이름이 붙은 어떤 나라이리라고 깨달았는데, 구름나라는 바위와 모래를 몰고 천둥을 울리는 폭풍처럼 산을 굴러 내려가 계곡으로 빠지리라 상상했고, 그리고 개암나무들은 계속해서 속삭이고 또 속삭이기를, 여기에도, 저기에도, 그리고 저 멀리에도, 다른 세상은 존재하지 않는다고 자꾸만 속삭였다.

"여기가 우랄 산맥인가요?" 제니아는 몸을 앞으로 내밀며 기차간에 있는 모든 사람에게 소리쳐 물었다.

★　★　★

여행이 끝날 때까지 제니아는 통로의 창문에서 눈을 떼지 않았다. 제니아는 계속 창가에 매달려, 자꾸만 밖으로 머리를 내밀었다. 제니아는 지칠 줄 몰랐다. 앞에서 다가오는 풍경보다 뒤로 미끄러져 달아나는 풍경이 훨씬 더 볼 만하다고 그녀는 생각했다. 웅장한 광경이 시야에서 멀어져 희미해지다가 사라져갔다. 객차들을 연결한 부분에서 수직으로 올라오며 찌거덕거리는 요란한 소리가 들려오고, 얼굴을 후려치는 차가운 바람에 목덜미가 얼얼해지는 짤막한 사이에 잠깐 사라졌던 기적은 새로운 모습으로 나타났고, 제니아는 찾기를 계속했다. 산악의 광활한 모습은 갈수록 넓어지고 웅장해졌다. 어떤 산들은 시커먼 빛깔이었고, 어떤 산들은 신선한 모습이었으며, 그리고 어떤 산들은 희미해졌고, 그리고 어떤 산들도 역시 희미해졌다. 산들은 서로 만났다가 헤어지고, 솟아오르다가 미끄러져 내려갔다. 이런 모든 움직임은 하늘에서 서서히 움직이는 별자리들처럼, 일종의 나지막한 동그라미를 이루며 회전하여, 재앙을 눈앞에 둔 지구를 구하려고 조심스럽고도 신중하게 조용히 이동하는 거인처럼 움직였다. 이렇게 복잡한 진행의 움직임은 인간의 귀와 눈으로는 알아채지 못할 강력하고도 단조로운 메아리의 지배를 받아 이루어졌다. 눈에 보이지도 않고 소리도 나지 않는 그 힘은 모든 움직임을 독수리처럼 날카로운 눈으로 지켜보았다. 그렇게 우랄 산맥은 일어났고, 또 일어났으며, 다시 일어났다.

　제니아는 강렬한 빛살에 아파진 눈 때문에 눈살을 찌푸리며 잠깐 객실로 돌아갔다. 어머니는 낯선 신사와 이야기를 나누면서 미소를 지었다. 세리오자는 진홍빛 바지가 거북해서인지 벽에 달린 가죽 손잡이를 붙잡고 매달려 안절부절 못하고 애를 썼다. 어머니는 손바닥에 마지막 씨를 뱉어내고는, 옷자락에 떨어진 씨들을 털어 모아서, 재빨리 몸을 굽히고 쓰레기를 몽땅 의자 밑으로 던져넣었다. 그들이 짐작했던 바와는 달리, 남자의 목소리는 거칠고 칼칼하게 갈라졌다. 보아하니 그는 천식을 앓는 모양이었다. 어머니는 그 남자를 제니아에게 소개하고, 딸에게 밀감을 하나 주었다. 그는 농담을 잘 했고 아마도 마음씨가 좋은 사람 같았으며, 이야기를 하는 동안 통통한 손을 걸핏하면 입으로 가져가는 버릇이 있었다. 그는 목소리에 신경을 많이 썼고, 갑자기 조금만 긴장을 해도 말을 잇지 못했다. 그는 예카테린부르크 출신 같았으며, 우랄 지방을 자주 여행해서 그곳 지리에 익숙했고, 그가 금시계를 허리

춤의 호주머니에서 꺼내 코앞에 바싹 대고 본 다음에 다시 넣으려고 할 때, 제니아는 그의 손가락을 보고 친근감을 느꼈다. 뚱뚱한 사람들이 다 그렇듯이, 그가 무엇을 집을 때는 마치 누구에게 그것을 주려는 듯한 동작을 취했으며, 그의 두 손은 입을 맞추라고 내밀기라도 하는 듯 계속 한숨을 지었고, 얌전히 손을 돌릴 때는 땅바닥에 공을 튕기려는 듯한 인상을 주었다. "이제 조금 있으면 나타난단다." 그는 담뿍 미소를 머금고 소년에게 말했지만, 딴청을 부리는 듯 눈길은 다른 방향으로 돌렸다.

"사람들이 말하던 그 표지판 말이야." 세리오자가 자리에서 일어나 통로를 달려가면서 불쑥 말했다. "아시아와 유럽의 경계에 세워놓았으면서 '아시아'라고 써놓았다는 표지판 있잖아."

제니아는 그가 무슨 말을 하는지 전혀 알아듣지 못했고, 뚱뚱한 남자의 설명을 듣고 나서야 당장 세리오자와 같은 방향으로 달려가서, 혹시 벌써 지나치지나 않았는지 걱정하며 표지판을 찾으려고 바깥을 내다보았다. 마법에 걸려 황홀해진 제니아의 머릿속에서는, "아시아와의 경계선"이라는 표현이 어떤 환상적인 변경의 성격을 갖추게 되었으며, 그래서 그것은 동물원에서 퓨마가 우글거리는 우리로부터 구경꾼들을 격리시키는 쇠창살 울타리처럼, 위험과 악취가 진동하며 한밤중처럼 시커멓고 위협적인 울타리같이 생각되었다. 표지판이 나타나기를 기다리는 제니아의 심정은, 이미 구경한 사람들로부터 소문을 잔뜩 들은 어떤 지리학적인 비극의 첫 번째 막이 오르기를 기다리는 사람의 기분과 같았으며, 이미 이런 상황이 그녀에게 벌어졌으며 조금만 기다리면 그 감동적인 장면을 직접 보게 되었기 때문에 그녀는 의기양양한 흥분감에 빠졌다.

그러나 조금 아까 그녀로 하여금 어른들이 차지한 객실로 마지못해 돌아가도록 했던 밋밋한 풍경은 변함없이 그대로 계속되었고, 벌써 반

시간 동안이나 그들의 시야를 가로질러 물러가던 회색 오리나무 숲은 좀처럼 끝나지 않을 것 같았고, 제니아가 기다리던 어떤 극적인 변화를 자연이 준비하려는 기미도 쉽사리 나타나지 않았다. 제니아는 먼지가 잔뜩 뒤덮이고 따분한 유럽의 풍경이 미련하게도 기적이 등장하지 못하도록 자꾸 멀리 밀어내는 모양이라고 생각하고는 화가 났다. 그러다가 갑자기 흥분한 세리오자의 외침과 더불어, 비석처럼 보이는 어떤 이정표가 순식간에 차창 밖에 나타났다가 쏜살같이 한쪽으로 사라지고, 뒤따라 달려오는 오리나무 숲 속으로 파묻혀 물러갔는데, 그것이 바로 오랫동안 기다렸던 전설적인 이름이었다. 그 순간에는 수많은 사람들이, 미리 약속이라도 한 듯이, 모든 객실에서 한꺼번에 창가로 몰려들어 밖으로 머리를 내밀었으며, 그러자 비탈을 타고 내려온 먼지구름을 덮어쓴 기차는 더욱 힘차게 내달렸다. 그들은 이미 아시아 땅에 들어서서 몇 킬로미터나 달렸지만, 허공에 떠서 질주하는 여자들의 머리에서는 여전히 머릿수건이 펄럭였고, 사람들은 서로 마주 보면서, 수염을 텁수룩하게 기른 사람이나 말끔히 단장한 사람이나 다같이, 소용돌이치는 모래먼지의 회오리 속을 날아갔고, 조금 아까까지만 해도 유럽이었지만 벌써 한참동안 아시아로 바뀐 땅에서, 먼지를 뒤집어쓴 오리나무 숲을 지나 날아갔다.

4 새로운 삶이 시작되었다. 이제는 가가호호 찾아다니며 배달하는 여자가 우유를 집으로, 부엌으로까지 가져다주지 않았고, 그래서 아침이면 울리아샤가 두 개의 물통에 우유를 담아 날랐으며, 흰 빵도 페름에서 먹던 것과는 달리 특별한 종류 한 가지밖에 없었다. 이곳의 길거리는 하얀 광채가 물결을 치는 듯한 무늬의 돌로 포장되어서, 대리석이나 설화 석고를 깔아놓은 듯이 보였다. 판석들은 그늘에서도

차가운 겨울의 태양처럼 빛났으며, 사방으로 펼쳐진 가문비나무의 그림자를 모조리 집어삼키고는, 물처럼 녹여버렸다. 파리의 거리에서처럼 가로수가 우거진 넓고 밝은 거리를 산책하면, 이곳에서는 상당히 다른 기분이 들었고— 제니아는 아버지가 한 그런 말을 따라하고는 했다.

　아버지는 이런 이야기를 그들이 도착하던 바로 그날 들려주었다. 그날은 날씨가 맑고 상쾌했다. 아버지는 정거장으로 마중을 나오기 전에 간단한 간식을 들어서, 우리가 저녁을 먹을 때는 자리를 같이 하지 않았다. 그래서 아버지가 식탁에서 앉아야 했던 자리는 예카테린부르크처럼 깨끗하고 환했으며, 그는 손가방을 펼쳐놓고 옆에 앉아서, 평범한 이야기만 늘어놓았다. 아버지는 조끼의 단추를 풀어놓았고, 곡선을 이룬 셔츠의 앞자락은 경쾌하고 활기가 넘쳐 보였다. 아버지는 파리가 멋진 유럽풍의 도시이며, 빈 접시를 치우고 다른 요리를 들여오도록 사람을 부르려면 그곳에서는 꼭 종을 울려야 한다고 설명하고는, 정말로 종을 흔들어 울리고 이야기를 계속했다. 그리고 아직 낯선 방의 어디에선가 미지의 통로를 거쳐, 백인 하녀가 소리 없이 나타났는데, 풀을 빳빳하게 먹이고 레이스가 치렁치렁한 옷을 걸친 검은 머리의 하녀에게 모두들 말을 놓았으며, 그리고 하녀는— 새로 온 이 하녀는 마님이나 아이들이 친숙한 사람인 양 미소를 짓고 싹싹하게 대했다. 그리고 새 하녀는 울리아샤를 어떻게 도와줘야 하는지에 관해서 지시를 자세히 받았는데, 울리아샤는 낯도 설고 아마도 아주 어두컴컴한 부엌에 도착해서, 그곳 창문으로 무슨 교회의 뾰족탑이나, 피뢰침이나, 새들 따위의 어떤 낯선 풍경을 내다보고 있을 듯싶었다. 그러면 울리아샤는 잠시 후에 짐을 풀 준비를 하느라고 가장 낡은 옷을 걸치고는, 이곳 환경에 익숙해지려고 하녀에게 이것저것— 아궁이는 어느 구석에 있는지, 페름에서처럼 저쪽인지 아니면 어디인지 물어보리라.

세리오자는 아버지한테서 학교가 멀지 않은 곳에 있다는 설명을 들었다. 학교는 정말로 아주 가까이에 있으므로, 아버지는 마차를 타고 오는 길에 못 보았을 리가 없다고 말하고는, 나르잔(광천수/역주)을 꿀꺽 마신 다음 말을 계속했다. "학교가 어디 있는지 오던 길에 내가 가르쳐주지 않았단 말이냐? 여기선 보이지 않지만 부엌에서라면 보이겠지. (그는 잠깐 머릿속에서 따져보았다.) 하지만 겨우 지붕만―." 그리고 아버지는 나르잔을 마저 마시고 종을 흔들어 울렸다.

부엌은 밝고 서늘했으며, 한눈에 봐도 소녀가 식당에서 상상했던 그대로여서, 부뚜막은 흰빛과 푸른빛의 타일로 단장했고, 그녀가 예상했던 자리에 두 개의 창문이 있었고, 울리아샤는 맨살이 드러난 두 팔에 숄을 둘렀고, 방은 아이들의 목소리로 가득 찼으며, 학교의 옥상에서는 사람들이 걸어 다녔고, 인부들이 사용하는 맨 꼭대기 널빤지 발판은 밖으로 튀어나와 있었다. 이미 알기는 했지만 아직 탐험이 이루어지지 않은 복도를 거쳐 아이들이 시끄럽게 떠들며 한 명씩 식당으로 돌아오자 아버지가 말했다. "그래, 학교는 지금 수리 중이란다." 그녀는 이튿날 아침에, 교과서를 다 풀어서 정리하고, 수건을 벽에 걸고, 여러 가지 잔일을 끝낸 다음에 복도를 다시 둘러봐야겠다고 작정했다.

"버터 맛이 아주 좋구나." 자리에 앉으며 어머니가 말했고, 아이들은 미처 모자도 벗지 않은 채로, 그들이 이미 한 차례 둘러본 공부방으로 들어갔다. "왜 모두 아시아라고 하는 거지?" 혼자 생각에 잠겨 그녀가 말했다. 지금까지는 그들이 완전히 똑같은 생각을 하면서 살아왔기 때문에, 다른 상황에서라면 세리오자가 틀림없이 이해를 했겠지만, 지금은 그녀의 말이 무슨 뜻인지 알아듣지 못하는 듯싶었다. 그는 자신의 주장을 못마땅하게 여기는 듯이 그녀를 쳐다보더니, 벽에 걸린 지도 쪽으로 휙 몸을 돌리고는, 손으로 우랄 산맥을 짚어 내려갔다. "자연적인 변경을 따라 경계를 삼기로 합의를 봤기 때문이라고!" 그리고 제니아는 벌써 아주 까마득한 옛날처럼 느껴지던 오늘 오후를 머릿속에 되새겼다. 그토록 많은 일들이 모두 일어난 하루— 지금 이 순간의 예카테린부르크, 그리고 오늘이 아직도 계속되고— 아직도 끝나지 않았다는 사실이 믿어지지가 않았다. 지금까지 질주하듯이 지나간 모든 일을 생각하고, 숨 가쁘게 꼬리를 물던 사건들의 순서를 그대로 유지하며 미리 설정된 머나먼 곳에 고스란히 담아두면서, 그녀는 주체할 수 없는 피로감을 경험했고, 고된 하루를 겪은 다음 저녁을 맞아 육신이 경험하는 그런 느낌이 갑자기 그녀에게 쏟아졌다. 마치 그녀 자신을 속박하면서, 이 모든 아름다움의 부담을 제거하고 몰아내는 일을 그녀가 거들고 난 다음의 그런 느낌이었다. 그러나 그것이, 그녀의 우랄 산맥이, 바로 저기 존재한다고 무슨 이유에서인지 확신하게 된 제니아는 돌아서서, 그릇들은 숫자가 줄었지만 시큼한 광천수와 축축하게 젖은 단풍잎 위에 맛있는 얼린 버터가 그대로 쌓여 있는 식당을 지나 부엌으로 달려갔다.

제니아가 창밖으로 몸을 내밀고 둘러보니, 학교에서는 보수공사가 진행 중이었고, 흰털발제비들이 날카롭게 울부짖어서 창공을 재봉사가 물어뜯은 헝겊처럼 찢어놓았고— 저 아래 문을 열어놓은 창고에서는 마차 한 대가 번쩍거렸으며, 회전 숫돌에서 불꽃들이 튀어올랐으며, 그리고 어디에선가 누가 식사를 하는 냄새가 흘러왔는데, 그것은 실제로 음식이 식탁에 나올 때보다 훨씬 더 훌륭하고 신기한 냄새여서, 책에서나 나오는 냄새, 우울하고도 오래 머무는 그런 냄새였다. 제니아는 왜 자신이 달려가고 있는지를 잊어버렸고, 그녀의 우랄 산맥이 예카테린부르크에는 존재하지 않는다는 사실도 깨닫지 못했지만, 그래도 그녀는 (마룻바닥을 닦거나 따뜻한 손으로 참피나무 껍질을 펴는 따위의) 쉬운 일을 하면서 사람들이 밑에서, 아래쪽에서 부르는 노랫소리를 듣기는 했는데, 그들이 아래층에서 물통으로 물을 끼얹고 철벅

거리며 청소를 하는데도, 사방은 한없이 고요하기만 했다! 그리고 수도꼭지가 졸졸거리는가 하면, "어머, 이게 누구야"라고 하녀가 말을 걸어왔지만, 아직도 새 하녀를 피하던 제니아는 그녀와 말을 하고 싶지 않았고 — 그녀는 하던 생각을 끝까지 버리지 않았고 — 밑에 있는 사람들은 알겠다는 듯이 말했다. "이제는 2호 집에도 사람들이 들었구면." 울리아샤가 부엌으로 들어왔다.

아이들은 그들이 이곳에서 맞은 첫날 밤에 숙면을 취했고, 이튿날 아침 세리오자는 예카테린부르크에서, 그리고 제니아는 이곳이 아시아라는 이상한 확신 속에서 잠이 깨었다. 천장에서는 설화석고 조각들이 즐겁게 장난을 쳤다.

*　*　*

이것은 아직 여름이었을 무렵의 일이었다. 부모는 제니아가 학교에 가야 한다고 명령했다. 학교에 간다는 것은 어느 모로 보나 나쁜 일이 아니었다. 하지만 부모는 그것을 그녀에게 '명령'했다. 수성 도료(水性塗料)를 칠한 벽에 햇빛이 어찌나 단단히 매달렸던지, 떨어질 줄 모르던 하루를 저녁에 몰아내기 위해서는 피투성이 전투를 치른 다음에야 가능했던 공부방으로 개인교사를 불러들인 사람은 제니아가 아니었다. 어머니의 안내를 받으며 자기가 가르치게 될 '미래의 학생'과 낯을 익히려고 찾아왔을 때, 그를 방으로 초대한 사람은 제니아가 아니었다. 그에게 디키흐라고 어울리지도 않는 애칭을 붙여준 사람도 그녀가 아니었다. 그리고 또한, 몸집이 크고, 수염이 텁수룩하고, 식식거리며 숨을 헐떡이며, 급수가 중단되기 전에 경련을 일으키는 수도꼭지처럼 땀을 흘리는 군인들이 항상 정오에 훈련을 받도록 하거나, 대포와 마차에 대해서라면 몰라도 흰 셔츠와 흰 천막과 더욱 하얀 장교들의 군복에 대해서는 아무것도 모르는 그들이 연보랏빛 구름처럼 물을 뿌려대어 허벅지까지 올라오는 긴 장화가 죄어들게 만들기를 바랐던 사람도 그녀가 아니었다. 그리고 이발소에 내건 간판을 보고 처음 제니아가 깨달았던 죽음의 개념에서처럼, 아크 등(燈)의 탄소봉들이 만나면 순간적으로 증발하는 세 번째 존재가 발생하듯이, 두 가지 물건을 나란히 두면 안 되는데도, 이제부터는 작은 대야와 손수건을 항상 함께 비치해야 한다고 원했던 사람이 그녀였던가? 그리고 빨간 도로 차단기에 써서 붙인 "함부로 접근하지 마시오!"라는 경고문이 지역적인 금단의 비밀이라는 주제넘은 태도를 취하고, 거기다가 중국인들을 ─ 제니아에게 은근히 접근하여 어떤 무서운 공포감이 피부로 느껴지게 만드는 무엇인가를 그녀가 받아들이기로 언제 동의했다는 말인가? 그러나 모든 것이 그녀의 영혼에 무거운 부담을 주지는 않았다. 즐거운 일도 적지 않았으니, 예를 들면 다가오는 입학 날이 그러했다. 하지만 이런 모든 일이 그녀에게는 '명령'으로 전해졌다. 삶은 더 이상 시적인 자유 분방함이 아니었고, 그것은 냉혹하고도 사악하게 왜곡된 우화처럼 그녀를 둘러싸고 발효되어, 산문이 되고 사실로 바뀌었다. 영원한 각성의 경지를 거치기라도 하는 듯, 사소한 존재의 요소들이 깨어나는 그녀의 영혼으로 집요하게, 고통스럽게, 단조롭게 계속해서 들어왔다. 견고하고, 차갑고, 사실적인 요소들이 낡은 백랍 숟가락처럼 제니아의 내면에 깊이 가라앉았다. 이곳, 마음속 깊은 곳에서, 백랍이 녹아 덩어리로 뭉쳐서는 고착된 개념들로 융합되기 시작했다.

5 벨기에 사람들이 차를 마시러 자주 들렀다. 아버지와 어머니는 그들을 벨기에 사람들이라고 불렀다. 그렇게 부른 사람은 아버지였고, 그는 걸핏하면 "오늘 벨기에 사람들이 차를 마시러 온다고 했어"라고 말했다. 찾아오던 사람들은 넷이었다. 그들 가운데 수염이 없는 사람은 가끔 들렀으며, 찾아오더라도 별로 말을 하지 않고 조용히

앉아 있다가 돌아갔다. 때때로 그는 평일에, 지나가는 길에, 비가 오거나 무료한 날이면 불쑥 혼자 나타나기도 했다. 나머지 세 사람은 언제나 함께 붙어 다녔다. 그들의 얼굴은 방금 포장지를 벗긴 새 비누를 닮아서, 달콤한 냄새가 나고 차가워 보였다. 한 사람은 솜털 수염을 잔뜩 길렀으며, 밤색 머리카락도 솜털처럼 보드라웠다. 그들은 무슨 집회나 다른 모임에서 만나 언제나 아버지와 함께 집으로 오고는 했다. 식구들은 누구나 벨기에 사람들을 좋아했다. 그들이 이야기를 하면 식탁에 물이라도 엎지른 듯이 떠들썩하고, 쾌활하고, 즉흥적이어서, 때로는 아무도 예상하지 않았던 쪽으로 화제가 쏠리기도 하다가, 오래도록 뒷맛을 남기는 농담을 계속하기도 했으며, 아이들이 항상 알아듣기가 쉬웠던 그들의 뒷이야기는 여러 가지 궁금증을 말끔하게 풀어주었다.

그들이 와 있으면 온통 시끌벅적했고, 설탕 그릇과 니켈 도금을 한 커피 주전자와 깨끗하게 접은 냅킨이 분주히 오갔으며, 그들의 건강한 흰 치아가 쉴 새 없이 반짝였다. 그들은 어머니에게 농담을 할 때는 정중하고 예절 바른 말을 썼다. 그리고 탁자에 둘러앉은 친구들은, 그들만 아는 어떤 전문적인 사건이나 사람에 대해서, 간략하게 비꼬는 암시를 섞어가면서 무슨 이야기를 주고받다가, 혹시 아버지가 대화에 끼어들려고 나설 때는, 지극히 섬세한 재치를 보이며 그의 말문을 막기도 했으며, 그러면 아버지는 어렵고도 불완전한 프랑스어로, 산만하고 장황하게, 청부업자들에 대해서, références approuvées(동의한 조건들/역주)와 férocités(사나움/역주), 그러니까 bestialités, ce qui veut dire en russe(러시아어로 말하자면 잔인한 기질/역주)에 대해서 ― 블라고다트에서 일어난 횡령 사건에 대해서 조심스럽게 말문을 열었다.

수염이 없는 벨기에 사람은 얼마 동안 러시아 말을 배우려고 애를 썼으며, 걸핏하면 자기가 배운 새로운 분야의 솜씨를 과시하려고 했지만, 그때까지는 별 성공을 거두지 못했다. 손님들은 아버지가 férocités

를 부리면 심각하게 짜증스러운 분위기가 뒤따르고는 했으므로, 그가 프랑스 말로 어떤 말을 전하려고 할 때는 함부로 웃지 못했지만, 벨기에인이라면 사정이 달랐기 때문에, 네가라트가 러시아 말을 하는 경우에는 모두들 거리낌 없이 폭소를 터뜨렸다.

그들은 그를 네가라트라고 불렀다. 그는 벨기에의 플랑드르 지방 출신인 왈론 사람이었다. 그는 친구들의 추천을 받아 디키흐에게서 러시아 말을 배웠다. 그는 Ю, Я, Ъ처럼 쓰기가 힘든 글자들을 그림처럼 우스꽝스럽게 그려가면서 자기 집 주소를 러시아어로 적었다. 그가 똑같은 글자를 다시 써도, 글자들은 두 다리가 벌어진 듯 모두 달라 보였다. 아이들은 어른들의 허락을 받지 않고도 마음대로 안락의자의 가죽 방석에 무릎을 꿇고, 식탁에 팔을 고이고 앉아 함께 어울렸는데 — 그들은 무슨 행동을 하더라도 용납이 되었고, 무슨 일에나 함께 동참했으며, 네가라트가 쓴 글자들 가운데 Ю이라는 글자가 Ю보다는 10이라는 숫자와 더 비슷해 보이면, 어른과 아이들이 다 함께 깔깔거리고 폭소를 터뜨렸다. 에반스는 주먹으로 탁상을 두드리며 웃다가 눈물을 닦아냈고, 아버지는 억지로 참느라고 얼굴을 붉히고는 몸을 부들부들 떨면서, 당황한 표정으로 손수건을 움켜쥐고 방 안을 오락가락하며 되풀이해서 말했다. "아냐, 난 정말 그러면 안 돼!" "Faites de nouveau!(다시 써봐/역주)" 에반스가 프랑스 말로 재촉했다. "Commencez!(시작해!/역주)" 그러면 네가라트는 말을 더듬는 사람처럼 입을 조금만 벌리고 잠시 머뭇거리고는, 콩고의 식민지처럼 아직 탐험하지 못한 러시아어의 음절들을 도대체 어떻게 탄생시켜야 하는지를 몰라서 어리둥절한 표정을 지었다.

"Dites, uvy, nevygodno.(uvy, nevygodno라고 말해봐/역주)" 아버지가 프랑스어와 러시아어를 섞어가며, 탁한 목소리로, 잔뜩 얼굴을 찌푸리고 내뱉듯이 말했다.

"ouivoui, niévoui······."

"Entends-tu?—ouvoui, niévoui—ouvi-niévoui—oui, oui—chose inouie, charmant.(자네들 들었지? — ouvoui, niévoui래 — ouvi- niévoui라고 — 그래, 그래 — 대단하구먼, 멋지다고/역주)"라면서 벨기에 사람들이 다시 폭소를 터뜨렸다.

★　★　★

여름이 지나갔다. 일부 과목의 시험은 보통으로 치렀지만, 몇 과목은 성적이 아주 좋았다. 복도에서 울려오는 차갑고 투명한 소리가 샘물처럼 흘러갔다. 여기서는 모두 서로 사이가 좋았다. 정원의 나뭇잎들이 황금빛으로 노랗게 물들었다. 유리창에 비친 춤추는 나무들은 점점 더 앙상해졌다. 윤기를 잃은 유리창도 이젠 낡아서 바람에 틀까지 흔들렸다. 위쪽 파란 유리는 진동을 견디지 못하고 깨졌다. 차갑고 투명한 유리창을 가로질러서 단풍의 청동 빛깔 나뭇가지가 뻗어나갔다.

제니아는 그녀의 모든 감정이 이토록 유쾌한 조롱으로 바뀔 줄은 몰랐다. 몇 피트나 몇 야드를 7로 나누어라! 온스와 파운드가 어떻고, 곡량(穀量)과 체중의 단위가 무엇인지를 어째서 다 배우려고 애를 써야 하는가? 그리고 그레인(밀 한 알을 나타내는 형량의 최저 단위로 0.0648그램이며, 진주나 다이아몬드의 경우는 50그램이나 ¼캐럿/역주), 드램(무게 단위로, 1.772그램이며, 약량은 3.8879그램/역주), 온스, 파운드, 아바뒤푸아(avoir 또는 advp라고 줄여서 쓰기도 하며, 귀금속과 약품 이외의 물품에 쓰는 질량 단위/역주) 따위라면 그녀에게는— 전갈의 일생을 구성하는 네 단계 정도의 의미밖에 없었다. 왜 어떤 단어에는 왜 꼭 한 가지 e만을 써야 하고 다른 e를 쓰면 안 되는 까닭이 어디에 있을까?(옛 러시아 철자법에서는 e를 나타내는 글자가 세 가지였음/역주) 그리고 제니아가 이 문제의 정답을 찾으려고 공부를 열심히 했던 유일한 이유는 어떤 단어에 엉뚱한 e를 쓰는 경우에 (어찌나 지저분하고 황당해 보이는지) 불만스러워지는 이유를 밝히는 것이 고작이었다. 제니아는 벌써 입학이 승인되어 학교 기록부에 이름이 올랐고, 커피 빛깔의 교복을 몇 시간 동안이나 조급한 마음으로 입어보기까지 했으며, 그녀의 방에는 책가방과 필통과 도시락 바구니와 무척이나 역겨워 보이는 고무지우개까지도 이미 다 마련해두었는데도, 왜 아직 학교에 보내주지 않는지 이해가 가지 않았다.

제니아 류베르스의 소녀 시절

낯선 사람

1 소녀는 털로 짠 두툼한 숄로 머리에서 무릎까지 온몸을 감싸고는, 병아리처럼 마당에서 깡충거리며 뛰어다녔다. 제니아는 타타르족 아이에게 가서 이야기를 나누고 싶었다. 그 순간에 요란한 소리를 내며 창문이 하나 벌컥 열렸다. "콜카!" 악시냐가 소리쳤다. 농부들이 가지고 다니는 보따리에다가 헌 구두 한 켤레를 황급히 아무렇게나 쑤셔넣은 듯이 보이는 한 사내아이가 바쁜 걸음으로 짐꾼의 거처로 들어갔다.

마당에서 공부를 하다 보면 언제나, 한 가지 공식의 각주를 놓고 모든 의미가 모호해질 때까지 거듭거듭 따지며 파고들다가, 결국은 하나도 제대로 이해하지 못하고 집으로 들어가 이 층 방에서 다시 공부를 시작하기 마련이었다. 마당에서 집 안으로 들어서려고 문턱을 넘어서자마자, 방들은 기묘한 어슴푸레함과 서늘함으로 왈칵 다가오고, 일단 자리를 잡으면 가구들이 언제나 제자리를 지킨다는 사실에 예기치 않은 익숙함이 엄습한다. 미래는 미리 점칠 길이 없다. 그러나 제니아는 집 안에 들어서면 안에 미래가 미리 자리를 잡고 기다린다는 느낌을 받고는 했다. 그곳에서는 미래의 설계가 이미 자세하게 형태를 갖추었고, 다른 모든 것에 대해서는 저항하면서도 미래는 마음대로 엮어나갈 갖가지 힘이 기다렸다. 그리고 길거리에서 바람의 움직임으로부터 영감을 받아 펼쳐진 꿈은, 현관의 문턱으로부터 갑자기 쏟아져 들어오다가, 집 안에서 버티고 기다리던 신속하고도 숙명적인 분위기로 인해서 쉽게 무너지고는 했다.

이번에는 레르몬토프였다. 제니아는 책의 표지가 안으로 들어가도록 책을 완전히 뒤집어 반으로 접어들었다. 만일 안에서 세리오자가 책을 그렇게 접는 것을 보았다면 제니아 자신도 그의 '못된 버릇'을 꾸짖었으리라. 그러나 여기 바깥에서는, 마당에서라면 문제가 달랐다.

프로코르가 아이스크림을 얼리는 기계를 땅에 놓고 다시 집 안으로 들어갔다. 그가 현관으로 들어가는 문을 열었을 때, 장군이 집에서 기르는 털이 짧은 포악한 개들이 마구 짖어대는 소리가 들려왔다. 문이 쾅 소리를 내고 재빨리 닫혔다.

그러는 사이에 테레크는, 등 뒤로 갈기를 깃발처럼 휘날리는 암사자(레르몬토프가 「악마」에서 범한 유명한 실수를 지적한 내용임. 암사자에게는 갈기가 없음/역주)처럼 맹렬히 뛰어올랐고, 마땅히 그래야 한다고 여겨서인지 계속 으르렁거렸으며, 제니아의 머리에는 이런 궁금증만이 떠올랐다― 그 표현은 잔등이나 척추를 두고 한 말이었을까? 그녀는 귀찮아서 구태여 책을 뒤져 확인할 마음이 별로 내키지 않았고, "머나먼 곳 남쪽에서 온 황금빛 구름"이 미처 테레크를 따라잡기 전에, 그들은 물통과 참피나무 껍질 한 다발을 들고 이미 장군의 부엌 문턱에 이르렀다.

당번 사병이 물통을 땅에 내려놓고, 허리를 굽혀 아이스크림을 만드는 기계를 분해하더니, 물로 닦기 시작했다. 8월의 태양이 나뭇잎들을 헤치고 내려와 병사의 엉덩이를 비추었다. 붉은 햇빛이 그의 군복을 적시더니, 더욱 욕심을 부려 송진 기름처럼 그의 몸으로 스며들었다.

마당은 넓었고, 구조가 복잡하여 눈에 띄지 않는 은밀한 구석이 여러 군데였다. 한가운데는 판석으로 포장이 되었지만, 오랫동안 손질을 하지 않아서인지 여기저기 돌 틈에서는 납작하고 머리가 뒤엉킨 잡초들이 마구 자랐으며, 저녁이 되면 무더운 날 병원을 지나갈 적에 나는 냄새와 비슷한 시큼한 약 냄새를 풍겼다. 한쪽 끝에는, 마당의 마구간과 움막 사이에, 널빤지 울타리로 막아놓은 이상한 정원이 자리를 잡았다.

제니아는 그곳에 쌓아둔 장작더미 사이를 산책하고는 했다. 그녀는 가지런하게 쌓아올린 나뭇단들 사이에 사다리를 받쳐놓고는, 흔들거리는 장작들 속으로 쓰러지지 않도록 박아넣은 나음, 마치 마당에서 무슨 놀이라도 하는 듯, 사다리의 중간쯤에 편안하게 걸터앉았다. 그러다가 그녀는 손을 뻗어 사다리를 더 높이 올라가서, 꼭대기 가로대에 책을 얹어놓고, 「악마」를 정독하려고 준비하다가, 아까 앉았던 자리가 훨씬 더 편안했던 것 같은 생각에 다시 사다리를 내려갔지만, 이상한 정원 저쪽에서 여태까지 본 적이 없는 무엇을— 뒤켠에 그런 곳이 있으리라고는 상상조차 못했던 광경을 보았고, 제니아는 책을 나뭇단들 사이에 끼워놓고 그냥 내려왔다는 사실은 깜빡 잊어버린 채로, 무엇에 홀린 듯이 멍하니 입을 벌리고 서서 동작을 멈추었다.

이상한 정원에는 꽃나무나 풀이 자라지 않았고, 거대한 고목들이 낮은 가지를, 마치 어둠 속을 찔러대는 듯, 위로 뻗어올려 무성한 잎을 받치고 서서, 아래쪽 정원은 전혀 풀이 자라지 못해 황량했고, 사방이 탁 트였음에도 불구하고 언제나 그늘에서 벗어나지 않아 음산하고 거룩한 느낌을 주었다. 회색 이끼로 덮여 폭우가 쏟아질 때면 연보라색을 띠는 나무들의 가지 사이로 저쪽에 인적이 드문 한적한 길이 훤히 내려다보였는데, 거기에서 이상한 정원은 다른 쪽 끝으로 뻗어나갔다. 저쪽 끝에는 노란 아카시아가 한 그루 자랐다. 아카시아는 이제 앙상하게 말라 죽어서, 축 늘어진 가지에서는 잎이 거의 다 져버렸다.

어두운 정원 때문에 이 세상에서 저 세상으로 밀려난 듯한 버려진 샛길은, 꿈속에나 존재하는 무엇처럼, 밝게 빛났으며, 태양이 안경을 쓰고 별꽃들 사이를 휘젓고 다니며, 소리 없이 그리고 세심하게, 찬란하게 구석구석 광채를 쏟아내리는 듯싶었다.

제니아는 무엇에 그토록 감동했을까? 그것은 그녀가 이런 발견을 하도록 도와준 사람들에게보다는 그녀 자신에게 훨씬 더 신비해 보이는 어떤 비밀이었다. 그리고 거기에는 조그만 가게가 하나 있지 않았던가? 나무 울타리 저쪽에, 바로 저 길에! 저런 곳에 가게가 있다니! 제니아는 그곳의 낯선 사람들이, '행복한 사람들'이 부러웠다. 여자 셋이 거기에 있었다.

그들은 노래에 나오는 단어 '수녀'처럼, 검은 옷을 입었다. 둥그런 모자 밑으로 목덜미를 드러내며, 그들은 셋이서 나란히 누웠는데, 숲에 반쯤 몸이 가려진 마지막 여자는 무엇엔가 기대고 비스듬히 누워 잠들었고, 다른 두 사람도 그녀와 바짝 붙어 곁에서 잠이 든 것 같았다. 짙은 비둘기 빛이었던 그들의 회색 모자는 반딧불처럼 햇빛을 받아 잠시 반짝이다가 다시 빛을 잃고는 했다. 그들은 상복처럼 보이는 검은 옷을 걸쳤다. 그러다가 낯선 사람들은 다른 쪽으로 몸을 돌렸다. 보아하니 길이 끝나는 곳에서 무엇이 그들의 눈길을 끌었음이 분명했다. 몇 분 동안 그들은, 여름에 어떤 사람이 저 멀리 눈부신 햇빛 속으로 녹아들어 사라지는 모습을 쳐다보는 두 번째 사람처럼, 가늘게 뜬 눈을 두 손으로 가리고 쳐다볼 때처럼 길의 끝머리를 쳐다본 다음에— 그렇게 얼마 동안 쳐다본 다음에, 다시 처음의 자세로 돌아가 동시에 함께 잠이 들었다.

제니아는 집 안으로 들어가려고 일어설 때쯤에야 갑자기 책 생각이 났는데, 도대체 어디에 두었는지 처음에는 잠깐 생각이 나지 않았다.

나중에 생각이 나서, 책을 찾으려고 나뭇단이 쌓인 곳으로 갔을 때는, 낯선 이들도 자리에서 일어나 어디론가 가려고 하던 참이었다. 그들은 나란히 줄을 지어, 쪽문을 향해서 걸어갔다. 키가 작은 한 남자가 다리를 저는 듯한 걸음걸이로 그들의 뒤를 따랐다. 그는 겨드랑이에 얼핏 보아서 사진첩인지 지도책인지 분간하기 어려운 커다란 책을 끼고 있었다. 그들은 어깨 너머로 뒤를 돌아다보았는데, 그들이 저기서 무엇을 했는지가 확실해졌고, 제니아는 낮잠을 자러 나왔던 모양이이라고 생각했다. 이웃 사람들이 정원에서 돌아다녔고, 헛간 뒤로 숨어버리기도 했다. 해가 벌써 기울고 있었다. 책을 잡으려고 손을 위로 뻗다가, 제니아가 기우뚱하는 바람에 쌓아놓은 나뭇단이 흔들렸다. 나뭇단은 잠에서 깨어나 살아난 듯이 제멋대로 움직였다. 장작 몇 개가 빠지면서 가벼운 소리를 내며 풀밭으로 떨어졌다. 그 소리는 야경꾼의 딱따기 신호나 마찬가지였다. 저녁이 시작되었다. 조용하고 신비한 저녁의 수많은 소리가 태어났다. 강 건너편에서 바람이 옛 노래를 한 곡 휘파람으로 불기 시작했다.

　마당은 텅 비었다. 프로호르는 일을 모두 마쳤다. 그는 대문 너머로 갔다. 잔디밭 저편 아래쪽 어디에서 한 군인이 퉁기는 발랄라이카 소리가 우울하게 들려왔다. 그리고 제니아의 머리 위에서는 한 무리의 조용한 각다귀들이, 갑자기 밑으로 꽂히듯 내려오면서, 자꾸만 가라앉다가, 땅에 닿기 직전 마지막 순간에 하늘로 솟아올랐다. 그리고 발랄라이카를 퉁기는 소리가 더욱 조용해지고, 더욱 애절해졌다. 그 소리는 각다귀들보다도 밑으로 가라앉았지만, 작은 곤충의 무리보다 훨씬 더 섬세하고 가볍게, 먼지를 뒤집어쓰지 않은 채로, 서둘러 높이 솟아올랐다가, 폭포처럼 빛을 내며 천천히 땅으로 내려왔다.

　제니아는 집으로 돌아갔다. 커다란 책을 들고 가던 사람이 생각난 제니아는 "절름발이였나 봐" 하고 혼잣말을 했다. "다리를 절긴 했어도,

목발은 짚지 않았으니까, 거지는 아니었을 거야."제니아는 뒷문으로 해서 집 안으로 들어갔다. 마당에서 집요하고도 짙은 카밀레의 냄새가 풍겨왔다. "요즘에는 어머니가 노란 마개를 막은 파란 병들을, 화학실험 기구 상점을 차릴 만큼 잔뜩 사왔지."천천히 그녀는 층계를 올라갔다. 쇠로 된 계단의 난간은 차가웠고, 그녀가 발을 끌며 걸음을 옮길 때마다 층계에서는 응답을 하듯이 삐걱거리는 소리가 났다. 갑자기 이상한 생각이 그녀의 머리에 떠올랐다. 제니아는 계단 두 개를 건너뛰고는 세 번째 계단에서 멈춰 섰다. 그녀의 어머니와 주택 관리자의 아내 사이에 뭐라고 꼭 집어서 말하기 어려운 어떤 공통점이 언제부터인가 생겨났다는 생각이 갑자기 들었다. 그들의 공통점은 파악하기 어려운 묘하고도 막연한 것이었다. 제니아는 움직이지 않았다. 그것은 사람들이 이야기를 나누는 동안에 머릿속에서 맴도는 그런 관념에 속한다고 그녀는 생각했는데—인간은 누구나 언젠가는 죽기 마련이라거나……인간은 다 비슷비슷한 운명을 타고났다거나……운명은 출생 따위는 아랑곳하지도 않고……그녀는 옆으로 쓰러져 굴러다니는 병을 발끝으로 밀었고, 병은 허공을 날아서 먼지가 잔뜩 쌓인 포대 위로 떨어졌지만 깨지지 않았고—그들의 공통점은 사실상 아주 평범한 것이어서, 만인에게 공통된 요소였다. 그렇다면 그녀 자신과 악시냐 사이의 공통점을 찾아보려고 하지 않는 이유가 무엇일까? 그리고 악시냐와 울리아샤 사이의 공통점에 대해서도? 그리고 제니아가 생각하기에 더욱 이상했던 점은, 서로 다른 면모의 차이가 그들 두 사람보다 더 심한 예는 찾아보기가 어려웠는데, 악시냐에게는 시장 바닥처럼 세속적인 무엇, 썩은 감자나 병든 호박을 연상시키는 면모가 뚜렷했다. 그런데 어머니는……제니아는 그런 비교를 하면서 혼자 미소를 지었다…….

그런가 하면 가장 두드러진 차이를 보여주는 비교의 적당한 기준으로는 악시냐가 적격이었다. 악시냐는 접점의 중심에 서 있었다.……

시골 여자는 얻을 바가 없었지만, 귀부인은 무엇인가 손해를 보는 위치였다. 잠시 후에 제니아에게는 또다른 생각이 떠올랐다. 어머니의 성품에도 이미 촌스러운 빛이 침투했다고 제니아는 생각했는데, 어머니는 shchuka('바늘'이나 '가시' 또는 '창꼬치'/역주)를 shuka라고 발음하는 듯했으며, 어느 날인가는 어머니도 거들을 하지 않고 헐거운 새 비단 치마를 걸치고 가다가, 뚱뚱한 시골 여자와 인사를 나누려고 발걸음을 멈추는 상황이 벌어질지도 모르겠다고 제니아는 믿었다.

복도에서는 의약품 냄새가 났다. 제니아는 아버지에게로 갔다.

2

새로 장만한 가구들이 들어왔다. 사치스러운 분위기가 집 안에 감돌았다. 류베르스 집안은 마차를 마련했고 말도 먹이기 시작했다. 마부의 이름은 다블레차였다.

고무 타이어는 당시에 상당히 귀한 물건이었다. 그들이 나들이를 나가면 온 세상이 ― 지나가던 사람들과, 정원들과, 교회들과, 닭들이 모두 동작을 멈추고 시선을 돌려 그들의 마차를 구경했다.

그들은 한참동안 류베르스 마님에게 문을 열어주지 않았고, 그녀를 존중하는 의미에서 마차가 천천히 출발하자, 어머니가 뒤에서 소리쳤다. "너무 멀리 가지 말고, 도로까지만 올라갔다가 돌아와야 해. 언덕을 올라가는 동안 조심하고." 그리고 하얀 햇빛은 의사의 집 베란다로부터 어머니를 비추었고, 더 밑으로 길거리까지 내려와서는 다블레차의 굵고 불그레하며 주근깨가 앉은 목덜미를 쬐어, 쪼글쪼글한 주름을 따갑게 달구었다.

그들은 다리를 건너갔다. 다리를 장식한 구조물들의 대화가 사방에서 얄밉도록 줄기차게 메아리치고, 일단 울림의 박자가 틀이 잡히면 골짜기로 깊이 파고 내려가서, 낮이건 밤이건 언제나 잊지 않고 되울렸다.

비코르미시(러시아어로 "키운다"는 뜻의 동사 vikormit에서 파생한 단어이며, "집에서 기른 말"이라는 애칭으로도 흔히 쓰임/역주)는 언덕을 오르면서, 가파르고 만만치 않은 돌밭에서 조금도 당황하지 않고 힘을 자랑하려는 듯 열심히 마차를 끌었고, 갑자기 기어가는 메뚜기처럼 움직이기가 어려워질 때면, 뛰어올라 날아가도록 태어난 메뚜기답게, 말은 체면을 무릅쓰고 예기치 못했던 아름다움을 발휘하며, 어울리지 않는 노력을 기울여, 더 이상 제자리걸음을 하지는 않겠다는 듯 사납게 날개를 퍼덕이고는 날아올랐다. 소녀의 눈에는 그렇게 보였다. 말은 힘을 주어 끌었고, 앞발을 휘저으면서 힘껏 앞으로 달려나가서, 단숨에 폐허를 횡단했다. 다블레차는 고삐를 낚아채면서 말을 잡아당기기 시작했다. 털이 복슬복슬한 개 한 마리가 그들을 보고는, 졸리운 듯 구슬프게 짖었다. 먼지가 화약 연기처럼 피어올랐다. 길이 왼쪽으로 급히 꺾어졌다.

시커먼 길이 기차 정거장의 붉은 울타리로 마구 달려갔다. 길바닥은 군데군데 햇빛의 띠로 덮였다. 햇살이 숲을 통과하여 비스듬히 내려와서는 여자들의 짧은 외투를 걸친 낯선 사람들의 무리를 수의처럼 감쌌다. 그들을 흠뻑 적신 태양의 하얀 빛은 물에 탄 생석회를 샘에서 양동이로 퍼다가 옆에서 끼얹기라도 하는 듯이 땅바닥에서 홍수를 이루었다. 길거리는 햇살의 무늬로 얼룩졌다. 말이 발걸음을 천천히 늦추었다. "오른쪽으로 가요." 제니아가 명령했다. "그쪽에는 길이 없는데요." 다블레차가 채찍의 손잡이로 붉은 울타리를 가리키며 대답했다. "막다른 길입니다." "그럼 여기서 멈춰요. 난 여기서 볼 일이 있어요." 그녀가 보려던 대상은 잘 아는 중국인들이었다. "알겠습니다." 여주인이 자기와 말하기를 싫어하는 눈치를 보이자 다블레차는 순순히 말했다. "이랴!" 그러나 말은 땅에 다리가 파묻히기라도 한 듯이 몸만 기우뚱거리면서 움직이지 않았다. 다블레차는 해야 할 일은 꼭 해야만 한다고 설득시키느라고, 말에게 비위를 맞춰가며 나지막하게 휘파람을 불었다.

중국 사람들이 커다란 보리빵 덩이를 손에 들고 길을 건너 뛰어왔다. 그들은 푸른 옷을 걸쳤으며, 바지를 입은 시골 여자처럼 보였다. 머리에는 아무것도 쓰지 않았고, 정수리 뼈 위에는 손수건을 묶어놓은 것처럼 상투를 틀어 올렸다. 그들 가운데 몇 사람이 걸음을 멈추었다. 그들의 모습은 특색이 무척 뚜렷했다. 안색은 창백했고, 촌스러웠으며, 선웃음이 애처로워 보였다. 가난으로 산화된 청동처럼, 그들은 누추하고 가무잡잡했다. 다블레차는 담배쌈지를 꺼내더니, 엉성하게 담배를 말기 시작했다. 그러는 사이에 중국 사람들이 가고 있는 쪽 길의 저편에서 여자 몇 사람이 나타났다. 그들도 빵을 구하러 오는 모양이었다. 길가에 나타난 사람들이 별안간 요란하게 웃기 시작했고, 두 손이 등 뒤에서 비틀려 밧줄로 묶인 사람들처럼 허우적거리면서 탐욕스럽게 이쪽으로 왔다. 그들의 비틀대는 걸음걸이가 더욱 우스꽝스럽게 보였던 까닭은, 모두가 똑같이 어깨에서부터 발목까지 치렁치렁 늘어진 옷을 하나만 걸친 모습이 영락없는 곡예사들 같았기 때문이었다. 그들은 별로 남을 해코지할 인상을 주지는 않았고, 여자들도 도망가기는커녕 오히려 웃으며 서서 구경만 했다.

"어떻게 된 거예요, 다블레차?" "말이 힘은 쓰고 있어요. 이 놈의 말이! 제대로 서지를 못해요! 제대로 서지도 못한다고요!" 그러면서 다블레차는 연거푸 고삐를 당겼다 늦추었다 해가며 비코르미시를 때렸다. "살살해요. 그러다가 마차가 뒤집히고 말겠어요. 왜 자꾸 채찍질을 하죠?" "그래야만 합니다." 그리고 창피한 꼴을 당하던 현장에서 겨우 빠져나와 그의 여주인을 태운 마차를 질풍같이 몰아서 들판으로 나아갔고, 겁이 나서 흥분한 말을 겨우 진정시킨 다음에야, 약삭빠른 타타르인 마부는 두 손으로 고삐를 고쳐 잡고, 채찍을 들고는, 여태까지 줄곧 손에 쥐고 있었던 담배쌈지를 다시 호주머니에 넣었다.

그들은 다른 길로 돌아갔다. 류베르스 부인은 그들이 돌아오는 것을 아마도 의사의 집 창문에서 본 것 같았다. 그녀가 층계로 걸어나왔을 즈음에는, 이미 그들 모두에게 옛이야기를 들려주었던 다리가, 수레바퀴의 무게에 눌려 처음부터 다시 이야기를 시작했다.

3

학교로 가던 길에 딴 마가목 열매를 교실로 가지고 온 데펜도프 집 딸과 제니아는 함께 시험을 치르면서 알게 되었다. 교회지기의 딸이었던 그 아이는 프랑스어 시험에 한 번 낙방을 한 터라 다시 시험을 치를 참이었다. 그들은 류베르스 예프게니아를 첫 번째 빈 자리에 앉혔다. 그들은 나란히 앉아서 똑같은 프랑스어 문장을 공부하는 사이에 서로 알게 되었다.

Est-ce Pierre qui a volé la pomme?(사과를 훔친 사람은 피에르인가요?/역주)

Oui, c'est Pierre qui vola etc.(예, 피에르가 훔쳤습니다 등등./역주)

제니아가 집에서 가정교사에게 수업을 받는다고 해서 그들의 우정이 끝나지는 않았다. 그들은 계속해서 만났다. 그리고 그들의 만남은, 제니아의 어머니가 보기에는, 일방적이었는데, 리사는 아무 때나 제니아를 만나러 와도 되었지만, 제니아가 데펜도프 댁으로 놀러 가는 것은 허락되지 않았다.

그들은 생각이 날 때마다, 불쑥 때를 가리지 않고 만났지만, 이런 불규칙한 만남은 제니아가 곧 리사에게 애착을 가지게 되는 데에 조금도 방해가 되지 않았다. 제니아는 데펜도프 집의 아이를 사랑하게 되었으므로, 리사가 모든 사물의 표본이라고 생각하며, 초조한 마음으로 리사의 일거수일투족을 열심히 지켜보는 사이에, 그녀는 완전히 소극적인 입장이 되었다. 그러다가 리사가 자기네 반 아이들에게, 제니아로서는 누구인지도 모르는 그들에게 넌지시 했다는 이야기를 들어보면, 제니아의 마음속에서는 쓰라림과 허무함이 치밀어 올랐다. 처음으로 이렇듯 질투의 고통에 시달리게 된 그녀는 마음이 무거워졌다. 초조한 불안감 때문이었는지는 몰라도, 제니아는 별다른 뚜렷한 이유도 없이, 리사가 자기를 속인다고 확신해서, 리사가 겉으로는 친한 체하지만, 속으로는 그녀의 행동에서 류베르스 집안의 특성이라고 여겨지는 모든 면을 비웃는다고 믿었으며, 만났다가 헤어지고 나면 리사는 당장, 집에서나 교실에서나, 다른 아이들에게 그런 이야기를 늘어놓고 그녀를 놀려대며 돌아다닌다고 생각했지만, 그러나 제니아는 그것을 자기로서는 어쩔 수 없는 필연적인 일이라 생각했고, 그들의 관계에서는 그것이 본질적인 무엇이라고 간주했다. 우발적으로 선택한 대상으로 인해서 생겨난 이러한 감정은, 무엇인가를 맹목적으로 숭배하느라고 자신에 대한 사랑은 인식하지 못하면서, 오직 고통을 감수할 줄밖에 모르고 모든 것을 불사르려는 본능적 사랑의 강력한 요구에 응하기 마련이었다.

    제니아와 리사는 서로 큰 영향을 받지는 않아서, 제니아는 제니아 그대로 그리고 리사도 리사 그대로 살아갔으며, 그들은 만나고 헤어지기를 계속했는데 — 한 사람은 깊이 동요했고, 다른 한 사람은 조금도 정신적인 충격을 받지 않았다.

★　★　★

    아흐메디아노프 집안의 아버지는 철물을 거래했다. 누레트딘과 스마길이 태어나는 사이에 그는 한 해 동안 갑자기 큰돈을 벌어서 부자가 되었다. 그 무렵에 스마길은 사모일이라는 이름으로 불리기 시작했고, 두 아들에게 그는 러시아식 교육을 시키기로 결심했다. 갑자기 지체가 높아진 아버지는 신분에 맞는 여러 특별한 조건을 하나도 빠짐없이 갖추기 위해서 노력했지만, 서둘러 남의 흉내를 내면서 10년이라는 세월을 보내고 났더니, 그는 모든 면에서 초과 달성을 하고 말았다. 아이들도 아버지가 선택한 과정을 멋지게 따랐으며, 타성에 의해서 맞물려 회전하는 한 쌍의 바퀴처럼, 시끄럽고 파괴적인 성격에 이르기까지, 아버지의 다양하고 화려한 외고집을 판에 박은 듯 그대로 닮게 되었다. 4학년 학생들 사이에서는 아흐메디아노프 집 아이들이 같은 또래 아이들의 정신 상태를 가장 확실하게 대표하는 본보기가 되었다. 그러나 그들이 보여준 가장 뚜렷한 본보기는 분필을 조각조각 분질러 버리거나, 남의 답안지 베끼기, 총질, 책상을 부딪쳐 부수기, 듣기 거북한 욕설, 거기에다가 서릿발이 내릴 정도로 남을 호령하고 휘어잡는 거드름 따위였다. 세리오자는 8월에 그들과 동무가 되었다. 9월이 다 가기도 전에 세리오자는 철면피가 되었다. 그것이 당연한 순리였다. 학교에서 남의 눈에 띄는 학생이 되거나 무슨 일을 하려고 할 때는 아흐메디아노프 아이들을 닮아야만 했다. 그리고 세리오자는 그런 전형적인 학생이 되기를 무엇보다도 원했다. 류베르스는 아들의 그러한 욕망을 방해하려는 노력을 전혀 하지 않았다. 그는 아들이 어떻게 달라졌는지를 깨닫지도 못했으려니와, 깨달았다고 하더라도 사춘기에는 당연히 그런 법이라고 그냥 넘겨버렸으리라. 그리고 그에게는 다른 걱정도 많았다. 얼마 동안 그는 자기가 무슨 병에 걸렸으며, 그것이 불치병이라고 의심했다.

4

별로 바람직한 일도 못 되고 시기도 정말로 좋지 않다고 모두들 입을 모았지만, 그녀는 별로 그를 불쌍하게 생각하지 않았다. 네가라트는 제니아의 부모에게까지도 지나칠 정도로 말을 삼갔고, 그들이 이 외국인에 대해서 느꼈던 감정은, 주인이 집에서 길러 버릇이 없어진 애완동물에게 무엇인가를 설명하듯이, 아이들에게는 희미하게만 전해졌다. 제니아가 그래도 슬퍼했던 유일한 까닭은 이제부터 모든 것이 옛날과는 달라질 터이고, 벨기에 사람들이 셋만 남게 되고, 그러면 지금까지처럼 집 안에 웃음이 가득 차지는 않으리라고 느꼈기 때문이었다.

네가라트가 어머니를 찾아와 자기는 군에 입대하려고 디종으로 가게 되었다는 말을 전하던 저녁에 제니아는 우연히 식탁에 그들과 함께 앉아 있었다. "아직도 꽤 젊은데 왜 그래요……." 무척 가엾다는 듯한 표정을 지으며 어머니가 그에게 말했다. 하지만 그는 고개를 숙이고 조용히 앉아 있기만 했다. 그들의 대화가 시들해졌다. "내일 일꾼들이 유리창 틈을 접합제로 마무리하러 오기로 했어요" 하면서 어머니는 창문을 닫았으면 좋겠느냐고 물었다. 그는 저녁 날씨가 푸근하고, 또 그의 고향에서는 겨울에도 창문을 봉하지 않는다고 말하면서, 그럴 필요가 없다고 말했다. 조금 있다가 아버지가 나타나서 그들과 자리를 같이했다. 아버지도 네가라트의 이야기를 듣고는 당장 섭섭한 마음에 기분이 격해져서 낯빛을 달리했다. 그러나 아버지는 본격적으로 한탄을 하기에 앞서서, 눈썹을 찡긋 세우고는 놀란 목소리로 따졌다. "디종으로 간다고요? 당신은 벨기에 사람이 아닙니까?" "예, 벨기에 사람입니다만, 국적은 프랑스거든요." 그리고 네가라트는 그의 '노친네'들이 이민을 하게 된 사연을 말했는데, 그의 이야기가 어찌나 우습고 재미있게 들렸는지 제니아는 그가 '노친네'들의 아들이 아니라, 어떤 책에서 읽은 이야기를 반복하는 듯한 착각이 들 지경이었다. "잠깐, 얘기하는 도중에 미안해요." 어머니가 말했다. "제뉴슈카, 너 저 창문 좀 닫아야겠다. 비카, 일꾼들이 내일 와서 창문을 손질하겠다고 하더군요. 자, 그럼, 어서 얘기를 계속해요. 그래, 당신 아저씨가 그렇게 멋진 불한당이었단 말이죠! 선서까지 해놓고도 진짜로 그런 짓을 했다고요?" "그럼요." 그리고 네가라트는 다시 말을 계속했다. 그리고 그는 전날 벌어진 사건들과 우편으로 영사관에서 보내온 서류에 대한 이야기를 이어 갔고, 제니아가 그의 이야기를 전혀 알아듣지 못해서 신경을 곤두세우고 있음을 눈치챘다. 그래서 그는 제니아를 마주 보고 앉아서, 제니아의 자존심을 상하게 할 생각은 없으며, 군대에 입대하는 일이 원래 복잡하고 아이들이 이해하기 어려운 일이라고 설명한 다음에, 자기가 한 행동을 쉬운 말로 되풀이했다. "예, 예. 알겠어요. 예. 무슨 얘긴지 알아요. 물론이에요. 그렇죠." 제니아는 고맙게 생각하면서 그의 말에 기계적으로 대답했다.

"하지만 왜 그렇게 멀리 떠나셔야 하죠? 러시아에서 군대 생활을 해도 되잖아요. 다른 사람들처럼 말이에요." 제니아는 성당 언덕에 펼쳐진 넓은 들판의 연병장에서 훈련을 받던 군인들을 생각하며 물었다. "예, 예. 알겠어요. 예, 그래요, 그럼요." 제니아가 다시 같은 대답을 되풀이했고, 그러자 그녀의 부모는 대화에서 소외되어 지루함을 느끼고, 네가라트가 쓸데없이 자세한 내용을 딸에게 늘어놓는다고 생각해서였는지, 그들대로의 따분하고 단순한 해석을 가끔 곁들였다. 그러자 제니아는 어느 순간에 문득, 아주 먼 옛날에 네가라트 집안사람들이었거나 최근에도 그 집안사람들이면서 먼 곳에 뿔뿔이 흩어져 살아가는 낯선 이들, 하늘에서 떨어진 듯이 생소한 길을 따라 고향을 떠나 타향에서 방황하고, 그리고 어쩌다가 예카테린부르크에서 군인이 된 모든 사람들이 가엾다고 느껴졌다. 네가라트는 그녀에게 그토록 절실하게 설명했다. 아무도 제니아에게 무엇인가를 그런 식으로 설명해준 사람이 없었다. 무관심의 장막이, 깨달음을 가리는 최면적인 가면이 하얀 천막의 영상으로부터 모두 걷혔고, 연대와 군대라는 막연한 어휘는 사라지고 대신에 군복을 입은 개개인의 인간이 드러났으며, 그들의 삶과 존재가 의미하는 바를 더욱 가까이 느끼게 된 바로 그 순간에, 제니아는 자기도 모르는 사이에 그들과 공감하고, 그들을 불쌍하게 여겼다.

그들은 자리에서 일어났다. "내 책들은 츠베트코프에게 맡기고 가겠습니다. 츠베트코프는 내가 항상 얘기하던 바로 그 친구입니다. 부인, 나중에 내 책들이 조금이라도 도움이 되었으면 싶습니다. 아드님이 내가 사는 곳을 알고, 주인집 식구들하고도 아는 사이더군요. 내가 떠나면 츠베트코프가 제 방을 쓰기로 했습니다. 책을 가지러 올 거라고 그에게 미리 말해두겠어요."

"우리도 그 사람을 만나고 싶어요. 츠베트코프라고 하셨죠?"

"츠베트코프요."

"틈이 나면 꼭 한번 우리 집에 놀러오라고 얘기해줘요. 그 사람을 만나면 반가울 테니까요. 내가 더 젊었을 때는 그 집 식구들과 왕래가 있었으니까—." 그리고 어머니는 네가라트 앞에 서서, 몸에 꼭 끼는 상의 앞자락을 두 손으로 잡고 기다리는 아버지를 쳐다보았다. 아버지는 내일 네가라트와 만날 약속을 해두려고 그들의 이야기가 끝나기만 멍하니 기다리는 눈치였다.

"꼭 한번 오라고 하세요. 하지만 지금 당장은 말고요. 나도 그 친구한테 말을 전하죠. 예, 가지세요. 당신한테 드리겠어요. 전 아직 다 읽진 못했어요. 그 책을 읽다가 감격해서 울었죠. 의사가 몸에 해롭다고 이젠 책을 그만 읽으라더군요. 흥분을 하면 좋지 않다고요." 어머니는 다시 아버지에게 눈길을 돌렸다. 아버지는 머리를 숙인 채로, 담배를 뻐끔뻐끔 피우고 뻣뻣한 옷깃을 긁어 딸각거리는 소리를 내면서, 양쪽 다리에 신은 목이 긴 장화가 깨끗한지를 열심히 살펴보았다.

"자, 그럼, 지팡이를 잊지 마세요. 다시 만나기를 빌겠어요."

"아, 물론 다시 만나겠죠. 그럼 금요일에 뵙겠어요. 오늘이 무슨 요일이더라?" 네가라트는 비슷한 상황에서 멀리 떠나는 사람이라면 누구나 그렇겠지만, 두려운 표정이었다.

"수요일이에요. 비카, 오늘 수요일이죠? 여보, 수요일이냐고요. 수요일이냐니까, 안 들려요?" 마침내 아버지의 차례가 돌아왔다. "그럼 내일은……." 두 사람은 함께 층계를 걸어 내려갔다.

5 그들은 걸어가면서 말을 주고받았고, 제니아는 세리오자보다 너무 뒤로 처지지 않으려고 자꾸만 쪼르르 뛰어서 그를 따라잡아야 했다. 그들은 아주 빨리 걸었고, 제니아는 앞으로 나아가도록 도움이 되라고, 호주머니에 두 손을 넣은 채로 노를 젓는 것처럼 팔꿈치만 부지런히 휘저었기 때문에, 외투가 앞뒤로 정신없이 펄럭거렸다. 날씨가 추웠다. 제니아의 털신 밑에서 얼음이 경쾌한 소리를 내며 부스러졌다. 어머니의 심부름으로 그들은 떠나가는 손님에게 줄 선물을 사러 가면서 대화를 계속했다.

"그래, 정거장으로 끌고 갔단 말이지?"

"그래."

"근데 왜 그 사람이 짚더미 위에 앉아 있었지?"

"그게 무슨 소리야?"

"마차에서 말이야. 그 사람은 짚더미에 푹 파묻혔더라. 그렇게 앉는 사람들도 있나?"

"아까 얘기했잖아. 그 사람은 죄수야. 죄를 지은 사람이라고."

"감옥으로 끌려가겠지?"

"아냐. 페름으로 데리고 갈 거야. 여기는 감옥이 없으니까. 앞 좀 잘 보면서 걸어!"

그들은 길을 건너서 구리 그릇을 만드는 공장 앞을 지나갔다. 여름 내내 구리 공장은 문을 활짝 열어놓고 지내서, 제니아는 네거리를 생각할 때마다 공장이 벌린 거다란 입에서 불어오는 듯이하고노 훈훈한 바람을 떠올리고는 했다. 7월, 8월 그리고 9월 동안에는 온갖 마차들이 공장 앞에 줄지어 서서 길을 가로막았고, 거의 모두가 타타르족인 농부들이 떼를 지어 공장으로 모여들었고, 땅바닥에는 물통과 부러지고 녹슨 하수도 배수관 토막들이 나뒹굴었으며, 다른 어느 곳에서보다도 이곳에서 더욱 뜨겁게 내리쬐는 강렬한 햇볕 때문에 무리를 이룬 농민들이 집시 마을 같은 인상을 주었고, 타타르 사람들은 집시의 빛깔을 띠었으며, 태양이 숨 막히는 먼지 속으로 가라앉을 때쯤이면 타타르 집시들은 근처 윗가지 울타리 뒤에서 닭을 잡기도 했고, 그리고 그곳에서는 마차 밑에서 떼어낸 앞바퀴 뭉치의 끌채가 연결 걸쇠의 반들반들해진 상판과 함께 흙속으로 처박혔다.

마구 어지럽게 사방에 흩어진 물통과 고철 덩이에는 서리꽃이 피었다. 하지만 추위 때문에 공장문은 휴일처럼 단단히 닫혔고 네거리는 인적이 끊겨 한산했으며, 그래도 제니아는 둥근 환기통을 거쳐 나오던 익숙한 냄새, 눅눅한 단내를 맡았는데, 그 퀴퀴한 냄새는 시끄럽게 땡그랑거리는 소음을 뚫고 들어와서 콧구멍에 이르면, 푸시식 거품이 일어나는 싸구려 술의 맛을 입천장으로 전달했다.

"그럼 페름에는 감옥이 있어?"

"그래. 본부가 있지. 내 생각엔 이쪽 길로 가는 편이 좋겠는데. 지름길이니까. 페름은 행정도시여서 거기엔 감옥이 있지만, 예카테린부르크는 시골 마을에 지나지 않아. 아주 작은 곳이지."

개인 주택들의 앞쪽으로 난 길의 맞은편에는 벽돌담과 더불어 가로수들이 줄지어 늘어섰다. 길바닥에는 빛을 잃은 미약한 햇빛이 희미하게 깔렸다. 세리오자는 최대한 시끄럽게 떠들면서 걸었다.

"봄에 꽃이 필 때, 바늘로 메자나무에 간지럼을 태우면, 나무가 살아 있는 것처럼 얼른 몸을 흔들어서 나뭇잎을 모두 떨어버리지."

"그건 나도 알아."

"너 남이 간지럼 태우는 거 싫어하지?"

"싫어."

"그건 네가 겁쟁이기 때문에 그래. 아흐메디아노프 애들이 그러는데 간지럼을 무서워하는 아이들은……."

그렇게 그들은 이야기를 계속했고, 세리오자는 부자연스럽게 성큼성큼 걸었으며 제니아는 뒤떨어지지 않으려고 종종걸음을 쳤고, 그녀의 외투 자락이 펄럭거렸다. 회전문처럼 빙글빙글 도는 쪽문 앞에 이르러 길이 막혀 잠깐 걸음을 멈추었을 때, 그들은 디키흐를 보았다. 그들은 디키흐를 먼발치서 보았고, 그들 사이의 거리는 반 구간쯤 되었는데, 디키흐는 지금 아이들이 찾아가는 바로 그 가게에서 나왔다. 그는 혼자가 아니었으며, 그의 뒤에서는 자기가 절름발이임을 숨기려는 듯 조심스럽게 걷는 왜소한 남자가 따라 나왔다. 제니아는 왜소한 남자를 전에 어디서 본 적이 있다는 생각이 얼핏 들었다. 그들은 서로 인사를 나누지 않고 그냥 지나쳤다. 아이들이 일부러 옆으로 비켜났기 때문이었다. 디키흐는 아이들을 보지 못했는데, 그는 허벅지까지 올라오는 장화를 신었으며, 손가락을 쫙 펴고 자꾸 두 손을 들어 무슨 시늉을 했다. 그는 순순히 말을 듣지는 않겠다는 듯 열 손가락을 모두 동원해가며 그의 동행인에게……. (하지만 제니아는 저 남자를 어디서 보았을까? 아주 오래 전 일이었을 텐데. 하지만 어디서? 어릴 적에, 페름에서 본 사람임에 틀림이 없었다.)

"잠깐만!" 세리오자는 무엇 때문인지 기분이 나쁜 표정이었다. 그는 한쪽 무릎을 꿇었다. "잠깐만 기다려!"

"어디에 걸렸어?"

"응, 걸렸어. 바보 같은 놈들. 못 하나도 제대로 못 박는단 말이야."

"이제 됐니?"

"잠깐만 기다려. 어디에서였는지 생각이 안 나는데. 저기 다리를 저는 사람 어디서 본 사람이야. 맙소사!"

"찢어졌니?"

"아니, 다행히도 괜찮아. 안감이 찢어지긴 했는데, 그건 벌써 오래전에 찢어진 거야. 내 잘못이 아니라고. 가자. 잠깐만. 무릎을 털어야겠어. 자, 됐다. 어서 가자."

"나 저 사람 알아. 아흐메디아노프 집에서 오는 길인 모양이야. 네가 라트하고 친구지. 생각 안 나니? 그 사람 얘기 내가 했었지. 사람들을 잔뜩 불러다가 밤새도록 술을 마시느라고 날이 샐 때까지 불을 켜놓는다고. 아흐메디아노프 집에서 내가 하룻밤 지낸 거 기억하지? 사모일의 생일에. 자, 그래도 생각이 안 나니? 어때, 이젠 알겠어?"

제니아도 기억이 났다. 자신이 착각을 했었다는 것을 그녀는 깨달았다. 처음에 그녀가 추측했듯이, 그를 페름에서 보았을 가능성은 전혀 없었다. 하지만 제니아는 자꾸만 엉뚱한 생각이 들었고, 그런 느낌들을 억제하면서, 페름에서의 어릴 적 기억을 이리저리 되짚어보면서, 그녀는 세리오자의 뒤를 쫓아가면서 무의식적으로 그가 하는 어떤 행동들을 그대로 따라했고, 손으로 무엇인가를 붙잡았고, 무엇인가를 타고 넘었으며, 그러다가 주변을 둘러보니, 그녀는 침침하게 불을 켜놓은 계산대 앞에 이르렀으며, 선반들과 포장 상자와 빈틈없는 인사와 조심스러운 굽신거림과⋯⋯그리고⋯⋯세리오자가 말을 했다.

세리오자는 가게에서 온갖 담배도 팔며 책을 파는 사람에게 어떤 제목을 댔지만, 그 책은 눈에 띄지 않았다. 그러나 그는 아이들을 안심시키면서, 주문한 투르게네프의 책을 모스크바에서 발송했고, 지금 오고 있으리라고 다짐했으며, 바로 그 책에 대해서 조금 전에, 그들의 가정교사인 츠베트코프가 와서 문의를 하고 갔다는 설명도 덧붙였다. 그들은 가게 주인이 츠베트코프를 그들의 가정교사로 착각한 실수와 교활하게 둘러대는 솜씨를 재미있다고 생각하면서, 빈손으로 집으로 돌아가기로 작정하고는 가게 문을 나섰다.

문을 나서자마자 제니아는 세리오자에게로 돌아서며 물었다.

"세리오자, 내 정신 좀 봐! 우리 집 장작더미에서 보이는 길 알지?"

"아니. 난 거긴 가보지도 않았어!"

"거짓말 마. 난 너를 내 눈으로 똑똑히 봤어."

"장작더미 위에서 말이야? 네가……?"

"장작더미가 아니라, 체레프-사브비치의 정원 뒤편에 있는 길 말이야."

"아, 거기! 그래! 곧장 보이지. 정원 뒤쪽, 바로 맞은편에. 거기에는 헛간도 있고 장작더미도 있어. 잠깐만. 너 우리 집 마당을 얘기하는 거구나. 그 마당 말이지? 우리 집 마당 얘기였어! 참 똑똑하기도 하지! 난 거기 갈 때마다, 장작더미가 있는 곳까지 가고, 그리고는 장작더미에서 다시 다락방으로 올라가면 얼마나 좋을까 하는 생각을 자주 했어. 거기 가면 사다리도 하나 있던데 — 난 사다리를 봤다고. 그게 정말 우리 집 마당이라고 넌 확신하니?"

"세리오자, 거기로 가는 길 좀 가르쳐줄래?"

"왜, 또 가보려고? 하지만 거긴 우리 마당이야. 길을 가르쳐주고 말고 할 것이나 있니? 너도 직접……."

"세리오자, 아직 내 얘길 못 알아들었구나. 난 길 얘기를 하는데 넌 마당 얘기로만 생각하고 있어. 난 길 얘기를 했단 말이야. 어디로 가야 그 길이 나오는지 가르쳐줘. 어떻게 찾아가는지 말이야. 세리오자, 가르쳐달라니까."

"하지만 난 무슨 얘긴지 모르겠어. 우린 오늘도 거기 갔었잖아…… 그리고 잠시 후에 또 갈 텐데."

"정말?"

"그래. 구리 그릇 공장 알지?……길모퉁이에 있잖아."

"그럼 먼지가 덮인……."

"그래, 바로 그 공장 말이야. 오른쪽 끝이 체레프-사브비치의 집이라고. 그렇게 멍하니 서 있기만 하다가는 저녁 식사에 늦을라. 오늘은 바다가재 요리를 한대."

그들은 화제를 돌렸다. 아흐메디아노프 집 아이들은 세리오자에게 사모바르 찻주전자를 땜질하는 방법을 가르쳐준다고 약속했었다. 그 이야기를 하다 보니 땜납이라는 말이 나왔고, 세리오자는 그것이 백랍 비슷한 쇠붙이로서, 그것으로 함석 상자를 땜질하거나 솥을 만든다고 설명했다. 이 광석을 녹여서 붙이면 땜질이 되고, 주전자를 가열하는 방법도 아흐메디아노프 아이들은 잘 안다고 그는 제니아에게 말했다.

그들은 줄지어 선 마차들이 길을 가로막기 전에 거리를 빠져나가려고 뜀박질을 했다. 그리고 그렇게 뛰어가느라고 제니아는 인적이 드문 샛길에 관해서 했던 질문을 잊어버렸고, 세리오자는 그 길을 가르쳐주겠다던 약속을 잊었다. 그러나 구리 그릇 공장의 문 앞을 지나가게 되었는데, 바로 그곳에서, 구리 촛대와 구리 장식을 만들고 남은 찌꺼기에서 풍겨나오는 후텁지근하고 역겨운 연기의 냄새를 그들이 맡게 된 순간에, 제니아는 다리를 저는 남자와 세 명의 낯선 이들을 어디서 보았는지를, 그리고 그들이 무엇을 하고 있었는지를 갑자기 기억해냈고, 그리고는 잠시 후에 그녀는 주인이 말하던 츠베트코프가 다리를 저는 바로 그 남자라는 사실도 깨달았다.

6 네가라트는 저녁에 떠났다. 아버지가 그를 배웅하러 나갔다. 아버지는 역에서 밤늦게 돌아왔다. 그가 수위실에 나타나자 바깥이 굉장히 소란스러워졌고, 긴장한 분위기는 쉽게 가라앉지 않았다. 사람들이 서로 이름을 불러댔고, 너도나도 등불을 들고 나왔다. 비가 내렸으며, 마당에 풀어놓은 거위들이 요란스레 울었다.

아침에는 구름이 잔뜩 끼고 날씨가 쌀쌀했다. 축축한 잿빛 길바닥은 고무처럼 통통 튀었고, 더러운 빗물이 몸부림을 치면서 흙탕물을 뿌려댔으며, 용수철처럼 털럭거리는 마차들이 길을 건너는 사람들의 장화에 물을 끼얹었다.

제니아가 집으로 돌아왔다. 밤에 마당에서 시끄럽게 들려오던 소란스러움의 메아리는 아침에도 계속되었다. 식구들은 제니아를 마차에 태워주지 않았다. 제니아는 대마 씨를 사러 나간다고 말하고는 걸어서 친구의 집으로 향했다. 그러나 길을 반쯤 가다가, 제니아는 장터에서부터 데펜도프 집까지 가는 길을 찾아낼 자신이 없으리라는 생각이 들어서 되돌아섰다. 그리고 그녀는 지금이라면 너무 이른 시간이고, 그래서 리사는 학교에 있으리라는 생각이 들었다. 제니아는 온몸이 흠뻑 젖어서 덜덜 떨었다. 바람이 멎었다. 그러나 날씨가 완전히 걷히지는 않았다. 차갑고 하얀 빛살이 길을 따라 날아가다가, 축축하게 젖은 보도 위에 낙엽처럼 달라붙었다. 시커먼 구름들이 초조한 듯 서두르며, 세 갈래 가로등들이 늘어선 곳을 넘어, 황급히 시내를 벗어나 사라졌다.

이사를 가는 사람은 대단히 게으르거나 줏대가 없는 모양이었다. 허름하게 꾸민 서재의 가구는 짐마차에 차곡차곡 싣는 대신, 방에 배치했던 그대로 제자리에 늘어놓았고, 먼지가 앉지 말라고 씌운 하얀 덮개 밑으로 드러난 안락의자를 보니, 다리에 달린 바퀴들은 무늬를 짜서 깔아놓은 마룻바닥에서 미끄러지듯이, 차가 흔들릴 때마다 널빤지 위에서 이리저리 미끄러졌다. 가구를 덮은 백설처럼 하얀 빛깔의 헝겊은 물에 흠뻑 젖었다. 흰 덮개는 사람의 시선을 강하게 끌었는데, 그것을 한참 보고 있노라면 주변의 다른 모든 사물도 온통 같은 빛깔로 보여서, 궂은 날씨에 시달리는 길바닥의 자갈들도 하얀 빛이 되었고, 담 밑 배수로에서 얼어붙은 물도, 마구간에서 멀리 날아가는 새들도, 그늘의 뒤를 따라 날아가는 나무들도, 날아서 지나가는 모든 것에게 수레에서 덜덜 떨며 절을 하고 어색하게 인사를 하는 납 그릇들과 욕조에 담아놓은 무화과나무까지도 모조리 하얀 빛이 되었다.

마차에 실린 짐은 우스꽝스러웠다. 그것은 무심하게 지나다니는 사람들의 눈길을 끌었다. 어떤 가난한 농부 한 사람이 옆에서 나란히 걸어갔고, 심하게 기우뚱거리던 마차는 천천히 걷는 속도로 전진하다가 길거리에 세워놓은 푯말에 부딪히고는 했다. 마차 위에는 도시의 힘겹고 고된 삶을 불길하게 예언하는 남루한 기운이 감돌았고, 소녀의 머릿속에서는 길 위로 날아가다가 흙탕물로 떨어지는 차가운 10월의 빛처럼 덧없는 갖가지 생각이 까마귀 떼처럼 스치고 지나갔다.

"저 이삿짐을 풀다가 틀림없이 감기에 걸리겠어." 제니아는 누구인지 알 길이 없는 그 짐의 주인을 생각했다. 그리고 그녀는 어떤 남자를 상상했는데 ─ 그는 약간 절름거리는 어떤 남자였고, 불편한 걸음걸이로 그는 새로 이사를 간 집에서 이구석 저구석에 소지품과 물건들을 늘어놓았다. 그 사람의 몸짓이나 버릇을 상상하기는 쉬운 일이어서, 제니아는 곧 그 사람이 어떻게 걸레를 집어들고 욕조 주위를 돌면서, 무화과 잎사귀에 부옇게 앉은 서리를 닦아내는지를 눈에 선하게 그려보았다. 그러다가 그는 감기에 걸려서, 덜덜 떨고는, 열이 오르리라. 틀림없이 감기에 걸리겠지. 제니아는 그 광경을 아주 생생하게 상상했다. 아주 생생하게. 마차는 요란하게 덜덜거리면서 이세트를 향하여 언덕을 내려갔다. 제니아는 왼쪽 길로 가야 했다.

*　*　*

아마도 문 밖에 와 있는 누군가의 무거운 발자국 소리 때문에 그랬던 것 같다. 침대 곁의 탁자에 놓인 유리잔 속에서 차가 출렁거렸다. 차 속에 담긴 레몬 한 조각이 오르내렸다. 담벼락에 비친 햇살의 줄무늬가 기우뚱거렸다. 햇살의 기둥들은, 담뱃대를 입에 문 터키 사람을 그려놓은 간판들 뒤에, 나란히 늘어선 가게에 진열된 시럽이 가득 담긴 병들처럼 흔들렸다.

입에……담뱃대를 문……터키 사람. 담뱃대를……물고.

아마도 누군가의 발자국 소리 때문에 그랬는지도 모른다. 환자는 다시 잠이 들었다.

제니아는 네가라트가 떠난 다음 날, 그러니까 산책을 하고 돌아와서 지난밤에 악시냐가 아들을 낳았다는 소식을 들은 바로 그날, 가구를 잔뜩 실은 마차를 보고 그 가구의 주인이 류머티즘에 걸리리라고 판단했던 바로 그날 병이 들었다. 2주일 동안 제니아는, 심한 열로 땀을 줄줄 흘렸고, 눈두덩과 입가에 화끈거리고 쓰라린 고춧가루를 잔뜩 발라놓은 듯한 고통에 시달리며 심하게 앓았다. 땀을 너무 많이 흘리게 되자 제니아는 앓는 사이에도 쓰라림보다는 자기가 괴물처럼 비대해지지 않을까 하는 걱정이 앞섰다. 활활 타오르는 불길이 그녀의 몸 안으로 여름 말벌처럼 몰려들어 온몸이 팽팽하게 불어나는 것 같았다. 흰머리처럼 가느다란 말벌의 침이 몸속에 박혔고, 그녀는 그것을 뽑아내려고 온갖 방법으로 수없이 애를 썼다. 벌겋게 부어오른 광대뼈가 쑤시는가 싶다가는, 슈미즈 속에서 어깨가 지끈거리며 아팠고, 그리고 아픔은 몸의 또다른 부분으로 옮겨갔다. 그러는 사이에 병이 차차 나았다. 그리고 온몸이 노곤해졌다.

나름대로의 위기와 곤경을 치르면서, 노곤한 무기력함은 점차 사라지고 약간 어지러운 기분이 들며 구역질로 넘어가는 과정을 보니, 병을 앓는 데에도 어떤 이상한 공식이 존재하는 듯했다.

예를 들면, 이불을 장식한 무슨 그림 하나로부터 시작하여, 힘이 없다는 이런 느낌은 그 위에다 점점 더 넓어지는 빈 공간을 줄줄이 엮어 나가기 시작하고, 빈 공간들은 어느새 광대한 허공이 되고, 이렇게 미쳐버린 공간의 유희 밑바닥에서는 석양이 정사각형의 모양을 취했다. 그렇지 않은 경우에는, 벽지의 무늬에서 기다란 띠가 한줄 한줄 벗겨져 풀려나와서는, 기름띠처럼 부드럽게 소녀의 눈앞에서 흘러갔으며, 서로 하나씩 자리를 바꾸는가 싶더니, 이런 느낌에 빠질 때는 항상 그렇듯이, 규칙적이고도 점진적으로 온갖 면적이 넓어지려는 기미를 보이면서 그녀를 위협했다. 그리고 또 어떤 때는, 아무리 내려가도 바다에 이르지 않는 깊은 수렁이, 처음부터 병든 아이를 속이기 시작하여, 쪽나무로 장식한 마룻바닥이 먼저 장난을 치고, 끝없는 심연 속으로 침대가 소리 없이, 자꾸만 조용히 빨려 들어갔고, 침대와 함께 소녀 또한 끝없이 가라앉았다. 제니아의 머리는 무기력하고도 공허한 공포의 혼돈이 소용돌이를 일으키는 속으로 설탕 덩어리처럼 떨어졌고, 덩어리는 녹아서 심연 속으로 사라졌다.

혼미한 상태는 그녀의 귓속에 담긴 미궁에서 고조된 민감한 감각으로부터 시작되었다.

그것은 누군가의 발자국 소리에서 시작되었다. 레몬이 오르락내리락했다. 벽지에서는 햇빛이 오르내렸다. 마침내 그녀는 정신을 차렸다. 어머니가 들어와서는, 병이 나았으니 다행이라고 축하했으며, 제니아는 그렇게 말하는 어머니에게서 남의 머릿속을 꿰뚫어보는 능력을 가진 사람이라는 인상을 받았다. 정신이 드는 과정에서 이미 제니아는 귀에 익은 무슨 소리를 들었다. 그것은 자신의 두 손과, 두 발과, 팔꿈치와, 무릎이 보내는 축하 인사였고, 제니아는 그것을 받아들이면서 기지개를 켰다. 그들의 축하 인사에 그녀는 정신이 들었다. 그리고 어머니도 거기 있었다. 참으로 이상한 우연의 일치였다.

집안 식구들이 들어왔다가 나가고, 일어섰다가 앉았다. 제니아가 이것저것 물으면 그들이 대답을 해주었다. 그녀가 앓는 사이에 어떤 것들은 달라졌고, 또 어떤 것들은 그대로였다. 그녀는 어떤 것들은 그대로 내버려두었고, 또 어떤 것들은 그대로 두지 않았다. 보아하니 어머니는 조금도 변하지 않았다. 아버지도 마찬가지로 그대로인 듯싶었다. 그 사이에 변한 것들은 제니아 자신과, 세리오자와, 방 안에 가득해진 빛과, 다른 사람들의 침묵과, 그리고 또 무엇이 달라졌던가? 눈이라도 내렸을까? 아니, 그렇지 않다. 눈이 조금 내리고는, 녹았다가, 얼어붙었고, 눈은 보이지 않고 맨 땅이 드러났으니, 내렸는지 안 내렸는지 판단하기가 힘들었다. 제니아는 자기가 누구와 말을 하고 있으며 무슨 이야기를 나누는 것인지 분명히 알기가 어려웠다. 이사람 저사람이 서둘러 대답했다. 건강한 사람들이 찾아왔다가는 돌아갔다. 리사가 찾아왔다. 사람들이 논쟁을 벌였다. 홍역은 한번 앓으면 다시 걸리지 않는다는 사실을 기억해낸 다음에야 그들은 리사를 안으로 들여보냈다. 디키흐도 찾아왔다. 누가 무슨 대답을 하는지 제니아는 잘 알아듣지 못했다. 모두들 저녁을 먹으러 나가고 제니아가 울리아샤와 단 둘이 방 안에 남았을 때, 그녀는 부엌에서 자기가 물어본 미련한 질문 때문에 사람들이 얼마나 웃어댔는지가 생각났다. 그래서 이제부터는 목소리도 어른처럼 점잖게 내면서, 남들이 들어도 그럴듯한 내용만 묻기로 마음먹었다. 그녀는 악시냐가 다시 임신을 했는지를 물었다. 하녀는 딸그랑거리며 작은 숟가락과 유리잔을 치우고 돌아섰다. "아가씨, 그 여자도 이제는 좀 쉬어야죠. 항상 임신만 할 수도 없잖아요, 제닛츠카……." 그리고 하녀는 서둘러 방을 나가느라고 방문을 닫는 것조차 잊었으며, 잠시 후에는 부엌이 떠나갈 듯, 마치 사기그릇을 잔뜩 올려놓은 선반이 무너지기라도 한 듯, 요란한 웃음소리가 터져나왔고, 폭소는 아우성으로 바뀌며 청소부와 할림에게로 전해졌고, 신이 나서 시끄럽게 떠드는 소리는 말다툼을 거쳐 싸움판으로 번지는 듯싶더니, 그제야 방문이 열려 있다는 사실을 깨닫고는 누군가 올라와서 문을 닫았다.

   그런 질문은 하지 말았어야 했다. 그것은 훨씬 더 바보 같은 질문이었다.

7 언 땅이 다시 녹으려는 것일까? 그렇다면 오늘은 나들이를 나갈지도 모른다는 뜻이었는데, 썰매에 마구를 채우기는 아직도 불가능했다. 코가 시리고 손을 떨면서 제니아는 작은 창문 앞에 서서 벌써 몇 시간을 보냈다. 디키흐는 조금 전에 떠났다. 그는 그녀 때문에 아까부터 기분이 상해 있었다. 새들이 밖에서 노래를 부르고 하늘이 조용하고 단조로운 소리를 내다가, 조용한 소리가 사라지면 닭들이 다시 울기 시작하리라는 것을 사람들은 어떻게 알까? 무릎을 감싸는 낡아빠진 포대기처럼, 구름은 너덜너덜하고 흙탕물로 얼룩이 졌다. 김이 모락모락 나는 외양간의 송아지처럼, 아침이 코끝으로 창문을 들이밀었다. 봄이 아니었던가? 그러나 점심을 먹고 난 다음에는 비둘기 빛깔의 서리가 바람을 굴렁쇠로 휘잡았고, 하늘은 점점 속이 비어 희미하게 사라졌으며, 구름들이 숨을 쉬는 소리가 휘파람처럼 귀에 들려왔고, 북쪽의 겨울 어둠을 향해서 도망쳐 흘러가는 시간은 나무의 마지막 잎들을 지우고, 풀밭을 깎아버리고, 틈바구니마다 파고들며, 마음을 베어낸다. 사나운 북풍의 주둥이는 집 뒤꼍에서 점점 시커멓게 어두워지더니, 11월의 광대한 공간이 가득 넘치는 마당으로 향한다.

하지만 아직도 겨우 10월밖에 되지 않았다. 이렇게 추운 겨울은 아무도 기억하지 못한다. 겨울 농사를 망쳤다면서 사람들은 다가올 기근을 걱정했다. 배수관과 지붕과 닭장 주위를 누군가 빙빙 돌면서 마술 지팡이를 휘두르기라도 한 듯. 저쪽에서는 연기가 피어오르고, 저곳에는— 눈이 내리고, 그리고 이곳에는— 서리가 덮이고. 하지만 지금까지는 눈도 없고 서리도 없다. 뺨이 움푹 꺼지고 쓸쓸한 석양이 그들을 그리워한다. 시선을 고정시키고 무엇인가를 오랫동안 기다리면 머리가 아파지듯이, 대지는 일찍 집 안에서 밝힌 등불과 난롯불 때문에 긴장한 눈을 부릅뜨고 지켜보다가 통증을 느낀다. 무엇인가를 기대하며 만물이 긴장했고, 부엌에는 이미 장작을 쌓아놓았고, 보름 동안이나 구름들은 눈을 잔뜩 머금었으며, 대기는 어둠을 잉태했다. 그렇지만 눈에 보이는 모든 대상을 마법의 동그라미로 벌써부터 감아놓은 마술사는, 언제 주문을 읊어서, 문밖까지 와서 기다리는 겨울을 불러들이려는가?

아무리 그렇지만, 어떻게 그런 일을 사람들이 소홀히 한다는 말인가! 공부방에 걸린 달력에 신경을 쓴 사람은 분명히 아무도 없었다. 하지만 그렇더라도! 8월 29일이라니! 세리오자 같으면 "맙소사!" 소리를 했으리라. 축제일이다. 세례 요한의 참수일(斬首日). 달력을 벽에서 떼어내기는 쉬운 일이었다. 따로 할 일도 없었던 터라 제니아는 장난삼아 달력을 한 장씩 뜯었다. 권태로운 마음으로 달력을 뜯던 그녀는 어느새 딴 생각을 하기 시작했지만, 그러면서도 가끔 혼잣말로, 30일이니까, 내일은— 31일이지 라고 중얼거렸다.

"저애는 벌써 사흘째 집밖에 나가질 않았어요!" 복도에서 그 말이 들려오자 제니아는 공상에서 깨어났고, 자기도 모르는 사이에 얼마나 많은 달력을 뜯어냈는지를 깨달았다. 성 수태 고지제(가브리엘 천사가 성모 마리아에게 예수의 수태를 알린 것을 기념하는 날/역주)도 지나가버렸다. 어머니가 제니아의 손을 잡았다. "얘, 제니아, 너 이게 웬일이니?" 그 다음 말은 아예 입밖에 꺼내지도 않은 듯, 아득하게 사라졌다. 마치 꿈속에서처럼 제니아는 어머니의 말을 가로막고는, "세례 요한의 참수"라는 말을 해보라고 했다. 당황한 어머니가 그 말을 되풀이했다. 그러나 "참수"라는 말은 하지 않았다. 그 말은 한 사람은 악시냐였다.

다음 순간 제니아는 자신이 한 행동에 대해서 스스로 크게 놀랐다. 무엇 때문에? 왜 그런 짓을 했을까? 무슨 생각에서 그랬을까? 제니아가, 자기가 어머니에게 그런 말을 시켰나? 아니면 그녀는 어머니가 정말로 그런 말을 하리라고 기대했었나……? 얼마나 황당하고 한심한 일이며, 도대체 누가 이런 이야기를 모두 지어냈을까?

어머니는 아직도 그 자리에 서 있었다. 자신의 귀가 믿어지지 않는 모양이었다. 어머니는 휘둥그레진 눈으로 딸을 쳐다보았다. 이런 농담은 그녀에게 불안감을 주었다. 그 말은 조롱이나 마찬가지였고, 소녀의 눈에는 눈물이 글썽거렸다.

★　★　★

막연하게만 느끼고 있던 그녀의 불길한 예감이 그대로 들어맞았다. 마차를 타고 가는 동안, 제니아는 바람이 비단처럼 매끄러워지고, 구름이 흐물흐물 무너지는 소리를 들었고, 말발굽 소리가 아득하게 멀리서 울린다고 느꼈다. 파삭파삭한 잿빛 눈발이 하늘에서 맴을 돌고 제멋대로 날아다니기 시작했을 때까지도 그들은 불을 피우지 않았다. 다리를 건너자마자, 하나둘 떨어지던 눈송이들이 자취를 감추었고, 단단하게 굳은 덩어리들이 펑펑 쏟아지기 시작했다. 다블레차는 마부석에서 미끄러져 내려와서는 가죽 지붕을 올렸다. 제니아와 세리오자에게는 마차 속이 어둡고 답답해졌다. 제니아는 사방에서 마구 날뛰는 험악한 날씨처럼 자기도 마구 날뛰고 싶었다. 비코르미시의 말발굽 밑에서 다리를 지나가는 소리가 다시 한번 울렸기 때문에, 다블레차가 그들을 집으로 데리고 돌아간다는 사실을 아이들은 알았다. 어디가 길인지를 분간할 수가 없었고, 사실상 길이라고는 하나도 보이지 않았다. 곧 밤이 내렸고, 두툼한 입술이 파랗게 얼어버린 수많은 사람들이 걱정에 차서 갈 길을 서둘렀다. 세리오자는 팔꿈치로 지탱하며 몸을 앞으로 내밀고는, 공업학교 쪽으로 가야 한다고 명령했다. 제니아는 오랫동안 흥분 상태였기 때문에 피곤하기는 했어도, 허공에서 되울리는 세리오자의 말을 듣고는, 겨울의 온갖 비밀과 기쁨을 새롭게 맛보는 기분이었다. 다블레차는 부모님이 극장에 가기로 했으므로, 말들이 썰매를 끌어야 하기 때문에, 지치기 전에 말들을 집으로 데려가야 한다고 마주 소리쳤다. 제니아는 오늘 부모가 외출하면 아이들만 집에 남게 된다는 것을 알았다. 그래서 제니아는 밤늦게까지 등불을 밝히고, 아이들은 읽지 못하게 하던 「코트-무를리카(Kot-Murlika)」를 마음 놓고 읽으리라고 마음먹었다. 책은 어머니의 침실에서 가져오면 된다. 그리고 초콜릿도. 그리고 초콜릿을 입 안에서 녹여 먹으면서, 거리를 휩쓸고 지나가는 바람 소리를 들으며, 책을 읽으리라.

눈보라가 점점 심해졌다. 하늘이 요동을 치고, 신비하고 무서운 하얀 왕국들과 나라들이, 헤아리지도 못할 정도로 수많은 눈나라가 마구 쏟아졌다. 어디로부터 쏟아지는지 알 길이 없는 이런 북극의 나라들은, 땅과 생명을 몽땅 뒤덮어버린 곳이어서, 틀림없이 세상과 인생에 대해서는 본 적도 없고 들어보지도 못해서, 전혀 아는 바가 없으리라.

눈의 왕국들은, 황홀한 악마와 같아서, 오묘하고도 무서운 곳이었다. 쏟아지는 눈을 구경하면서 제니아는 흥겨운 환락을 맛보았다. 하늘이 빙글빙글 돌며 춤을 추다가, 아무 곳에나 닿으면 휘감고 떨어졌으며, 들판은 채찍이라도 맞은 듯, 엄청난 진통을 느끼며 부르르 떨었다. 어디를 봐도 정신을 차릴 수가 없을 정도였다. 밤이 헐레벌떡 달려와 그들 위로 쏟아졌고, 사나운 어둠이 백발 머리를 잘라 휘둘러서 시야를 가렸다. 만물이 비명을 지르며, 어디가 길인지는 따지지도 않으며, 사방으로 흩어졌다. 함성과 메아리는, 서로 마주치지 않고, 어디론가 사라졌으며, 혼란스러운 소리의 소용돌이가 여러 지붕 위로 기어올랐다. 눈보라였다.

그들은 물기에 젖어 잔뜩 불어난 흰 양가죽 구두에서 눈을 털어내느라고 현관에서 한참동안 발을 굴렸다. 바둑판 무늬의 리노륨 바닥에서는 그들이 신발에서 털어낸 물이 얼마나 줄줄 흘러내렸던가! 시타에는 달걀 껍질이 잔뜩 흩어져 쌓였으며, 후추가 담긴 병은 양념병 통에서 뽑아 쓰고는 제자리에 넣지 않았고, 식탁보 위에는 후춧가루가 지저분하게 엎질러졌고, 흘린 달걀 노른자에도 후추가 묻었고, 먹다 남긴 정어리 통조림은 아무렇게나 내버려두었다. 아버지와 어머니는 이미 저녁 식사를 마쳤지만, 얼른 식사를 끝내지 않으려는 아이들을 재촉하며 거실에 앉아서 기다렸다. 그들은 극장에 가려고 먼저 저녁을 먹었을 따름이어서, 아이들을 탓하지는 않았다. 어머니는 아직 결정을 내리지 못했다. 가야 할지 말아야 할지 결단이 서지 않아서, 어머니는 우울한 기분으로 앉아 있었다. 어머니의 표정을 살펴보면서 제니아는, 엄격히 이야기하자면, 자신도 기분이 썩 좋은 편이 아니어서, 즐겁기는커녕 서글프다는 생각이 들었지만—적어도 그녀는 불쾌한 내색만큼은 비치지 않았고—부엌으로 들어가면서 제니아는 개암나무 열매를 넣은 파이를 어디에 두었느냐고 물었다. 아버지는 어머니를 흘낏 쳐다보고는 싫으면 꼭 갈 필요는 없으니 그냥 집에서 저녁을 보내도 상관없다고 말했다. "그래도 우린 가야 해요." 어머니가 말했다. "우린 기분전환을 해야 할 필요가 있고, 의사 선생님도 상관없다고 하셨잖아요. 어서 생각했던 대로 나가요." "하지만 파이는 어디에 두셨어요?" 제니아가 다시 물었지만, 아버지는 짜증을 내면서, 파이가 달아날 것도 아닌데 왜 그렇게 야단이냐고, 파이가 없으면 아무것이나 먼저 먹어도 상관없는 일이며, 꼭 파이부터 먹어야 할 이유도 없고, 정 파이가 먹고 싶다면 찬장 안에 있는데—생전 처음 이 집에 온 사람처럼 자꾸 빤한 질문만 하느냐고 반박하는 소리가 들려왔으며, 그리고는 다시 어머니를 향해 돌아서면서 아버지가 말했다. "어서 결정을 내리도록 해요." "결정은 내렸어요. 가기로 말이에요." 그리고는 제니아를 보고 구슬프게 웃으면서, 어머니는 옷을 갈아입으러 갔다. 그러나 숟가락으로 계란을 톡톡 두드려 깨트리던 세리오자는, 숟가락이 빗나가지 않도록 잔뜩 긴장하여, 달걀을 노려보면서, 아버지에게 날씨가 나빠졌다고 알려주었으며—눈보라가 휘몰아칠지도 모르니 조심하는 편이 좋겠다고 어른스럽게 경고하고는 웃음을 터뜨렸는데, 훌쩍이던 그의 코에서 고상하지 못한 무엇이 흘러나왔고, 그는 당황해서 몸에 꼭 끼는 바지의 호주머니에서 손수건을 꺼낸 다음에, 아버지가 가르쳐준 대로, "고막을 다치지 않도록 조심하면서" 코를 풀었다. 그는 숟가락을 집어 들고는, 마차를 타고 나들이를 나갔다가 말끔하게 씻겨서 발갛게 상기된 얼굴로 아버지를 빤히 쳐다보면서 말했다. "시내로 나가던 길에 우린 네가라트의 친구를 봤어요. 그 사람 아세요?" "에반스 말이냐?" 아버지가 건성으로 물었다. "우린 그 사람을 몰라요." 제니아가 발끈해서 반박했다. "비카!" 침실에서 소리가 들려왔다. 아버지는 일어나서 소리가 난 쪽으로 갔다. 문간에서 제니아는 불을 밝힌 등잔을 가지고 들어오는 울리아샤와 마주 부딪쳤다. 곧 옆방에서 쾅 하며 문이 닫히는 소리가 들렸다. 세리오자가 자기 방으로 돌아가는 소리였다. 그는 어른 행세를 하면서 오늘 하루를 보냈는데, 제니아는 세리오자가 아흐메디아노프 형제들의 친구답지 않게 어린아이처럼 굴기를 바라는 모양이었지만, 이제 그는 학생의 '제복'을 입는 버젓한 나이였다.

문이 벌컥 열렸다. 그들은 고무장화를 신고 발을 탕탕 구르면서 당당하게 밖으로 나갔다. 마침내 그들이 외출을 했다. 편지의 내용은 이러했다. "지금까지 그녀는 이기적인 면을 보이지 않았고, 만일 원하는 바가 있다면 그들은 여느 때나 마찬가지로 그녀에게 부탁을 하면 되잖아요." 그러나 "사랑하는 누이"에 주렁주렁 매달린 인사말과 안부를 묻는 표현들에 이어서 수많은 친척을 열거하기 시작하자, 오랜만에 모처럼 율리아나가 되었던 울리아샤는 아가씨에게 고맙다고 말하고는, 등잔 심지를 낮추고, 편지와 작은 잉크병과 쓰다 만 편지지를 들고 나갔다.

제니아는 다시 문제를 풀기 시작했다. 그녀는 순환 소수를 괄호 안에 넣지 않았다. 그녀는 숫자늘을 한 부더기씩 섞어 내려가면서 나누기를 계속했다. 그녀는 답을 예측하기가 힘들었다. 순환 소수는 자꾸 늘어나기만 했다. "홍역이 재발하면 어떡하나?" 하는 생각이 제니아의 머리에 퍼뜩 떠올랐다. "오늘 디키흐가 무한대에 대해서 얘기했지." 제니아는 지금 자기가 무엇을 하는지도 잊고 말았다. 제니아는 오늘 하루 종일 비슷한 사건들이 자꾸만 되풀이해서 일어났다는 생각이 들었으며, 그녀는 또한 지금은 잠을 자고 싶기도 했고 울고도 싶었지만, 그녀에게는 차분하게 생각할 능력이 없었기 때문에, 그것이 무엇인지 그리고 그것을 뭐라고 불러야 할지 알 길이 없었다. 밖에서 들려오던 소리가 잠잠해졌다. 눈보라가 서서히 수그러들었다. 그녀에게는 순환 소수가 완전히 생소하게만 느껴졌다. 오른쪽 여백에는 더 이상 글을 써넣을 자리가 없었다. 제니아는 다시, 숫자들의 관계를 좀더 꼼꼼하게 따지면서 차분하게 적어야겠다고 생각했다. 길거리는 무척 조용했다. 제니아는 다음 계수에서 취한 숫자를 곧 잊고, 알아낸 답도 잊어버릴까봐 걱정이 되었다. 제니아는 끝없는 지수의 행렬에 계속해서 3과 7을 쏟아넣으면서, 창문이 달아나지는 않겠지라는 생각을 했고 — 그들이 돌아오면 소리가 들릴 테니까 안심하려고 애썼으며, 사방이 고요했고, 그들이 올라오려면 시간이 걸릴 것이, 그들은 모피 외투를 입었고, 어머니는 임신을 했고. 그러나 3773이라는 숫자가 자꾸만 제니아의 머릿속에서 쳇바퀴를 돌았고, 그렇다면 그것을 종이에 적어놓거나 그냥 무시해도 상관은 없었다. 그러자 갑자기, 디키흐가 아까, 낮에 실제로 했던 말이 생각났다. "자꾸만 머릿속에 담아두지 말고 잊어버리기도 해야지." 제니아는 일어나서 창문으로 갔다.

　바깥이 부옇게 밝아졌다. 밤의 어둠으로부터 드문드문 눈발이 흩날리며 튀어나왔다. 눈송이들이 가로등으로 몰려들었고, 그 주변을 한 바퀴 휘돌고 뛰놀다가, 자취를 감추었다. 어떤 눈송이들은 위로 솟았다가 기둥에 달라붙어 자리를 잡고 앉았다. 길바닥이 반짝거렸고, 썰매를 타기에 넉넉할 만큼 내린 눈이 양탄자가 되어 도로를 덮었다. 길바닥은 하얗고, 반짝반짝 빛났고, 포근해 보였고, 동화에 나오는 생강빵 같았다. 제니아는 창가에 서서, 한스 안데르센의 광채가 가로등 기둥에 만들어놓은 형상들과 담요들을 쳐다보았다. 제니아는 설경을 구경하며 한참 그렇게 서 있다가, 이야기책인 「코트-무를리카」를 가지러 어머니의 침실로 갔다. 제니아는 불을 밝히지 않고 그냥 손으로 더듬거리며 들어갔다. 불이 없어도 앞이 어슴푸레하게 보였다. 헛간 지붕에서 움직이던 하얀 광채가 방 안으로 쏟아져 들어왔다. 거대한 지붕이 눈에 깔려 신음하는 소리 밑에서 얼어붙은 침대가 찬란하게 빛났다. 무아레(moiré, 물결 무늬가 든/역주) 비단 옷들이 아무렇게나 흩어져 있었다. 자그마한 블라우스에서는 옥양목과 겨드랑이의 답답한 냄새가 풍겼다. 찬장에서는 바깥의 따스하고 건조한 어둠에서처럼, 얼어붙은 눈가루들이 춤추며 돌아다니는 바깥의 어둠에서처럼, 검고도 푸른 병아리꽃 냄새가 났다. 침대의 둥근 손잡이 하나가 커다란 구슬처럼 빛을 발산했다. 다른 손잡이는 그 위에 옷을 걸쳐놓아서 광채가 죽어버렸다. 제니아가 눈을 가늘게 뜨고 살펴보니, 구슬이 마룻바닥에서 떠올라 옷장을 향해 헤엄쳐갔다. 제니아는 무엇하러 그녀가 이곳으로 들어왔는지를 기억했다. 책을 두 손으로 집어 들고 제니아는 침실의 창문 쪽으로 걸어갔다. 밤하늘에는 별이 총총했다. 예카테린부르크에 겨울이 왔다. 제니아는 마당을 굽어보면서 푸슈킨 생각을 했다. 제니아는 가정교사를 졸라서, 오니에긴에 대한 작문을 하도록 허락해달라고 부탁할 작정이었다.

 세리오자는 이야기를 나누고 싶어했다. 그가 말했다. "몸에 향수 뿌렸어? 나한테도 좀 줘." 그는 하루 종일 제니아에게 아주 다정하게 대해주었다. 얼굴이 발갛게 상기되어서. 이렇게 멋진 저녁이 다시는 돌아오지 않으리라고 그녀는 생각했다. 그녀는 혼자 있고 싶었다.

 제니아는 자기 방으로 돌아가서 이야기책을 펼쳤다. 숨을 죽이고 그녀는 책에 담긴 이야기들을 하나씩 읽었다. 책에 흠뻑 빠져 있었기 때문에 제니아는 바로 옆방에서 세리오자가 언제 잠자리에 들었는지도 몰랐다. 제니아의 얼굴에서는 이상한 장난이 벌어지기 시작했다. 제니아는 그것을 의식하지 못했다. 그녀의 얼굴이 물고기의 얼굴처럼 납작하게 펼쳐지면서, 입술이 저절로 벌어지고, 겁에 질려서 빛을 잃고 하얘진 눈동자는 책에서 떨어질 줄 몰랐으며, 옷장 뒤에서 무서운 '그것'이 나타나기라도 할까봐 겁이 났다. 그러더니 어떤 주인공이 한 일에 공감을 느끼고 박수라도 보내듯이, 제니아는 이야기가 전개됨에 따라 고개를 끄덕이기 시작했다. 호수를 묘사하는 장면이 나오면 제니아는 천천히 읽어 내려갔고, 유일한 조명이라고는 벵골 불꽃(지속적으로 타오르는 청백색 불꽃으로, 해난 신호나 무대 조명용으로 사용함/역주)뿐인 무시무시한 밤 장면이 나오면 무아지경으로 완전히 빠져들었다. 어떤 장면에서는 주인공이 길을 잃고, 가끔 소리를 지르고는 대답이 없는지 귀를 기울였지만, 자기가 지른 소리의 메아리뿐이었다. 제니아는 주인공이 외치는 굵은 목소리가 들려오면 마주 소리치려고 목청을 가다듬었다. 제니아가 다시 제정신을 차린 것은 러시아식이 아닌 "위라"라는 이름이 나타났을 때였다. 제니아는 책을 옆에다 놓고 생각에 잠겼다. "그러니까 아시아의 겨울은 이렇구나. 오늘밤처럼 어두운 밤에 중국 사람들은 무엇을 할까?" 제니아는 시계를 힐끗 쳐다보았다. "어둠 속에서 중국 사람들하고 같이 있으면 정말로 굉장히 무섭겠어." 다시 한번 시계를 쳐다본 그녀는 덜컥 겁이 났다. 어머니와 아버지가 도착할 시간이 되어서 언제 들이닥칠지 모를 일이었다. 어느새 12시였다. 제니아는 구두끈을 풀면서, 어서 책을 있던 자리에 도로 가져다 둬야겠다고 생각했다.

* * *

제니아는 벌떡 일어났다. 제니아는 침대에 앉아서, 앞의 허공을 뚫어져라 쳐다보았다. 도둑은 아니었다. 사람이 여럿이었고, 그들은 지금이 대낮이라도 된다는 듯이 발을 굴러 눈을 털며 큰 소리로 떠들었다. 갑자기 찢어지는 듯한 비명 소리가 들렸고, 사람들은 의자를 이리저리 밀치면서 무엇인가를 앞으로 밀었다. 비명을 지른 사람은 여자였다. 제니아는 사람들의 목소리를 하나씩 서서히 구별해냈지만, 여자가 누구였는지는 알 길이 없었다. 그리고 사람들이 이리 뛰고 저리 뛰느라고 엄청나게 소란스러워졌다. 여기저기 문을 두드리는 소리가 들려오기 시작했다. 멀리 떨어진 어느 문을 두드리는 소리가 날 때쯤에는, 사람들이 여자의 목을 졸라 죽이는 듯한 소리도 들려왔다. 하지만 문이 왈칵 다시 열리더니, 급박하고 결사적인 비명 소리가 또 한 번 집을 통째로 흔들었다. 비명을 지르는 여자가 어머니임을 깨닫고, 제니아는 머리카락이 쭈뼛 일어섰다. 울리아샤가 슬피 울었고, 아버지가 뭐라고 말하는 소리가 들리더니, 그녀의 울음소리가 멎었다. 그들은 세리오자를 어디로 밀어서 쫓으려고 했으며, 그는 소리를 질러댔다. "문을 잠그기만 하면 가만히 있지 않겠어요!" 그래서 제니아는 맨발로, 잠옷만 걸친 채로, 방에서 복도로 뛰어나갔다. 그녀는 아버지와 부딪쳐서 넘어질 뻔했다. 아버지는 아직도 외투를 입고 있었으며, 몹시 바쁜 듯이 뛰어가며 울리아샤에게 뭐라고 소리를 질러 지시했다. "아빠!" "리사는 어디 있지?" 아버지는 뛰어가면서 소리쳤는데, 다른 사람의 목소리 같았다. 아버지는 마룻바닥에 물을 흘려 자국을 남기고는, 문을 닫고 사라졌다가, 얼마쯤 지난 후에 조끼를 벗어버리고 셔츠 차림으로 다시 나타났으며, 제니아는 어느 틈엔가 울리아샤의 품에 안겨 있었고, 가슴이 찢어지는 듯 절망적으로 속삭이는 나지막한 목소리는 귀에 들어오지도 않았다.

"어머니가 어떻게 되었나요?" 울리아샤는 그 말에 대답은 하지 않고, 숨을 몰아쉬며 거듭거듭 말했다. "이러지 말아요, 제닛츠카 아가씨, 이러지 말고 가서 잠이나 자라고요, 잠을 자고, 좀 쉬어야 하니까, 모로 누워서 — 아, 아, 하느님! — 아가씨!" "이러지 말아요, 이러면 안 된다고요." 그녀를 아기처럼 감싸고는 밀어내려고 하면서, 안 돼요, 안 된다니까요, 제발 그러지 말고 — 그녀는 말을 잇지 못했고, 얼굴이 눈물로 흠뻑 젖었고, 머리는 마구 헝클어졌다. 그녀의 등 뒤에서 세 번째 문이 딸깍 잠겼다.

제니아는 날이 밝으려면 얼마나 기다려야 되는지 시계를 보려고 성냥을 그었다. 1시 정각이었다. 제니아는 놀랐다. 그렇다면 잠든 지가 한 시간도 되지 않았다는 말인가? 하지만 부모의 침실에서 들려오는 소음은 아직도 계속되었다. 신음 소리가 길게, 급하게, 고통스럽게 들려왔다. 그러더니 잠시 후에 한없는 침묵이 영원히 뒤따랐다. 바쁘게 서두르는 발자국 소리가 침묵을 깨트렸고, 조심스럽게 나누는 이야기 소리가 자주 들려왔다. 그러더니 종이 울렸다. 그리고는 또다시. 이어서 말소리와, 다투는 소리와, 무엇인가를 지시하는 소리들이 계속 들려왔는데 — 목소리가 어찌나 많이 들려왔던지, 탁자마다 불이 꺼져가는 천 개의 가지촛대를 늘어놓은 여러 방들이 저마다 온갖 목소리로 가득 찬 듯싶었다.

제니아는 잠이 들었다. 제니아는 눈물을 글썽이면서 잠을 잤다. 꿈에서는 많은 손님들이 그녀를 찾아왔다. 찾아온 손님들을 몇 번이나 헤아려보았지만, 그럴 때마다 계산이 틀렸다. 언제나 한 사람이 남았다. 그리고 제니아는 헤아리다가 실수를 해서 계산이 틀릴 때마다, 자기가 잘못 헤아려서 남은 한 사람이 바로 어머니임을 알고는 잔뜩 겁에 질렸다.

★　★　★

태양이 빛나는 맑은 날 아침에 기쁨을 느끼지 못한다면 이상한 일이다. 세리오자는 마당에서 무엇을 하고 놀아야 할지 생각하느라고 바빠서, 눈사람을 만드나 아니면 옆집 아이들과 눈싸움을 벌이나 하고 법석을 떨었다. 식구들은 공부방에서 차를 마셨다. 마루에 광택을 내는 일꾼들이 거실에서 일을 하기 때문이었다. 아버지가 들어왔다. 보아하니 아버지는 일꾼들에 대해서 전혀 알지 못하는 눈치였다. 요즈음 집에서 벌어지는 변화의 참된 원인이 무엇인지를, 아버지가 그들에게 설명했다. 어머니가 아파서였다. 집 안에서는 시끄럽게 떠들지 말라는 말도 했다. 온통 하얗게 눈으로 덮인 길 위로 까마귀들이 길고도 날카롭게 울면서 날아갔다. 작은 암말이 끄는 썰매가 달려 지나갔다. 썰매를 끄는 암말은 새로 물린 재갈에 익숙하지 못해서 제대로 속도를 내지 못했다. "벌써 내가 다 얘기해두었으니까, 너는 데펜도프 댁으로 가거라. 그리고 너는……." "왜요?" 제니아가 아버지의 말을 가로막았다. 그러나 세리오자는 이유를 알았고, 아버지가 무슨 대답을 할지도 미리 짐작했다. "전염이 될까봐 그러는 거야." 세리오자가 제니아에게 설명했다. 길거리는 그에게 아무런 위안이 되지 않았다. 세리오자는 작은 창문에서 그들이 손짓해 부르기라도 하는 듯, 그쪽으로 뛰어갔다. 새 옷을 차려입고 옆에서 나란히 걸어가는 타타르 사람은 꿩처럼 멋지고 말쑥했다. 그는 양가죽으로 만든 모자를 썼다. 털을 벗긴 그의 양가죽 모자는 가죽보다 따뜻한 광채를 냈다. 몸을 크게 흔들면서 그가 뒤뚱뒤뚱 걸어야 했던 까닭은 구두에 달아놓은 진홍빛 장식품이 발의 구조와 전혀 어울리지 않았기 때문이었는데, 장식품을 따로 떼어놓고 보면, 그것이 인간의 발에 다는 것인지, 아니면 현관의 지붕에 얹는 기왓장이나 찻잔을 위한 장식인지 분간하기조차 어려운 묘한 물건이었다. 그러나 무엇보다도 놀라운 점은 — 한편, 침실에서 가냘프게 들려오던 신음 소리가 자꾸만 높아졌으며, 아이들에게 따라오지 말라고 말하고는 아버지가 복도로 나갔으며 — 그러나 무엇보다도 신기한 것은 그가 지나가고 난 뒤에 보드라운 눈 위에 남은, 깨끗하고 가느다란 구두의 발가락

흔적이었다. 조각을 해서 새겨넣은 듯이 질서정연하게 한 줄로 남긴 발자국 때문에 눈은 더 하얗고, 더 비단처럼 산뜻한 인상을 주었다. "이 편지 받으렴. 데펜도프 댁에 가서 이걸 드려. 데펜도프 씨에게 직접 전해야 한다. 알겠니? 그럼 어서 준비해라. 그 댁에서 너희를 모두 이리 데려다줄 거야. 뒤쪽 층계로 내려가거라. 아흐메디아노프 집안사람들이 기다리고 있을 테니까."

"정말이에요?" 아들이 비꼬는 투로 물었다.

"그래. 옷은 부엌에서 갈아입도록 해." 그는 얼빠진 사람처럼, 서두르는 기색도 없이, 느릿느릿한 목소리로 말했고, 아버지가 그들을 데리고 간 부엌에는 의자 위에 양가죽 상의와 모자와 털장갑이 수북하게 쌓여 그들을 기다렸다. 층계로부터 찬바람이 휙 불어왔다. 지나가는 썰매들이 질러대는 소리가 공중에서 얼어붙었다. 그들은 미처 소매에 팔을 끼울 틈도 없이 바쁘게 서두르며 끌려나갔다. 그들의 옷에서는 찬장의 향그러운 냄새와 포근한 짐승의 털 냄새가 뒤섞여 풍겼다. "왜 이렇게 서두르고 야단이죠?" "언저리에다 그렇게 걸쳐놓으면 어떡해? 떨어지겠어. 병세는 어떻지?" "아직도 신음만 계속해요." 하녀는 앞치마를 여미고 몸을 앞으로 숙이고는, 요란한 소리를 내며 불이 타는 부엌 아궁이에 장작을 던져넣었다. "그건 내가 할 일이 아녜요." 그녀는 화가 나서 투덜거리며, 방들을 둘러보려고 가버렸다. 찌그러진 시커먼 통에는 깨진 약병 조각들과 처방을 적은 노란 종이쪽지가 가득했다. 구겨서 던져버린 수건은 피로 흥건히 젖었다. 수건들은 눈에 잘 띄었다. 누가 밟아서 꺼주기를 바라는 듯 수건들이 연기를 피우는 듯싶었다. 냄비에서는 맹물이 끓었다. 약종상에서처럼 사방에 이상한 유리대롱과 병들이 줄지어 늘어섰다. 그늘에서는 어린 할림이 얼음을 잘게 깨트렸다. "여름에 쓰고 남은 얼음이 그렇게 많아?" 세리오자가 물었다. "곧 새 얼음이 도착할 거야." "이리 줘봐. 얼음은 그렇게 깨는 게 아니야." "뭐가 아니라고 그러는 거지? 잘게 깨트려야 한다고. 병에 넣어야 하니까."

"자, 준비됐어?"

그러나 제니아는 아직도 집 안에서 바삐 돌아다녔다. 세리오자는 층계로 가서, 제니아가 내려오기를 기다리며, 막대기로 계단의 손잡이를 북처럼 두드렸다.

8 데펜도프 댁에서 그들은 저녁을 먹으려고 둘러앉았다. 할머니는 성호를 긋고는 안락의자에 폭 파묻혀 앉았다. 등잔은 멋없이 타오르며 그을음을 피웠고, 그들은 등잔의 심지 조절용 나사를 지나치게 꽉 죄기도 하고, 너무 느슨하게 죄기도 해서, 제대로 조절을 하지 못했다. 데펜도프 씨가 등잔의 심지를 돋우려고 자꾸만 앙상하게 마른 손을 뻗었고, 등잔에서 손을 떼고 천천히 의자에 몸을 기대려면, 그의 두 손이 진동을 일으키며 떨었는데, 노인의 손처럼 부들부들 떨리는 것이 전혀 아니어서 ― 마치 술이 철철 넘치는 술잔을 들어올리는 듯싶었다. 그의 손가락은 끝에 달린 손톱만 떨렸다.

그는 명확하고 굴곡이 없는 목소리로 이야기를 해서, 그가 하는 말은 소리로 이루어지지 않고, 자음과 모음을 모아서 어휘들을 구성하는 듯, 모든 단어를, 심지어는 억양까지도, 또박또박 발음했다.

동그랗게 부풀어 오른 등잔의 목 부분은 제라늄과 헬리오트로프의 덩굴이 휘감았다. 바퀴벌레들이 따뜻한 등피(燈皮)에서 몸을 녹이려고 천천히 모여들었고, 시계 바늘은 움직이지 않는 듯 움직였다. 시간은 겨울에처럼 느릿느릿 기어갔다. 시간이 곪아터졌다. 마당에서는 시간이 마비되어 썩었다. 그러나 창 밑에서는 시간이 달음박질을 치고, 도깨비불과 어울려 곤두박질을 치고 까불었다.

데펜도프 부인이 식탁에 간 요리를 좀 내놓았다. 양파로 맛을 들인 음식에서는 김이 무럭무럭 피어올랐다. 데펜도프가 무슨 이야기를 했는데, "내가 추천하고 싶은 건……"이라는 소리를 자주 되풀이했고, 리사가 자꾸 깔깔거렸지만, 제니아는 그들에게 귀를 기울이지 않았다. 어제부터 제니아는 자꾸 울고만 싶었다. 지금도 제니아는 울음을 터뜨리기 직전이었다. 어머니의 지시에 따라 만든 짧은 상의를 걸치고 앉아서, 제니아는 그냥 울고만 싶었다.

데펜도프는 제니아가 왜 그러는지를 이해했다. 그는 제니아의 기분을 풀어주려고 애썼다. 그러나 그는 제니아를 어린아이 다루듯이 하면서 이야기를 시작했고, 곧 그는 아이에게 위안을 주는 대신 완전히 상반되는 낭패를 보았다. 농담 삼아서 그가 한 질문들은 제니아로 하여금 혼란스러운 두려움을 느끼게 만들었다. 그는 딸의 어린 친구의 영혼을 일방적으로 탐색하면서, 제니아의 마음이 얼마나 나이를 먹었는지 알고 싶어하는 듯한 질문을 계속했다. 그는 먼저 제니아의 성격 가운데 한 단면을 제대로 완벽하게 파악한 다음, 그가 파악한 특성을 바탕으로 삼아, 그녀가 집을 잊도록 도와줘야겠다는 그런 계획을 수립했는데, 그러한 노력은 오히려 제니아가 낯선 사람들 틈에서 살아간다는 소외감만 느끼게 만들었다.

그녀는 갑자기 무너지고 말았다. 혼란에 빠진 어린애처럼, 제니아가 자리에서 일어서더니 중얼거렸다. "대단히 고마웠습니다. 저녁은 정말 많이 먹었어요 — 정말이에요. 그림을 보러 가도 되나요?" 그리고 다른 사람들이 모두 당황했음을 눈치챈 제니아는, 낯을 검게 붉히면서, 머리로 옆방을 가리키며, 덧붙여 말했다. "월터 스콧의 책을 보고 싶어요, 가도 괜찮을까요?"

"그래, 애야, 어서 가거라. 가서 봐도 괜찮다." 자리에 그대로 앉아 있으라고 리사에게 눈을 흘기면서 할머니가 말했다. "참 안됐어 — ."

제니아가 자줏빛 커튼 두 쪽을 닫고 사라지자 할머니가 아들을 보고 말했다.

책장에는 험상스러운 잡지들이 가지런히 무겁게 얹혀 있었고, 그 밑에는 금박이 낡아 희미해진 카람진(니콜라이 미하일로비치 카람진, 1766-1826, 러시아의 역사가, 언론인, 수필가, 시인/역주) 전집이 있었다. 장밋빛 등잔이 천장에서 내려와서 초라한 두 개의 안락의자를 무심하게 비추었다. 발밑의 양탄자는 짙은 빛깔이어서, 어둑어둑한 방 안에서는 눈에 잘 띄지 않았다.

제니아는 방 안에 들어가면 자리에 앉자마자 울음이 터지리라고 상상했었다. 눈에서는 눈물이 솟았지만, 가슴속에서는 슬픔이 한껏 터지지 않았다. 어제부터 이렇게 대들보처럼 그녀를 무겁게 짓누르던 외로움을 어떻게 물리칠 것인가? 눈물만으로는 외로움을 이길 힘이 없었고, 눈물로는 무거운 대들보를 들어올리기가 불가능했다. 도움이 될까 싶어서 제니아는 다시 어머니를 생각했다.

세상에 태어나서 처음으로 낯선 사람들과 밤을 보낼 준비를 하면서, 제니아는 세상에서 가장 사랑하는 사람, 가장 소중한 사람에게 그녀가 얼마나 깊은 애착을 느끼는지를 헤아려보았다.

갑자기 커튼 저쪽에서 리사의 웃음소리가 들려왔다. "저런, 방정 좀 그만 떨어라, 못된 것 같으니라고!" 할머니가 몸이 옆에서 옆으로 흔들릴 만큼 심하게 기침을 했다. 제니아는 그토록 가까운 곳에서 저토록 요란하게 웃어대던 리사가, 한때는 세상에서 자기가 누구보다도 사랑한다고 믿었던 저 소녀가, 어느 틈엔가 너무나 소원하고 불필요한 존재로 변했음을 깨닫고는 놀랐다. 그리고 그녀의 마음속에서 무엇인가 뒤집히고는, 이미니기 의식 속으로 들어와 가득 찼다고 느끼는 순간에, 북받쳐 올라오는 울음을 터뜨릴 용기를 얻었다. 여전히 고통에 시달리는 어머니, 과거의 삶과 사건들에 아직도 둘러싸인 어머니는, 사람들을 배웅하러 나와 승강단에 서서 손을 흔들었고, 제니아는 시간이라는 열차를 타고 멀리 떠나려는 참이었다.

그러나 정말로 견디기가 힘들었던 것은 꿰뚫어보던 그 눈길 — 어제 류베르스 부인이 공부방에서 그녀에게 보냈던 시선이었다. 그 눈길은 제니아의 머릿속에 선명한 흔적을 남기고는, 사라지려고 하지 않았다. 지금 제니아가 괴로워하는 모든 것이 그 눈길 속에 담겨 있었다. 그것은 빼앗겨야 할 무엇, 사람들이 망각하고 소홀히 했기 때문에 잃어야 하는 무엇이었다.

이런 생각을 하면 이성을 잃기가 쉽고, 이런 생각은 끈질긴 집요함으로 인해서, 유해한 아픔과 변덕스러운 고통의 격렬함으로 인해서, 갈피를 잃고 헤매게 만들기도 한다. 제니아는 창가에 서서 소리 없이 울었고, 눈물이 흘러내렸지만 닦을 생각은 하지도 않았으며, 아무것도 쥐고 있지 않았는데도 손이 저절로 움직였다. 그녀는 두 손을 격렬하게, 힘차게 그리고 고집스럽게, 똑바로 치켜 올렸다.

갑자기 어떤 생각이 제니아의 머리에 떠올랐다. 제니아는 문득 자기가 어머니와 무척 비슷하다는 생각이 들었다. 그 느낌은 생생한 확신과 결합되었고, 그랬더니 이러한 인식은 현실이 되기에 충분한 힘을 얻었으며, 비록 아직은 현실이 아니었다고 하더라도, 이성의 상태를 감미로운 망각으로 지워버림으로써 자신과 어머니가 같은 사람이라는 사실이 조금씩 분명해졌다. 그 깨달음이 제니아의 마음을 날카롭게 찔러서, 그녀는 자기도 모르게 신음을 했다. 이것은 한 여자가 자신의 내면에서, 외적인 아름다움을 내적으로 느끼는 인식이었다. 제니아는 자신이 어쩌다가 이런 생각에 빠져들었는지를 설명할 길이 없었다. 이런 기분이 들기는 이번이 처음이었다. 한 가지 사실만큼은 분명했다. 언젠가 그러한 마음의 동요를 거치고 나서, 류베르스 부인은 딸과 가정교사에게서 돌아서서, 장갑을 낀 손에 손잡이가 달린 오페라 글라스를 들고, 창가에 서서 입술을 깨물었다.

눈물에 흠뻑 젖었지만 새로운 각오가 선 제니아는, 그녀 자신으로서가 아니라, 달라진 모습으로, 꿈속에서처럼 산만하면서도 여태까지와는 달리 너그럽게, 여유만만한 걸음걸이로 데펜도프 집안 식구들에게로 돌아갔다. 다시 방으로 돌아오는 제니아를 본 데펜도프는, 그녀가 나간 다음에 자신이 상상했던 그녀에 대한 인식이 완전히 잘못되었음을 깨달았다. 찻주전자 때문에 산만해진 정신이 맑아지기만 하면 그는 제니아를 파악하려는 새로운 시도를 할 작정이었다.

쟁반을 가지러 부엌으로 가면서 데펜도프 부인은 주전자를 마룻바닥에 내려놓았고, 살아 있기라도 한 듯이 어린애처럼 짓궂게 달그락거리는 구리 찻주전자의 반짝거리는 뚜껑에 그들은 모두 시선을 집중했으며, 탁자에 올려놓자마자 주전자가 잠잠해졌다. 제니아는 자리를 찾아 앉았다. 제니아는 그들 모두와 이야기를 나누겠다고 마음먹었다. 지금은 화제를 그녀가 결정해야 한다고 제니아는 막연히 느꼈다. 그러지 않는다면, 어머니가 그곳에 함께, 그녀의 곁에, 그녀의 마음속에 있다는 사실을 알지 못하고, 그들은 아까처럼 그녀를 계속해서 고립시킬 것만 같았다. 그리고 그들의 그러한 짧은 생각은 제니아에게 고통을 줄 것이며, 제니아의 마음속에서는 어머니가 더욱 심한 고통을 느낄 터였다. 그 마지막 생각에 기운을 얻은 제니아는, 찻주전자를 쟁반의 가장자리로 끌어당기느라고 무척 힘들어하는 데펜도바에게로 시선을 돌리고 말했다. "바싸 바실례브나—."

＊　＊　＊

"너 아이를 낳을 줄 아니?" 리사는 제니아의 물음에 얼른 대답을 하지 않았다. "쉬! 조용히 해. 그렇게 큰 소리로 떠들면 어떡하니. 그래, 물론, 다른 애들처럼 나도 아이를 낳을 줄 알아." 리사는 가끔 말을 끊어가면서 나지막한 목소리로 이야기했다. 제니아는 친구 리사의 얼굴을 볼 수가 없었다. 리사는 책상을 더듬어 성냥을 찾으려고 했지만, 찾지 못했다.

리사는 그런 일에 대해서는 제니아보다 훨씬 더 많이 알았고, 리사는 모르는 것이 하나도 없었고, 이상한 어휘들을 통해서 아이들이 알게 되는 그런 이야기를 리사는 무엇이나 다 알았다. 그런 일에서는 인간은 창조주가 가장 아끼는 본성에 반항하고 일어서서, 신의 가르침을 어기고 난폭해진다. 병적인 어떤 현상을 거치지 않고는 그런 경험은 겪지 못한다. 그것은 자연의 섭리이기 때문이며, 이 나이에 나타나는 어린애 같은 광기는 정상적인 한 가지 징후일 따름이다.

언젠가 어느 길모퉁이에서 리사는 무섭고 추잡한 여러 가지 이야기를 귓속말로 들었다. 이야기를 듣고 리사는 놀라서 숨이 막히기는커녕, 들은 이야기를 머릿속에 고스란히 담아서 집으로 가지고 왔다. 돌아오는 길에 리사는 들은 이야기를 하나도 잊거나 흘려버리지 않았고, 나중에도 더러운 이야기를 오히려 그대로 간직하려고 많은 신경을 썼다. 리사는 모르는 것이 없었다. 리사의 몸은 불처럼 활활 타오르지도 않았고, 놀라서 가슴이 뛰지도 않았으며, 리사의 영혼도 어지러운 마음에 매질을 하지 않았으니, 영혼은 그녀가 스스로 말하지도 않았고, 그녀의 허락을 받지 않으면서도, 그녀에게서 어떤 다른 별개의 존재를 인식했기 때문이었다.

"난 알아!"("네가 알긴 뭘 안다고 그러니?" 리사가 생각했다.) "난 알아." 제니아가 되풀이해서 말했다. "난 그 얘기를 하는 게 아니지만, 이건 — 왜 이런 생각이 들 때가 있지……뭐랄까……한 발자국 걸음을 옮기면 갑자기 아이를 가지게 되고 —." "안으로 들어오는 거야." 리사는 웃음을 참느라고 애쓰면서 거친 목소리로 말했다. "너 이런 데서 그렇게 큰 소리로 떠들면 어떡하니? 밖에서 남들이 다 듣겠다."

그들의 대화는 리사의 방 안에서 오고갔다. 리사의 말소리가 어찌나 조용조용했던지, 세면대에서 물방울이 떨어지는 소리도 다 들릴 정도였다. 리사는 이미 성냥을 찾기는 했지만, 웃음이 터져나오려고 두 뺨이 움찔대는 표정을 제니아에게 보이고 싶지 않아서 불을 켜려고 서두르지는 않았다. 리사는 친구의 기분을 상하게 하고 싶지 않았다. 리사가 친구의 무지를 접어두려고 했던 까닭은, 아직 학교도 다니지 않는 아이에게 여기서, 집에서 주고받기에는 거북한 표현을 동원해가면서까지, 이상한 비밀을 전해주고 싶지 않아서였다. 리사가 등잔불을 켰다. 다행히도 물통이 찰랑찰랑 넘쳐흘러 마룻바닥이 젖어서, 리사는 걸레로 마루를 닦느라고 웅크리고 앉아 앞치마로 입을 가려 웃음을 감출 수 있었지만, 그것도 오래 참을 수가 없는 노릇이어서, 결국 그럴 듯한 웃을 핑계를 찾아서, 미친 듯이 실컷 웃어댔다. 리사의 머리빗이 물통에 빠진 것이 웃음의 핑계였다.

★ ★ ★

그 무렵에 제니아는 식구들 생각만 했고, 어서 누가 자기를 데리러 오기만 기다렸다. 리사가 학교에 가고 할머니가 혼자 집을 보는 시간이 되면, 제니아는 옷을 차려입고 거리로 나가서 혼자 돌아다녔다.

교외에서의 생활은 여태까지 류베르스 일가가 익숙했던 다른 곳에서의 생활과는 별로 비슷한 점이 없었다. 하루 생활의 대부분을 제니아는 공허하고 지루하게 보냈다. 즐거운 구경거리도 거의 없었다. 어디로 눈을 돌려도 새로운 변화는 보이지 않았다. 한없이 따분했다. 시커먼 개숫물을 길바닥에 쏟아버리면, 당장 얼어서 하얗게 변했다. 어떤 특정한 시간에는 평범한 사람들이 길거리에 넘쳐흘렀다. 노동자들이 눈 속에서 바퀴벌레들처럼 웅숭거리며 오고갔다. 손님이 많은 찻집들은 문을 열어놓았고, 세탁소에서처럼 비눗물 같은 김이 구름같이 흘러나왔다. 이상하게도 마치 봄이라도 돌아와서, 길거리가 훨씬 더 따뜻해진 듯, 구부정하게 허리를 구부린 사람들이 웃고 떠들며 달려갔고,

그들이 달려가면 털 신발과 허름한 양말이 섬광처럼 번득이며 지나갔다. 비둘기들은 사람들을 무서워하지 않았다. 그들은 먹이를 찾아서 거리를 따라 날아다녔다. 눈 덮인 길에는 수수와 귀리와 새똥이 여기저기 흩어졌다. 빵 가게에서는 기름진 먹을거리와 따스함이 빛났다. 그리고 옥수수 술로 입가심을 한 사람들의 목구멍으로 이 열기와 윤기가 들어갔다. 기름은 그들의 목구멍에 불을 붙였다. 화끈대는 술맛은 고동치는 가슴으로 타고 내려갔다. 아마도 이 열기가 거리를 따뜻하게 해주는 모양이었다.

그러다가 갑자기 거리가 텅 비었다. 석양이 깃들었다. 농부들의 썰매는 손님을 태우지 않은 채 지나다녔고, 수염을 길게 기르고 털외투를 잔등에 걸친 남자들을 태운 나지막한 썰매들이 속력을 내며 이리저리 서둘러 달렸다. 그들이 지나간 자리에는 누런 지푸라기들이 떨어졌으며, 멀리서 천천히 썰매의 종소리가 은은하게 들려왔다. 장사꾼들은 길 끝의 저편으로, 멀리서는 망가진 울타리의 말뚝들처럼 보이는, 키가 작은 자작나무 숲 너머로 사라져갔다.

숲에서부터 까마귀들이 요란히 울면서 뛰쳐나와 류베르스의 집 위로 날아갔다. 집 가까이 와서야 까마귀들은 울음을 그쳤다. 여기에서 그들은 날개를 치면서 울타리를 따라 부산하게 날다가, 갑자기 무슨 신호를 받기라도 한 듯이, 나무들 속으로 달려들어서는, 서로 밀치고 소란을 피우며, 앙상한 나뭇가지에 내려앉아서 저마다 자리를 잡았다. 그러면 사람들은 이제 얼마나 늦었는지를 ─ 정말로 늦었음을 깨닫는다. 어떤 시계로도 측정할 수 없을 만큼 늦었음을.

*　*　*

그렇게 한 주일이 지나갔고, 두 번째 주일이 되어, 목요일 새벽에 제니아는 그 남자를 다시 보았다. 리사의 침대는 비어 있었다. 잠에서 깨어난 제니아는 뒤쪽에서 샛문을 쾅 닫는 소리를 들었다. 그녀는 자리에서 일어나, 불을 켜지 않은 채로, 작은 창문으로 갔다. 아직도 밖은 어둑어둑했다. 그녀는 하늘이나, 나뭇가지들이나, 까불며 뛰노는 개가 어제와 마찬가지로 답답하게만 느껴졌다. 잔뜩 찌푸린 날씨가 벌써 사흘째 계속되었고, 닳아서 울퉁불퉁한 마룻바닥에 놓인 무쇠 가마솥처럼 무거운 날씨는 얼어서 푸석거리는 길바닥에서 꼼짝도 하지 않았다.

길 건너편 창문에는 등불을 밝혀놓았다. 새어나온 두 줄기의 불빛이 말의 잔등을 비추고는, 발뒤꿈치까지 내려갔다. 눈 위에서 사람들의 그림자가 돌아다녔고, 털외투를 걸친 유령의 팔이 돌아다녔으며, 커튼을 친 창문 안에서는 등불이 깜박였다. 말은 꼼짝 않고 서서 꿈을 꾸었다.

그러자 제니아는 그를 보았다. 그림자만 보고도 제니아는 곧 그를 알아보았다. 다리를 저는 사람이 등불을 들어 올리더니, 등불을 든 채로 멀어졌다. 그의 뒤에서는 눈부시게 하얀 두 개의 빛줄기가 줄어들었다 늘어났다 하면서 따라갔고, 빛줄기들 다음에는 썰매들이 나타나는가 싶더니 어느새 어둠 속으로 재빨리 들어가서는, 집 뒤에서 현관 쪽으로 천천히 옮겨갔다.

츠베트코프가 제니아의 시야에, 이곳 교외에서 자꾸만 나타나다니, 참으로 이상한 일이었다. 그러나 제니아는 놀라지 않았다. 제니아에게 그 사건은 별로 깊은 인상을 남기지 않았다. 잠시 후에 다시 등불이 나타나더니, 천천히 자리를 옮겼고, 커튼들을 모두 지나가더니, 되돌아가기 시작했으며, 그러다가 갑자기 처음에 등잔을 놓아두었던 창턱의 커튼 뒤에서 멈추었다.

목요일에 일어난 일이었다. 금요일이 되자 집에서 제니아를 데리러 왔다.

9 그녀가 집으로 돌아온 지 열흘이 지난 다음, 그러니까 3주일이 넘는 휴식 기간이 그녀의 정상적인 삶을 중단시킨 다음에, 제니아는 가정교사를 통해서 나머지 내용을 다 알게 되었다. 점심 식사를 끝낸 의사는 짐을 챙겨서 떠났다. 그리고 그녀는 의사에게 봄에 그가 왕진하러 왔던 집과, 모든 거리와 카마 강에 안부를 전해달라고 부탁했다. 의사는 앞으로 다시 페름으로 그를 데리러 올 일이 없게 되기를 바란다고 말했다. 데펜도프 집에서 돌아온 날 아침에는 벌벌 떨 정도로 두렵게만 느껴지던 의사를 그녀는 문간까지 나가서 배웅했다. 어머니는 아직 자고 있었는데, 아버지는 제니아가 어머니를 보러 가지 못하게 금지했고, 어머니가 무슨 병으로 아프냐고 물었더니 의사는 그녀의 부모가 극장에 갔던 날을 상기시키면서 말문을 열었다. 그리고 연극이 끝나서 그들이 밖으로 나갔는데, 그만 말이……

"비코르미시 얘긴가요?"

"그래. 이름이 비코르미시였지. 아무튼 그때 비코르미시가 발을 구르고 무엇을 막 짓밟았는데, 그만 지나가던 사람을 비코르미시가 마구 밟아버렸지 뭐니."

"그래서 그 사람이 죽었나요?"

"그래, 그만 죽고 말았어."

"그래서 어머니는…….”

"그래서 어머니는…….”

그는 제니아가 "partus praematurus"라는 라틴어 병명을 알아듣지 못하는 것 같으니까 쉬운 말로 바꿔 이야기해주면서 빙그레 웃었다. "어머니는 정신 분열증을 일으켰어……"

"그리고 내 동생은 죽어서 태어났나요?"

"누가 그런 얘기를 했지? 그렇단다."

"그것도 남들이 다 보는 앞에서요? 이미 죽은 아이를 낳았나요? 아니, 대답하지 마세요! 아, 정말 무서운 일이에요! 이젠 알겠어요. 아기가 이미 죽지를 않았다면 우는 소리를 제가 들었겠죠. 그러니까 말이죠, 전 책을 읽고 있었어요. 밤 늦도록이요. 그러니까 제가 다 들었을 거예요. 하지만 처음 태어났을 때 아기는 살아 있었나요? 의사 선생님, 정말로 그런 일이 가능한가요? 전 침실에도 가봤어요. 아기가 죽었나 봐요. 벌써 죽었던 모양이라고요."

어제 새벽에 데펜도프 댁에서 제니아가 그 사람을 창가에서 보았던 것은 참으로 다행스러운 일이었다. 극장에서의 사고는 이미 3주일 전에 일어나지 않았던가? 그녀가 그를 알아보았으니 정말로 다행이었다. 지금까지 그를 보지 못했다면, 의사의 말을 듣고 지금쯤은, 극장 앞에서 말에 밟혀 죽은 사람이 다리를 저는 사람이라고 믿게 되었으리라.

그리고 이제, 여태까지 한 식구처럼 함께 지내던 의사가, 떠나게 되었다. 저녁에 가정교사가 왔다. 그날은 빨래를 하는 날이었다. 부엌에서 그들은 탈수기에 빨래를 넣던 참이었다. 유리창의 성에가 녹아내리고 나니 정원이 창문으로 더욱 가까워져서, 레이스 커튼에 뒤엉켜 식탁까지 왔다. 대화가 오가는 중에 잠깐씩 우르릉거리는 탈수기 소리가 들려왔다. 다른 사람들과 마찬가지로 디키흐는 곧 제니아가 변했음을 알아챘다. 그리고 제니아는 디키흐도 변했음을 알았다.

"왜 그렇게 우울한 얼굴을 하고 계세요?"

"내가 우울해 보이니? 아마 그럴지도 모르지. 난 친구를 하나 잃었으니까."

"그래서 선생님도 슬프시군요? 사람들이 자꾸 죽어가고—그리고 모든 것이 갑자기……." 제니아가 한숨을 쉬었다.

그러나 그가 알던 이야기를 미처 꺼내기 전에, 이해할 수 없는 어떤 일이 일어났다. 제니아는 여러 죽음을 생각하다가, 새벽에 보았던 등불로부터 추리가 가능한 어떤 훨씬 평범한 의문점을 망각했는지도 보를 일이었고, 그래서 갑자기 초조한 목소리로 물었다. "잠깐만요. 네가 라트가 떠나던 날 선생님은 담배 가게에 가셨잖아요. 어떤 사람하고 같이 계신 걸 제가 보았어요. 그 사람이었나요?" 제니아는 츠베트코프라는 이름을 입 밖에 내기가 두려웠다.

디키흐는 이 말을 하는 제니아의 억양을 듣고는 잠잠해졌고, 그는 그날의 기억을 더듬다가, 종이와 류베르스 부인에게 줄 투르게네프 전집을 사려고 그곳에 갔던 생각이 났고, 정말로 그는 죽은 자기 친구와 함께 그곳에 갔음을 깨달았다. 제니아는 그 말을 듣고는 부들부들 떨면서 눈물을 흘렸다. 그러나 더욱 중요한 사실이 남아 있었다.

한참 동안 침묵을 지키던 디키흐는, 탈수기가 덜덜거리는 소음이 들려오는 가운데, 그의 죽은 친구가 어떤 젊은이였으며 얼마나 훌륭한 집안의 피를 물려받았는지 띄엄띄엄 이야기를 꺼냈는데, 담배에 불을 붙인 디키흐가 끔찍한 기억이 났는지 조심스럽게 말꼬리를 흐리고는, 드디어 의사가 이야기하지 않았던 대목을 설명하다가 "극장" 이야기를 꺼내자, 제니아가 미친 듯이 비명을 지르면서 방에서 뛰쳐나갔다.

디키흐는 귀를 기울였다. 탈수기 소리 말고 집 안에서는 아무 소리도 들리지 않았다. 그는 학처럼 꼿꼿하게 일어섰다. 그는 침울한 표정을 짓고는, 제니아를 도와주러 가려고 걸음을 옮겼다. 그는 집 안에 아무도 없고, 제니아가 기절을 했으리라는 생각이 들어 황급히 그녀를 찾아 다녔다. 그리고 그가 어둠 속에서 보이지도 않는 나무와, 모직물과, 쇠붙이에 부딪히며 이곳저곳 찾아다니는 동안, 제니아는 한쪽 구석에 앉아서 울었다. 디키흐는 곧 기절한 제니아를 양탄자에서 안아 올리게 되리라고 예상하면서 초조한 마음으로 그녀를 찾아다녔다. 그의 팔꿈치 뒤에서 울음을 터뜨리는 소리를 듣고 그는 깜짝 놀랐다. "나 여기 있어요. 찬장 조심하세요. 공부방에 가서 기다리세요. 곧 갈 테니까요."

커튼이 바닥으로 떨어졌고, 별이 총총한 겨울 빛이 창문으로 들어와 마룻바닥에 닿았고, 밑을 내려다보니 허리까지 쌓인 눈을 나뭇가지들이 빛나는 도리깨들처럼 두드렸으며, 그리고 굵은 나무들이 창문의 맑은 불빛을 향해 한가로이 걸어왔다. 그리고 벽의 저쪽 어디에선가, 홑이불로 단단히 묶은 탈수기의 둔탁한 소리가 앞뒤로 흔들리며 신음했다. "그렇게 예민한 감수성이 어디에서 오는지 모르겠군요." 가정교사가 나지막한 목소리로 말했다. "보아하니 죽은 사람이 제니아에게는 무척 중요한 존재였던 모양이에요. 아이가 완전히 달라졌어요." 그는 어린아이에게 순환 소수를 가르쳤지만, 조금 아까 자기를 공부방으로 쫓아 보낸 제니아는……이 모든 변화가 정말로 한 달 사이에 일어났다는 말인가? 죽은 사람이 제니아에게 지워지지 않는 깊은 인상을 남긴 것이 분명했다. 이러한 감정을 일컫는 이름이 있었다. 얼마나 이상한 일인가! 그는 이틀에 한 번씩 공부를 가르치면서도 제니아를 조금도 이해하지 못했다. 제니아는 동정심이 강한 아이였고, 그래서 그는 제니아를 안타깝도록 가엾게 생각했다. 하지만 왜 제니아는 실컷 울고 모든 일을 잊어버리지 않을까? 아마도 다른 사람들이 모두 떠나버렸기 때문이리라. 그는 진심으로 제니아를 동정했다. 잊지 못할 밤.

그러나 그는 잘못 생각했다. 그가 상상했던 감정은 이번 사건과는 아무런 관련이 없었다. 그러나 그가 전적으로 오해한 것만도 아니었다. 이 모든 상황 뒤에 숨겨진 감정은 결코 지워지지 않으리라. 그가 생각했던 것보다는 훨씬 더 깊이 새겨진 감정이기 때문이었다.……그녀의 감정은 워낙 뿌리가 깊고 중요한 의미를 지녔기 때문에 제니아로서도 스스로 다스릴 능력이 없었으며, 그것의 의미는 다른 남자가, 그녀와는 전혀 다른 제삼자가, 그녀의 삶에 등장했다는 사실에서 비롯되었고, 그는 이름이나 심지어는 별칭조차도 그녀가 알지 못하는 존재로서 사랑이나 증오조차 마음속에서 생겨나기 어려운 대상이며, 살인하지 말지어다 또는 도둑질하지 말지어다 따위의 '계명'을 염두에 둬야 마땅한 그런 인물이기 때문이었다. "그대는 하나의 개인으로서 살아가는 존재이므로, 자신에게 용납하고 싶지 않은 혼란스럽고 보편적인 대상에게는 종속되지 말지어다"라는 계명을. 이러한 감정을 일컫는 명칭이 있다는 디키흐의 생각은 잘못이었다. 그런 이름은 없었다.

제니아는 모두가 자신의 탓이라는 생각에 울음을 터뜨렸다. 이상한 정원의 뒤쪽 길에서 그를 처음 보고 난 다음에 자기 집 식구들에게 그의 존재를 소개한 사람이 바로 제니아였고, 그녀는 필요도 없고 목적도 없이 그리고 아무런 생각도 없이 그를 자꾸 보게 되었으며, 그 이후로는 간접적으로 또는 직접적으로 어디에서나 그를 자꾸만 만났고, 심지어는 마지막 경우처럼, 전혀 확률이 없는 상황에서도 우연의 만남이 이루어졌다.

디키흐가 책장에서 꺼내는 책을 보고 제니아는 얼굴을 찌푸리며 말했다. "아니에요. 난 오늘은 그 책을 공부하고 싶지 않아요. 그 책을 도로 제자리에 넣어주세요. 미안합니다. 용서해주세요."

그러자 디키흐는 더 이상 아무 말도 하지 않고, 아무렇게나 무질서하게 꽂혀 있는 고전들 사이에 레르몬토프를 끼워넣었다.

(1918년)

하늘의 길

1 유모는 늙은 뽕나무에 몸을 기댄 채 그늘에서 잠들었다. 거대한 연보랏빛 구름이 길의 끝에 나타나서, 무성하게 우거진 풀숲에서 지친 듯 울어대는 여치들을 잠잠하게 재우고, 병영에서 북소리가 한숨을 지으며 조용해지는 동안에, 대지는 점점 저물었으며, 세상에서는 생명이 사라졌다.

"어디로 갔나, 아, 어디로 갔을까," 바보 소몰이 처녀는 언청이 입으로 자꾸만 소리치고는, 거세된 수송아지의 뒤를 따라서, 한쪽 다리를 질질 끌고, 마치 번갯불을 휘두르듯이 꺾은 나뭇가지를 흔들면서, 밭이 끝나고 치명적인 독성 까마종이, 벽돌, 철조망 그리고 악취가 고약한 그림자들이 뒤엉킨 숲이 시작되는 곳에서, 자욱한 먼지 구름으로부터 나왔다.

그녀가 사라졌다. 지평선 위에 여기저기 흩어진 까칠한 땅, 열기에 말라붙은 밋밋한 대지에 구름이 잠깐 눈길을 주었다. 구름은 얌전히 위로 솟아올랐다. 황량한 땅은 아주 멀리, 부대 너머까지 펼쳐졌다. 구름이 앞다리로 꿇어앉았고, 매끄럽게 길을 가로지르며, 네 번째 분기철노(分岐鐵道)를 따라 소리 없이 기어갔다. 덤불들이 머리를 내밀고는 철둑을 벗겨 통째로 끌고 나아갔다. 그들은 구름에게 인사하면서 뒤로 흘러갔다. 구름은 그들에게 대답하지 않았다.

뽕과 쐐기벌레들이 나무에서 떨어졌다. 그들은 열기에 짓물러서, 유모의 앞치마로 쏟아졌고, 모든 생각을 중단했다.

아이가 배수로 쪽으로 기어갔다. 그는 아까부터 기어가는 중이었다. 이제 그는 더 높은 곳으로 기어오르기 시작했다.

그리고 비가 내릴 때면, 그리고 윗가지로 엮은 울타리를 따라 철도의 양쪽 궤도가 나란히 날아가고, 그 위로 내리는 검고 축축한 밤으로부터 네가 몸을 도사릴 때면, 그리고 이 액체의 밤이, 화를 내면서, 너에게 두려워하지 말라고 다급하게 소리치고, 그녀의 이름은 소나기나 사랑이나 뭐 그런 것이라고 알려줄 때면, 나는 너에게 초저녁에 하얗게 빨아놓은 속옷을 걸치고 황홀해하던 어느 아이의 부모들에 대한 이야기를, 그리고 정구를 치러 가려는 양 백설처럼 하얗게 차려입고, 아직도 무척 이른 시간에, 밭의 고요한 그림자들 사이로 그들이 걸어가서, 어떻게 역의 이름을 적어놓은 안내판에 이르렀으며, 그리고 그 순간에 증기기관의 두꺼운 철판들이 밭 위로 굴러와서는, 숨 가쁘게 뿜어대는 노란 연기의 구름으로 터키 케이크 상점을— 어떻게 둘러쌌는지에 대한 이야기를 들려주겠다.

한때 그녀를 사랑했으며, 아직까지도 그녀의 남편과 친구로 지내는 수습 사관을 만나러 그들은 부두로 나갔는데, 해군 사관학교 수료증을 받은 그는 오늘 아침 시내에 도착할 예정이었다.

남편은 아직도 아버지 노릇에 싫증을 느끼지 않았고, 그래서 아버지라는 말의 깊은 의미를 어서 그의 친구에게 일깨워주고 싶은 조바심으로 들떴다. 그런 일은 흔히 일어난다. 상당히 단순한 어떤 사건이, 어쩌면 난생처음으로, 무엇인가 뜻 깊고 실질적인 어떤 상황의 문 앞으로 우리를 이끌어간다. 그것은 너에게 너무나 새로운 일이어서, 세계를 두루 돌아다니면서 본 것도 많고, 할 말도 많은 어떤 사람을 만나면,

무슨 대화를 나누더라도 그가 너의 이야기에 귀를 기울여야만 한다는 생각이 갑자기 들어서, 수다를 떠는 쪽은 오히려 너이고, 상대방은 네 달변에 놀랄 수밖에 없어진다.

남편과는 대조적으로, 그녀는 물속에 잠긴 닻처럼, 항구에서 시끄럽게 울리는 쇳소리 속으로, 붉게 녹슬고 굴뚝이 셋인 대형 선박들을 향하여, 반짝이며 찰랑이는 하늘 밑에서, 강 위로 흘러가는 자디잔 물결을 향해서, 돛들과 뱃사람들에게로 이끌려갔다. 그러나 그들의 동기는 같지 않았다.

비가 내리고, 물통으로 퍼붓듯이 비가 내리니, 나는 스스로 나에게 약속했던 일을 시작해야 한다. 개암나무의 잔가지들이 도랑 위에서 간지럽다고 웃는다. 두 사람의 모습이 들판을 가로질러 달린다. 남자는 검은 수염을 길렀다. 여자의 헝클어진 머리카락이 바람에 나부낀다. 남자는 초록빛 긴팔 옷을 걸쳤고 은 귀고리를 했다. 그의 품에는 즐거워하는 아이가 안겨 있다. 비가 내리고, 물통으로 퍼붓듯이 비가 내린다.

2

그가 이미 오래 전에 수습 사관으로 승진했다는 생각이 그의 머리에 떠올랐다. 밤 11시. 시내에서 오는 마지막 기차가 역으로 굴러갔다. 한껏 소리를 지르더니, 기차는 방향을 바꾸었고, 그리고는 당황해서 쩔쩔매기 시작했다. 이제 기차는 주변의 모든 공기와, 잎사귀들과, 모래와, 이슬을 터질 듯한 물탱크로 빨아들이고는, 꼼짝 않고 서서 손뼉을 치더니 입을 다물고 잠잠해져서, 함성이 마주 대답하기를 기다렸다. 되울림 소리가 모든 길을 따라 그의 머릿속으로 날아들었으리라. 그리고 그 소리를 듣고는 흰 옷을 입은 어느 민간인, 어느 여자, 그리고 어느 뱃사람이 큰 길에서 발길을 돌려 오솔길로 향했고, 그들의 바로 앞 포플러 나무들 아래서, 이슬에 젖어 반짝이는 지붕의 표면이 떠오르리라. 그들은 귀고리들처럼 지붕에 달린 홈과 죔쇠와 처마 장식을 하나도 놓치지 않고 지켜보았으며, 산울타리를 향해 그들이 가까이 걸어가는 사이에 쇠붙이 혹성은 가라앉아 사라지기 시작한다. 사라지는 기차의 우르릉 소리는 뜻밖에도 점점 커져서, 잠깐 동안 자신과 다른 것들을 거짓된 고요함으로 기만하고, 그리고는 나중에 멀리서 사라지는 비누 거품의 엷은 빗발처럼 흩어진다.

그러더니 나중에 그것은 기차가 아니라, 바다가 장난을 치느라고 뿜어올리는 물줄기처럼 보인다. 달은 길의 언저리에 꼼짝 않고 늘어선 나무들 뒤에서 자리를 옮기리라. 그러면, 그런 경치를 둘러보면서, 너는 이름은 기억나지 않는 어느 유명한 시인이 이런 풍경을 발명했으며, 사람들이 성탄절에 아이들에게 그것을 선물로 주리라는 것을 깨닫게 된다. 너는 또한 이것이 언젠가 네 꿈속에 나타났던 장원이었으며, 그곳이 "세상의 끝"이라고 일컬어졌다는 사실도 기억하리라.

달빛을 받아 하얗게 씻긴 페인트 한 통이 문간에서 반짝이고, 붓은 뾰족한 끝이 위쪽을 가리키도록 벽에 기대어 세워져 있었다. 그들은 정원으로 난 창문을 열었다. "오늘 집을 하얗게 칠하겠다더군요."—여인의 입에서 들려온 부드러운 목소리. "손으로 더듬으면 잡히지 않나요? 자, 그럼 가서 저녁이나 먹어요." 다시 한번 침묵이 그들을 짓눌렀다. 침묵은 잠깐 동안만 계속되었다. 집 안이 소란스러워졌다. "거기 없다니 — 무슨 얘기야? 없어졌다고?" 느슨해진 바이올린 줄의 소리를 닮은 굵은 저음의 목소리가 외쳤고, 동시에 신경질적인 여자 목소리의 콘트랄토가 뒤따른다. "나무 밑이라고? 나무 밑이라고 그랬어? 당장 일어나. 그리고 소리는 지르지 말라니까! 세상에, 내 손을 좀 놔줘. 맙소사 — 그럴 리가 없지. 우리 토샤! 우리 토셴카! 제발 함부로 그런 소리 하지 마. 정말 창피한 줄도 모르는 여편네로군. 이 거지 같은, 이 뻔뻔스러운 —." 오가는 말이 끝나고, 목소리들은 구슬프게 만나고, 잠시 멈추고, 멀리 사라져갔다. 그들의 대화는 더 이상 들을 수가 없었다.

밤은 끝났지만, 그래도 새벽이 오려면 아직 멀었다. 대지는 침묵에 멍해져서, 건초더미들과 더불어, 그림자들로 덮였다. 그림자들은 휴식을 취했다. 마치 더 편하게 눕고 싶어서인지 건초더미들 사이의 거리가 멀어졌고, 낮의 거리와 비교하면 훨씬 더 멀어졌으며, 그림자들이 흩어져서 멀찍감치 떨어졌다. 그들 사이에서 여기저기 얼음처럼 차가운 풀밭이 조용히 입김을 내뿜었고, 땀을 내는 담요를 걸친 말처럼 쿵쿵거리며 냄새를 맡았다. 때때로 이 그림자들은 나무나 구름이나 또는 알아보기 힘든 어떤 형태를 취했다. 대부분은 막연하고 형언할 수 없는 무더기였다. 그들은 주변에 대해서 별로 알지 못했고, 반쯤은 암흑인 속에서는 비가 그쳤는지 또는 비구름이 모여 방울져 내리기 시작했는지 도무지 알아내기가 어려웠다. 그들은 자꾸만 뒤집어놓는 모래시계 속의 모래처럼, 쉴 새 없이 과거로부터 미래로, 미래에서 과거로 쫓겨 다녔다.

그리고 거기에서 멀리 떨어진 곳에서는, 마치 담벼락에서 새벽에 세찬 바람이 낚아채어 어디인지도 모를 곳으로 불려 날아가는 빨래처럼, 세 사람의 모습이 들판의 언저리에 헝클어져 어슴푸레하게 나타났다. 그들의 맞은편에서는 영원히 증발하는 먼 바다의 함성이 그들을 향해서 울렸다. 이 네 가지는 과거로부터 미래로 전해졌지만, 반대방향으로 역류하지는 않았다. 하얀 옷을 입은 사람들이 이리 뛰고 저리 뛰면서, 허리를 굽혔다가 펴고, 도랑으로 뛰어들고, 서로 전혀 다른 구덩이 속으로 사라졌다가 다시 나타나기를 되풀이했다. 서로 아주 멀리 떨어져 있음을 깨닫고, 그들은 소리를 지르며 손을 흔들었는데, 그들의 신호가 걸핏하면 잘못 선해시자 그들 몇몇은 더욱 요란하게, 더욱 화를 내고, 더 자주 손을 흔들어서, 신호를 알아듣지 못했다고 시늉했으며, 그렇다

하늘의 길 239

면 아까 신호는 무시하고, 되돌아갈 일이 아니라 계속해서 지금까지 찾던 곳을 더 찾아보라고 손짓했다. 그들의 모습이 보여준 조화와 난폭성은 밤에 벌이는 축구를 연상시켰는데 — 그들은 공을 잃어버려서 도랑 안에서 그것을 찾고 있었으며, 찾아내면 다시 시합을 계속하려는 듯 보였다.

반듯하게 누운 형상들은 높은 곳에서 고요한 정적이 다스렸고, 곧 동이 트리라고 믿어도 좋았겠지만, 땅 위로 회오리바람처럼 날아오르는 이 사람들을 보면, 마치 살이 세 개 부러진 검은 빗으로, 바람과 어둠과 공포로 후려치는 채찍질을 당해서 계곡이 움직이는 듯한 인상을 받았다.

다른 사람에게는 끊임없이 벌어지는 일이 우리에게는 절대로 일어나지 않는다는 어떤 법칙이 존재한다. 작가들이 이 법칙을 언급하는 일은 드물지 않다. 이 관념의 확실한 당연성은 친구들이 우리를 알아보는 한 우리는 짓궂은 장난을 삼가게 된다는 사실에 의해서 증명된다. 그것을 고칠 수 없다고 우리가 완전히 납득하게 되면, 친구들은 더 이상 우리를 알아보려고 하지 않으며, 그리고 그 법칙을 확인하기 위해서라는 듯이 우리는 스스로 무척 달라져서, 철저히 몰입하거나, 파멸을 맞거나, 재판을 받거나, 정신병원으로 가게 될 그런 천직을 가지게 된다. 그들이 아직 멀쩡했을 때는, 그들은 유모에게 분풀이를 했으며, 어쨌든 그들은 아이의 침실로 가서 그곳에서, 아이가 제자리로 되돌아와 있음을 확인하고 그들이 크게 걱정하고 초조해했기 때문에 안도의 한숨을 쉬느냐 마느냐 하는 것은 전적으로 그들이 요구하는 법의 강도에 따라서 좌우된다고 그들은 생각했다. 텅 빈 침대를 보면 그들은 말문이 막혔다. 그러나 그들의 영혼이 상처를 받았을 때도, 그들이 정원을 돌아다니며 정신없이 찾는 동안에도, 아직 수색을 계속하면서 집에서 점점 더 멀어지는 동안에도 — 이러한 정신 상태에 처했을 때도, 그들은 오랫동안 다른 사람들처럼 행동했고, 그러므로 그들은 찾기 위해서 수색을 했다. 시간이 달라졌다. 밤이 얼굴을 바꾸었고, 그들 또한 달라졌다. 이제, 밤이 끝나가는 무렵에, 그들은 무척 알아보기가 힘들어져서, 그들은 삶의 의미를 이해하는 노력을 그만둔 사람들이었고, 그리고 그들이 다시는 아들을 볼 수 없는 땅에서, 공간의 광포함이 그들을 한쪽 끝에서 다른 한쪽 끝으로 몰고 다니며 괴롭히는 사이에, 그들은 숨을 돌릴 여유를 전혀 자신에게 용납하지 않았다. 그리고 그들은 계곡의 다른 쪽에서 수색을 계속하던 수습 사관을 잊어버렸다.

자신에게는 잘 알려진 사항들을 저자가 독자로부터 은폐하는 이유가 이런 의심스러운 견해 때문인가? 마을에서 빵집이 문을 열기만 하면, 그리고 첫 기차가 줄달음쳐 지나간 다음에 곧, 재앙의 소문이 집에서 집으로 전해지고, 그리고 마지막으로는 올기나에서 온 두 명의 고등학생에게 어제 거둔 승리의 전리품을 그가 어디에서 익명의 지인한테 전해주겠는지를 그는 어느 누구보다도 더 잘 안다.

이미 나무들 밑에서부터, 눈썹을 가릴 만큼 잔뜩 끌어내린 눈가리개 밑에서처럼, 덜 벗겨진 아침의 빛이 비추기 시작했다. 갑작스런 폭풍우처럼 쉬지 않고 동이 텄다. 바다의 함성은 순식간에 사라졌고, 모든 것이 아까보다 더욱 고요해졌다. 아무도 모르는 어느 곳으로부터 온 감미롭고 끈질긴 진동이 나무들 사이로 지나갔다. 하나씩 하나씩, 차례대로, 은빛 땀방울이 윗가지 울타리를 어루만지자, 조금 아까 흔들리던 나무들은 잠이 들었다. 이 음침한 축복의 깊숙한 둥우리 속에서, 희귀한 두 개의 다이아몬드가 가끔 제각기 멋대로 번득거렸는데, 새와 새의 지저귐이었다. 고적함이 두렵고, 그 무의미함이 부끄러워서, 새는 있는 힘을 다하여 이슬의 광활한 바다 속으로 완전히 녹아 없어지려고 애를 썼지만, 꿈이니 잠에서는 정신을 통일시키기가 어려웠다. 성공이었다. 새는 한쪽으로 머리를 기울이고, 두 눈을 꼭 감고는 아무

하늘의 길 241

소리도 내지 않고 자신을 새롭게 태어나는 대지의 어리석음과 우울함에 내맡겼으며, 그런 무아의 경지에서 기쁨을 느꼈다. 그러나 결국 자신의 힘으로만 버티기에는 너무나 벅찼다. 참았던 침묵의 힘을 갑자기 터뜨리고 완전히 자신을 드러내면서, 힘찬 지저귐은 차가운 별처럼 광채를 내어, 우주의 불변성 위에 불변성의 무늬가 투영되었고, 놀라서 커다랗게 휘둥그레진 눈을 잔뜩 담은 접시를 엎지르기라도 한 듯이, 놀라서 점점 더 차가워지는 소리의 메아리와 분출이, 가시같이 날카로운 빛의 얼룩들처럼, 발랄한 목소리가 멀리 날아갔다.

그러자 더욱 빠른 속도로 빛이 밝아왔다. 정원 전체가 촉촉하고 하얀 빛으로 가득 찼다. 이 빛은 석회처럼 허여스름하고 황산 같은 물질로 덮인 과일나무들의 밑둥치와 자갈이 깔린 길에, 치장 벽토를 바른 담에 가장 강하게 밀착했다. 그리고 이제, 그녀의 얼굴이 비슷한 차가운 녹청(綠靑)을 띠고, 아이의 어머니는 들판에서 돌아오며, 밭을 가로질러 꼬불꼬불한 길을 따라왔다. 잠시도 멈추지 않고, 자신이 밟는 땅이나 발이 파묻히는 곳을 살펴보지도 않고, 그녀는 밭의 뒤쪽을 향해 잔뜩 몸을 웅크리고 걸었다. 경계선들을 따라 오르락내리락하는 채소의 물결은, 마치 그녀의 감정이 아직도 요동을 쳐야 한다는 듯이, 그녀로 하여금 앞으로 고꾸라지고 뒤로 자빠지게 했다. 텃밭을 지나서 그녀는 병영 쪽으로 뻗어나간 길이 보이는 부분의 울타리로 가까이 갔다. 모습을 드러낸 수습 사관은 밭을 돌아서 우회하는 대신 담을 넘기로 작정한 모양이었다. 심하게 기울어진 배의 하얀 돛처럼 하품을 하는 동쪽이 그를 담을 향하도록 밀어주었다. 밭의 목책을 붙잡고 매달려서 그녀는 그를 기다렸다. 분명히 그녀는 무슨 말을 하기로 작정했고, 짤막한 대사를 이미 준비한 눈치였다.

방금 내렸거나 아니면 그저 곧 내릴 듯한, 하늘에 모인 빗방울의 근접감이 해변에서도 똑같이 느껴졌다. 철로의 건너편에서도 밤새도록 들려오던 요란한 함성은 어디에서 들려온 소리일까? 바다는 수은을 입힌 거울의 표면처럼, 얼어붙은 채로, 꼼짝도 하지 않았고, 모래밭에서만 마음을 달리해서 칭얼거렸다. 수평선은 나쁜 황토 빛으로, 병이 들어 노랗게 변해갔다. 어느 순간에 어느 방향에서 파도들이 격분해서 머리를 치켜들지 모르는 바닷가, 가축우리처럼 더럽고, 광활하고, 길이가 100베르스타(versta, 거리를 나타내는 러시아의 옛 단위로, 1베르스타는 약 1킬로미터임/역주)나 되는 광대한 뒷벽으로 밀려오던 새벽, 이 새벽은 분명히 변명이 필요했다. 그러는 사이에 파도들은, 검고 미끌미끌한 수많은 돼지처럼, 서로 스치면서, 배를 깔고 기어오던 참이었다. 바닷가의 바위에서부터 수습 사관이 내려왔다. 그는 바위에서 바위로 자꾸 건너뛰면서, 재빠르고 쾌활한 걸음걸이로 이동했다. 밭의 울타리에서 그는 어안이 벙벙해질 어떤 사실을 알게 되었다. 모래밭에서 그는 검은 기왓장 조각을 하나 집어 던져서, 물수제비를 떴다. 타액에 튕겨 미끄러지듯이, 돌은 옆으로 스쳐 날면서, 그 주변의 여울목 물처럼, 어린애의 옹알이 같은 알아듣기 어려운 소리를 냈다. 아이를 찾게 되리라는 희망을 완전히 잃은 그가, 집 쪽으로 몸을 돌려 개활지의 언저리를 따라 걸어가던 바로 그 순간에, 렐리아가 집에서 달려 나와서, 울타리 위로 몸을 내밀고는, 그에게 더 가까이 오라고 하더니 재빨리 말했다. "우린 더 이상 참을 수가 없어요. 우리를 구해줘요. 그 애를 찾아줘요. 그 애는 당신의 아들이랍니다." 그가 그녀의 손을 붙잡자마자, 그녀는 뿌리치고 달아났으며, 밭으로 기어올라간 그는 그녀를 어디에서도 찾을 수가 없었다. 다시 그는 돌을 하나 주워들었고, 물수제비를 계속하면서, 뒤로 물러나는 듯싶더니, 튀어나온 바위의 뒤로 모습을 감추었다. 그가 사라지고 난 뒤에서는 그의 발자국들이 흔들리고 떨렸다. 발자국들 또한 잠들고 싶었다. 평화를 방해받은 자갈길은,

앞으로 기어나가다가, 멀리 뒤로 물러나기도 하고, 한숨을 짓고는 오락가락 방향을 바꾸었으며, 그것은 드디어 완전한 평화로움 속에서 잠들기 위해서 가능한 한 편안히 누우려고 몸을 뒤척였다.

3

15년 이상의 세월이 흘러갔다. 앞마당이 어두워졌고, 방들은 어둠에 잠겼다. 퇴역 해군 장교이며, 지방 집행위원회의 간부 회원인 폴리바노프에게, 미지의 여인이 세 차례나 면담을 요청했다. 여인의 앞을 막아선 병사가 짜증을 냈다. 현관의 창문을 통해서 눈에 덮인 벽돌 더미들이 흩어진 마당이 보였다. 시궁창이었던 한쪽 귀퉁이에는 틀림없이 최근에 버린 것 같지 않은 쓰레기가 잔뜩 쌓였다. 그곳에서는 하늘이 야생의 작은 숲을 이루어서, 죽은 고양이들과 고기 통조림 깡통들이 쌓여 언덕을 이룬 언저리를 따라 자랐는데, 이 쓰레기 언덕은 해빙과 더불어 죽음에서 소생하여, 숨을 쉬고, 과거의 모든 봄과 같은 냄새를 풍기기 시작하고, 녹은 물이 뚝뚝 떨어지고, 자유롭게 지저귀고, 뗑그렁거리는 소음을 냈다. 그러나 마당의 이쪽 구석에서 눈을 돌려 하늘을 쳐다보기만 하면, 새로운 기운에 대한 경이감을 얼마든지 느낄 수가 있었다.

바다와 역에서 들려오는 포화와 소총 사격 소리가 때로는 하루 종일 계속되고는 했는데, 그 소리가 울려퍼지는 하늘의 현재 표정은 1905년(제1차 러시아 혁명이 일어난 해/역주)의 기억과는 거리가 무척 멀어진 느낌이었다. 도로 포장을 하는 중장비가 자갈을 깔듯이, 영원히 계속되는 포격은 한 쪽 끝에서 다른 쪽 끝까지 완전히 뒤덮다가, 급기야 이제는 하늘을 들이받아 무너트렸고, 그래서 폐허가 된 하늘은 이맛살을 찌푸리고는, 무료하게 끈을 풀어 똑바로 한없이 늘어놓는 겨울의 철도처럼, 아무런 움직임의 기색도 보이지 않으면서 어느새, 다른 곳으로 옮겨갔다.

그것은 어떤 종류의 하늘이었던가? 심지어는 낮 동안에도 그것은 우리의 젊은 시절의 밤들, 또는 여행 동안의 밤들의 모습이 어떠했는지를 암시하여 보여주었다. 심지어는 낮 동안에도 그것은, 헤아릴 길은 없으나, 두드러진 모습으로 눈길을 끌었다. 심지어는 낮 동안에도 그것은 대지의 삭막한 기운이 배어들어, 잠에 취한 자들을 때려눕히고 꿈꾸는 자들을 일으켜 세웠다.

하늘에는 길들이 생겼다. 그리고 그 길에는 날마다, 기차처럼 직선으로 돌진하는 리프크네히트(독일의 사회주의 사상가/역주)나, 레닌이나, 그에 맞먹을 만큼 위대한 몇몇 다른 지성인들의 사상이 나타났다. 그것들은, 비록 명칭이 무엇이든지 간에, 어떤 경계도 돌파하고 건널 만큼 유능하고 힘찬 길을 새로운 차원에서 터놓았다. 전쟁 동안에 개통된 이들 노선 가운데 하나는 기존의 전략적인 위치를 그대로 보존했으며, 그들이 출처를 찾아가느라고 넘어야 했던 경계의 본질로 인하여, 이들 경계선을 구축한 자들을 위압해야만 했다. 폴란드의 변경을, 그리고 나중에는 그들의 시대를 만나 그들 나름대로 선을 그은 독일의 변경을 가로지르는 고대의 군사적인 경계선— 이곳은, 애초부터, 추측하는 범속성과 평범한 인내의 길로부터 노골적으로 멀리 벗어났다. 그것은 철도를 겁내고 제멋대로 뿔뿔이 흩어지는 변두리 지역이나 마찬가지로, 목적지를 멀리 내다보지 못하고 그 압도적인 규모에 접근하기를 두려워하는 세상의 위를 가로질러 지나갔다. 이것은 코민테른(국제 공산당, 1919년 모스크바에서 창립된 세계 각국 공산당의 통일된 국제 조직/역주)의 하늘이었다.

병사는 여인에게 폼리바노프가 아직 돌아오지 않았다고 말했다. 그의 목소리에서는 세 가지 다른 종류의 권태가 느껴졌다. 계속 질퍽한 진흙탕을 접하면서 살아야 했고, 건조한 먼지에 둘러싸여 자신이 살아왔다는 사실을 깨달음으로써 느끼게 된 권태. 질서정연한 대화의 흐름이 뒤집히고 파괴되어 당황하고 몸을 도사리면서, 그리고 지루함을 느끼면서 이런 종류의 여자들이 대답해야 할 질문들을 반복해야 하고, 약탈하거나 징발하는 집단의 행태에 길이 들어버린 사람의 권태. 마지막으로, 가장 특이한 상황들조차 정상적이라고 사람들이 용납하는 그런 인정된 무관심의 가면이 있다. 요즈음의 체제가 여인에게는 틀림없이 견디기 어려우리라는 점을 환히 알면서도, 그는 마치 그녀의 감정을 짐작할 능력이 없고, 그리고 마치 독재의 분위기 말고는 아무것도 호흡한 경험이 없다는 듯이, 일부러 바보처럼 거짓된 고집을 부렸다.

　레푸슈카가 불쑥 들어왔다. 유원지의 회전탑 강철 밧줄 같은 무엇이 그를 매달아 허공에서 2층으로 던진 듯이, 눈발이 세차게 날리면서 흐릿한 침묵이 함께 쏟아져 들어왔다. 이 신비한 "무엇"은 알고 보니 손가방이었고, 병사는 회전목마를 멈추는 바로 그런 방식으로, 가방을 움켜쥐고 들어오려는 그를 막았다. "왜 이래요?" 그는 병사를 향해서 몸을 돌렸다. 이곳 포로들의 대표단도 그곳에 함께 있었다. "헝가리 사람들 때문인가요?" "예." "하지만 서류만으로는 항해를 허락할 수 없다는 얘기를 벌써 그들에게 해줬는데요." "나도 그런 말은 했답니다." "모두가 선박에 따라 좌우된다는 걸 난 아주 잘 알고 있습니다. 그들에게 똑같은 말로 설명했어요." "그랬더니 뭐랍디까?" "이렇게 말하더군요. '내 도움을 받지 않고도 그들은 그건 모두 잘 알아요. 내가 할 일이라고는 승선을 위한 서류를 제대로 갖추는 거죠. 그러면 만사가 순조롭게 해결되고, 그리고 우리더러 집을 한 채 달라는 얘기도 했죠." "좋아요. 그리고 또 뭐가 있나요?" "다른 건 없어요. 서류하고 집만 마련되면 그만이죠." "아닙니다!" 폴리바노프가 그의 말을 가로막았다. "뭣 하러 똑같은 일을 다시 되풀이해야 합니까? 내 얘긴 그게 아니에요." "카나트나야에서 온 소포 얘기로군요." 체카가 거주하는 거리 이름을 대면서 병사가 말했고, 폴리바노프에게로 가까이 가면서 그는 마치 행진이라도 하는 듯, 귓속말을 하려고 목소리를 낮추었다. "무슨 얘기를 하는 거예요? 아하! 불가능하다고요." 철저하게 무관심한 태도로, 폴리바노프가 멍청한 표정으로 말했다. 병사는 그에게서 물러섰다. 잠깐 동안 두 사람 다 침묵을 지켰다. "빵은 가져왔어요?" 손가방의 모양을 보면 그런 질문은 할 필요도 없기 때문에, 병사는 갑작스러운 짜증을 부리며 물었고, 그리고 그는 말을 계속했다. "그리고 참……여자 한 분이 당신을 뵈려고 기다리는 데요……." "그렇겠죠." 마찬가지로 무관심한 태도를 보이며 폴리바노프가 느릿느릿한 말투로 대답했다. 회전탑의 강철 밧줄이 떨리더니 팽팽해졌다. 손가방이 움직이기 시작했다. "들어오시죠, 동지." 그는 여자에게로 몸을 돌리더니 서재 안으로 그녀를 안내했다. 그는 그녀를 알아보지 못했다.

침침한 복도와는 달리, 이곳은 완전히 캄캄했다. 그녀는 그의 뒤를 따라와서, 문 뒤에 꼼짝 않고 멈춰 섰다. 아마도 방 전체에 양탄자를 깔아놓았는지, 그는 한두 발자국 옮긴 다음에 사라졌다가 곧 그의 발자국 소리가 어둠의 반대쪽 끝에서 들려왔다. 그러더니 여러 가지 소리가 났고, 서서히 책상에는 치워야 할 술잔들과, 설탕과 토스트의 찌꺼기와, 분해한 권총의 부품들과, 육각형 연필들이 나타났다. 그는 조용히 책상을 손가락으로 더듬더니, 성냥을 찾으려고 두 손으로 재빨리 표면을 훑었다. 그녀의 상상력이 혁명 전 페테르부르크의 어느 길거리에 위치한 방을 기억해내고, 찬장과 종려나무와 청동 조각상이 산만하게 흩어져 있고 그림을 잔뜩 걸어놓은 방을 머릿속에서 미처 그려볼 만한 시간도 없이, 갑자기 한 무더기의 빛을 든 손이 나타나 길게 뻗어나와서 사방을 밝히려고 하는데, 별안간 전화가 울렸다. 따르릉거리는 이 소리는 그녀로 하여금 당장 들판이나 어느 도시의 교외가 다시 생각나게 했는데, 전화선이 완전한 암흑 속에 잠긴 시내를 더듬어 관통해서 이곳에 도달했으며, 지금의 상황은 모두 볼셰비키의 통치를 받는 시골에서 벌어지고 있음을 그녀는 상기했다.

"예—." 불만스럽고, 초조하고, 죽을 지경으로 피곤했던 남자가 대답했다. (아마도 그는 두 손으로 눈을 가리고 있었는지도 모른다.) "예, 압니다. 알아요. 말도 안 되는 소리죠. 당신이 꼭 확인해봐야 됩니다. 어림도 없어요. 나는 지휘부하고 연줄이 닿아요. 즈메린카가 벌써 한 시간 전에 회답을 했죠. 그것뿐인가요? 예, 물론 그러겠습니다. 그 사람들한테 내가 얘기를 하죠. 아뇨, 그렇다면 20분 후예요. 그것뿐인가요?"

"자, 동지." 그는 한쪽 손에 성냥갑을, 그리고 다른 손에는 파란 유황 불꽃을 들고, 그를 찾아온 여자에게로 돌아섰고, 그러더니, 성냥이 떨어져 성냥개비들이 마룻바닥에 흩어지는 것과 거의 같은 순간에, 초조하기는 했어도 또렷하게 속삭이는 그녀의 목소리가 들려왔다.

"렐리아!" 폴리바노프는 마치 얼이 빠진 사람처럼 소리쳤다. "이럴 수가—미안해요— 정말이지 — 렐리아!"

"그래요, 그래요. 저도 좀 마음을 진정시켜야겠어요. 우리가 이렇게 만나다니 참 신기한 일이로군요." 눈물을 삼키려고 숨을 멈추며 렐리아가 나지막하게 말했다.

갑자기 모든 것이 사라졌다. 석유 등잔의 불빛을 받으며 그들은 서로를 쳐다보았는데, 짤막한 상의를 입고 단추를 풀어헤친 남자는 잠이 너무 부족해서 푸석푸석해진 얼굴이었고, 역에서부터 온 여자는 오랫동안 몸을 씻지도 못한 모습이었다. 마치 젊음과 바다는 존재한 적이 없었던 듯이. 석유 등잔 불빛 속에서는 그녀의 여행과, 그가 전혀 존재를 알지 못했던 딸과 드미트리의 죽음, 그리고 간단히 말하면, 등잔을 켜기 전에 그에게 들려준 모든 내용은, 그가 보여준 동정심이 정말로 공허한 말에 지나지 않는 한, 이야기를 듣는 사람을 무덤으로 이끌어가는 진실로 인해서 답답하게 여겨졌다. 등잔의 불빛을 받은 그녀를 쳐다보면서, 그는 그들이 처음 만났을 때 어째서 그들은 키스를 하지 않았는지 당장 생각났다. 자기도 모르게 미소를 지으면서 그는 편견의 집요함에 경탄했다. 석유 등잔의 불빛 속에서 방의 장식에 대해서 그녀가 상상했던 모든 희망이 사라졌다. 남자로 말할 것 같으면, 그가 어찌나 낯설어 보였던지, 이런 생소한 느낌은 불빛의 변화 때문이라고 변명을 하기가 불가능했다. 그래서 그녀는 더욱 단호한 마음으로 그녀 자신이 하고 싶었던 이야기로 되돌아갔으며, 언젠가도 그랬듯이, 그녀에게는 생소한 소식을 전해주기라도 하는 듯, 맹목적으로 암기한 듯한 말을 꺼냈다.

"만일 아이에 대한 사랑이 당신에게 조금이라도 있었다면—." 그녀가 말문을 열었다. "또 그 얘기로군요—." 폴리바노프는 순간적으로 낯을 붉히고는, 멈추지도 않으면서 빠른 말투로, 이야기를 시작하고, 이야기를 하고, 또 이야기했다. 그는 "누구"라는 어휘와 쉼표를 자주 넣어가면서, 논문을 쓰는 듯이 말했다. 그는 방 안에서 서성거리며, 가끔 잠깐 멈춰 서기도 하고, 손을 젓거나 막연한 시늉을 하기도 했다. 그러는 틈틈이 그는 콧잔등을 찌푸리고, 접힌 살을 손가락으로 잡아뜯다가, 마치 그곳이 기운을 빼고 속을 태우는 분노의 원천이기라도 한 듯이, 다시 문질러서 핏기가 오르게 했다. 그녀가 상상하는 이상으로 사람들이 타락했다는 생각을, 기분 내키는 대로 사람들이 남들을 마구 다룬다는 생각을 그만하라고 그는 그녀에게 부탁했다. 그는 그녀가 이미 스스로 거짓임을 고백한 터이니, 이런 엉터리 헛소리를 이제는 더 이상 계속해서 들추지 말라고, 신성한 모든 것들의 이름으로 호소했다. 비록 이런 모든 밑도 끝도 없는 이야기를 진실로 받아들인다고 하더라도, 그녀가 기대하던 목적과는 무척 거리가 먼 결과를 얻게 되리라고 그는 말했다. 조금 아까까지는 존재하지 않았다가 갑자기 그의 인생에 나타난 무엇을 발견이 아니라 완전한 손실이라고 어떤 남자에게 설명하기는 불가능한 일이다. 그가 그녀의 말을 믿었으며, 그리고 그가 도랑이나 수로(水路)들을 더 이상 찾아볼 마음은 사라지고, 그저 바다에서 헤엄이나 치고 싶어졌을 때 느꼈던 상쾌하고 자유로웠던 느낌을 그는 기억했다. "그렇기 때문에, 비록 시간이 거꾸로 흐른다고 해도ㅡ." 그는 그녀를 힐책하려고 했고, 그리고 또다시 그가 그녀의 가족 한 사람을 찾아나서기로 한다면, 그것은 그녀를 위해서이거나 또는 X와 Y를 위해서이지, 자기 자신을 위해서 하는 고생은 아니며, 그녀의 한심한⋯⋯. "얘기 다 끝났어요?" 그가 분을 삭이도록 기다려준 다음에 그녀가 물었다. "당신 말이 맞아요. 내가 한 말을 나는 모두 번복했어요. 모르시겠어요? 그건 아마도 치사하고 비겁한 짓이었는지도 모를 일이죠. 나는 아이를 찾게 되어 기뻐서 미칠 지경이었어요. 그리고 그건 정말 굉장한 일이었어요. 생각나시죠? 나는 내 인생과 드미트리의 인생을 망칠 용기가 없었어요. 나는 나 자신을 스스로 포기했어요. 이제 내 운명은 중요하지가 않죠. 그 애는 당신의 아이예요. 레바, 레바, 걔가 지금 어떤 위험에 처했는지를 당신은 알아야 해요. 어떻게 얘기를 시작해야 할지 모르겠군요. 정리를 하면서 들어주세요. 그날 이후에 우린 서로 만나지 못했죠. 당신은 그 애를 몰라요. 그 애는 정말로 사람을 잘 믿어요. 언젠가는 그런 믿음이 그를 파멸시킬 거예요. 어떤 건달이, 협잡꾼이 하나 있는데ㅡ그놈은 하느님의 심판을 받아야죠. 토샤의 학교 친구인 네플로샤이에프가 바로 그놈이에요."

이런 이야기를 들으면서 폴리바노프는 방 안을 서성이다가 걸음을 멈추고는, 바닥에 뿌리가 박힌 듯이 우뚝 섰다. 이제 그는 더 이상 그녀의 말을 듣지 않았다. 그녀는 귓속말을 하던 병사가 얼마 전에 여러 다른 사람들에게 말했던 이름들 가운데 하나를 언급했다. 그는 이 사건을 잘 알았다. 고발을 당한 사람의 처지는 희망이 없었으며, 한 시간만 지나면 모두 끝이 난다. "본명을 사용하면서 그런 행동을 했나요?" 이 질문에 그녀는 얼굴이 새파래졌다. 그것은 그녀보다도 그가 사정을 더 훤히 알았고, 상황이 그녀의 생각보다 훨씬 더 불리함을 뜻했다. 그녀는 그가 어느 수용소에 있는지를 잊어버렸고, 그리고 그의 죄는 가명을 썼다는 사실뿐이라고 상상하면서, 그릇된 방향으로 아들에 대한 변호를 시작했다. "하지만, 레바, 그 애는 공개적으로 변호를 할 입장이 아니어서……." 그리고 또다시 그는 그녀의 말에 귀를 기울이지 않았고, 서류에서 그가 알게 된 어떤 이름으로 그녀의 아들이 신분을 숨겼는지 모르겠다는 생각을 했고, 그리고 그는 책상 옆에 서서, 누구에게인가 전화를 걸어서 무슨 소식을 알아내려고 시도했으며, 이야기의 내용이 바뀔 때마다 그는 시내와 밤 속으로 점점 더 멀리, 점점 더 깊이 빠져들었고, 그리고는 결국 최후의 암담한 진실이 심연처럼 그의 앞에 노출되었다.

그는 방을 둘러보았다. 렐리아의 모습이 사라졌다. 그는 마치 콧잔등을 주먹으로 세차게 얻어맞기라도 한 듯싶었는데, 그가 둘러보니 방은 종유석들처럼, 강물처럼, 그의 앞에서 소용돌이를 쳤다. 그는 콧잔등의 살갗을 잡아 뜯고 싶었지만, 대신에 그는 두 손으로 눈을 가렸고, 그러니까 종유석들이 춤을 추며 사라지기 시작했다. 그들의 경련이 그토록 조용하지 않고, 그리고 덜 빨랐더라면 그는 훨씬 더 마음이 편했으리라. 마침내 그는 그녀를 찾아냈다. 상처를 받지 않은 커다란 인형처럼 책상과 의자 사이에 그녀가 쓰러져 있었는데, 아직 의식을 잃기 전에 그녀가 어둠 속에서 바닥에 깔린 양탄자라고 착각했던 것은 흙과 쓰레기 더미였다.

(1924년)

툴라에서 온 편지

1 하늘에서는 종달새들이 노래를 쏟아냈고, 모스크바에서 오는 기차 안에서는 숨 막히는 태양이 의자를 수많은 줄무늬로 덮었다. 태양이 가라앉았다. UPA라는 글자가 새겨진 교량이 순식간에 백 개의 창문 앞을 스쳐 지나갔고, 기차의 앞쪽 탄수차(炭水車)에서는 화부(火夫)가, 철로를 따라 멀어져가는 저녁시간의 시원한 흥분감과 자신의 머리카락이 일으키는 소용돌이 속에서, 빠른 속도로 저 멀리서 그들에게로 다가오는 도시를 보았다.

그러는 사이에 저 멀리 거리에서 만난 사람들이 서로 인사를 나누었다. "안녕하십니까." 누군가는 이렇게 말을 덧붙였다. "거기에서 오셨나요?" "아뇨, 우린 그곳으로 가는 중이죠." 다른 사람들이 대답했다. 한 사람이 반박했다. "늦었어요. 다 끝났습니다."

★ ★ ★

"10일, 툴라에서.

그러니까 당신은 차장이 주선해준 대로 다른 객실로 옮겼군요. 당신에게 자기 자리를 양보했던 장군이 조금 아까 간이식당으로 왔는데, 오랜 친구이기라도 한 듯이 나한테 인사를 했어요. 모스크바로 가는 다음 열차는 새벽 3시에 떠납니다. 장군은 작별을 고하면서 떠나갔죠.

짐꾼이 그에게 문을 열어줍니다. 작은 썰매들이 시끄러워요. 멀리서 들으면 참새들이 지저귀는 소리 같지만요. 이런 작별은 정말로 어처구니가 없어요. 이제 우리의 이별은 열 배나 더 견디기가 어려워요. 여기에서부터 내 상상이 시작되죠. 그것은 내 마음에 사무칩니다. 말이 끄는 객차가 저기 오는데, 말들을 바꾸네요. 나는 가서 시내 구경을 해야겠습니다. 오, 그리움이여! 나는 시로 내 무서운 향수를 때리고, 윽박지르겠어요."

* * *

"툴라에서.

슬프게도, 중간쯤에서 이루어지는 타협이란 없습니다. 사람이란 두 번째 종소리에 떠나가거나, 아니면 다 함께 종말에로의 길, 무덤에로의 길을 따라갑니다. 정말이지, 내가 걸어온 길을, 온갖 자세한 내용까지, 심지어는 지극히 무의미한 내용까지 되짚어보려면, 날이 새고 말겠어요. 하지만 그러면 순수한 고통의 오묘한 이야기도 담기겠죠.

시인으로 태어나다니 얼마나 얄궂은 일인가요! 상상력은 인간을 얼마나 괴롭히던가요! 태양이 ─ 맥주 속에 담겼습니다. 그것은 병의 맨 밑바닥으로 가라앉았습니다. 식탁의 맞은편에는 농경학자나 아니면 그 비슷한 누군가가 앉았어요. 그의 얼굴은 거무튀튀합니다. 그는 초록빛 손으로 커피를 저어요. 아, 이곳에는 낯선 사람들뿐입니다. 증인이 한 사람 (장군이었죠) 있었지만, 그는 가버렸어요. 또 하나, 공기처럼 보이지 않는 이가 있지만 ─사람들은 그를 인정하지 않습니다. 아, 부존재(不存在)! 사람들은 접시의 우유와 함께 태양을 마신다고 생각하죠. 그들은 당신의 태양, 우리의 태양에 그들의 파리들이 달라붙고, 요리사의 냄비들이 서로 부딪쳐 시끄러운 소리를 내며, 식탁의 대리석 표면에서 입맛을 다시는 소리처럼 여러 개의 동전이 맑은 소리로 짤랑거리고, 탄산수가 시끄럽게 튀는 소리를 듣지 못합니다. 나는 가서 시내를 돌아봐야겠어요. 마치 그림에서 튀어나온 듯한 곳입니다. 말이 끄는 객차가 다니지만, 필요가 없답니다. 사람들이 그러는데, 40분만 걸어가면 된다는군요. 나는 영수증을 찾아냈고, 당신 말이 맞아요. 내일 나는 제시간에 도착할지 자신이 없으니, 잠이나 푹 자둬야겠어요. 모레. 전당포에서는 독촉을 하지 않으니까— 걱정은 하지 마세요. 슬픈 일이지만, 글을 쓴다는 것은 자신을 괴롭히는 일입니다. 하지만 나는 멈출 힘이 없습니다."

다섯 시간이 흘러갔다. 이상할 만큼 고요했다. 어디가 풀밭이고 탄광은 어디에 있는지 알 길이 없었다. 별 하나가 반짝였다. 양수장에는 사람이 아무도 없었다. 질퍽한 땅의 물구덩이에는 물이 시커먼 빛깔이었다. 물에 비친 자작나무 한 그루가 떨렸다. 열이 심한 모양이었다. 그러나 무척 먼 거리였다. 이것 말고는 길에 아무도 없었다.

이상할 만큼 조용했다. 숨을 죽이고, 기관차와 객차들이, 바람이 멎은 밤에 낮게 구름들이 쌓이듯, 땅 위에 납작 엎드렸다. 4월이 아니었다면 여름의 번개가 장난을 쳤으리라. 그러나 하늘은 초조하게 술렁였다. 봄이 되어, 병에 걸리기라도 한 듯, 속으로 물이 올라서, 투명함에 놀란 하늘은 불안했다. 툴라 궤도차량 소속인 마지막 마차가 시내에서 나왔다. 좌석에 달린 접히는 등받이가 덜커덩거렸다. 마지막으로 내린 남자가 걸친 큼직한 외투의 큼직한 호주머니에서는 편지들이 삐져나왔다. 나머지 사람들은 방의 끝에서 시끄럽게 저녁식사를 하던, 전혀 모르는 낯선 사람들의 작은 무리와 어울리려고 복도로 들어갔다. 이 남자는 초록빛 우편함을 찾느라고 건물 앞에 남았다. 그러나 어디에서 풀밭이 끝나고 어디서부터 석탄더미가 시작되는지 알 길이 없었으며, 지친 말 한 쌍이 바퀴자국을 남기면서 뗏장 위로 끌채를 끌고 가도 먼지는 일지 않았고, 마구간의 등불만이 무슨 일이 벌어지는지를 막연히 짐작하게 할 뿐이었다. 어두운 밤의 목구멍으로부터 기나긴 외침 소리가 흘러나왔고, 그러더니 모두가 조용해졌다. 멀리, 저 멀리, 지평선 너머에서.

"툴라에서, 10일 (지웠음), 11일 새벽 1시. 교과서를 찾아봐요. 당신도 클류체프스키(러시아의 유명한 역사가/역주)의 책이 있을 테니까요. 내 손으로 그걸 가방에 넣어두었죠. 어떻게 이야기를 시작해야 할지 모르겠습니다. 나는 아무것도 이해하지를 못해요. 얼마나 이상하고, 얼마나 무서운 일인가요! 내가 당신에게 편지를 쓰는 동안에도 식탁의 다른 쪽에서는 모든 일이 정상적인 과정을 따르고 있어요. 그들은 천재처럼 행동하고, 서로 대화를 주고받거나 비난을 하면서, 말끔하게 면도한 입술을 닦은 다음에, 즉시 그들의 서류가방을 요란하게 식탁에다 내려치죠. 하지만 나는 그들이 누구인지를 밝히지 않았습니다. 자유분방한 생활의 가장 나쁜 양상 (조심스럽게 지웠음). 모스크바에서 온 영화사 사람들. 그들은 크렘린과 성벽이 있는 어느 곳에서나 「고난의 시대」를 상영하며 돌아다니죠.

클류체프스키에서 페트르 볼로트니코프에 관한 대목을 읽어봐요. (난 그런 내용을 읽어본 적이 없지만, 내 생각에는 그 책에 틀림없이 나올 거예요). 그것 때문에 그들은 우파 강으로 오게 되었죠. 나중에 나는 배경을 정확히 골랐음을 알게 되었는데, 그들은 반대쪽 강둑에서 영화를 촬영했어요. 지금은 17세기를 그들이 가방 속에 쓸어담았고, 온갖 찌꺼기만이 지저분한 식탁 위에서 오락가락하죠. 폴란드 여자들은 엉망이고, 특권층의 자녀들은 더 형편없어요! 친구여, 나는 구역질이 납니다. 이것은 시대의 이상형들이 벌이는 전시회죠. 그들이 뿜어내는 분사력은 나의 분사력이요, 우리 공통의 분사력입니다. 이것은 불행한 교만과 무지가 붉타는 악취입니다. 그것은 나 자신입니다. 나는 당신에게 편지 두 통을 보냈어요. 그 편지들이 생각나지 않는군요. 여기에 그 어휘들이 있는데 (지워버리고 대신 써넣은 말도 없음). 여기에 그 어휘들이 있어요— 천재, 시인, 권태, 시, 재능의 결핍, 소시민, 비극, 여인, 그녀, 나. 낯선 사람들에게서 자신의 결점을 본다는 것은 참으로 무서운 일입니다. 그것은 (공백으로 비워두었음)의 풍자니까요."

"2시. 내 마음의 신념은 어느 때보다도 더 깊다고 나는 당신에게 맹세하겠는데, 때가 오면— 아니, 그 이야기는 나중에 하죠. 나를 갈기갈기 찢어다오, 나를 갈기갈기 찢어다오, 밤이여, 나를 갈기갈기 찢어서 재가 되도록 불태우고, 불태우고, 그리고 잊혀지고, 분노하고, 격렬하게 타오르는 단어 '의식'을 찬란하게, 빛나게 불태워라. ('의식'이라는 단어의 밑에는 종이가 찢어질 정도로 밑줄을 그었음.) 석유에 젖은 불꽃의 혓바닥이여, 한밤중을 비추며, 미친 듯이 타올라라.

이런 식의 인생 관찰이 존재하게 되었고, 이제 세상에는 인간이 부끄러움이라는 불꽃으로 영혼을 따스하게 할 곳이 없으며, 수치심은 어디에서나 물에 젖어서 타오르지를 않아요. 거짓과 혼란스러운 소산(消散). 그렇게 30년 동안, 독특한 모든 사람은 살아가면서 오래되었거나 새로운 그들의 부끄러움을 물로 적시고, 그것은 이미 온 세상의 알려지지 않은 사람들 사이로 퍼져나갔다오. 처음으로, 내 어린 시절 이후 처음으로, 나는 소멸되어 (문장 전체를 지워버렸음)."

또 한 번의 시도. 이 편지는 발송되지 않았다.

"그것을 내가 당신에게 어찌 서술하겠어요? 난 끝에서부터 이야기를 시작하려고 합니다. 그렇지 않으면 나는 아예 쓰지를 말아야죠. 그러면 이제 내가 3인칭으로 이야기하도록 허락해주십시오. 나는 화물 탁송 사무실 앞을 지나 걸어가던 사람 이야기를 편지에서 당신에게 했죠? 좋아요. 시인— 불로 정화될 때까지 이제부터 따옴표에 담아 명기해야 할 단어인 '시인'은, 그의 동지들과 그의 세대를 고발하는 불명예스러운 장면에서, 배우들이 보여주는 못마땅한 행동을 통해 자신을 관찰합니다. 아마도 그는 개념으로 장난을 칠뿐인지도 모르죠. 아닙니다.

그들은 그의 존재가 전혀 망상이 아니라는 신념을 그에게 확신시킵니다. 그들은 몸을 일으켜 그에게로 모여듭니다. '동지여, 3루블을 낼 테니 잔돈을 거슬러주시겠소?' 그는 잘못을 바로잡습니다. 수염을 깎는 사람은 배우만이 아니에요. 3루블을 내셨으니 여기 20코펙(1코펙은 100분의 1루블임/역주)이 있습니다. 그는 배우를 보내죠. 하지만 중요한 문제는 콧수염 면도가 아닙니다. '동지여'라고 누추한 옷차림의 남자가 말했어요. 그래요. 그것은 사실입니다. 이것은 검찰 측 진술서인 셈이죠. 그러는 사이에 새로운 어떤 일이 벌어지는데, 사소하기는 하지만, 나름대로 그것은 지금까지 대기실에서 벌어졌고 느꼈던 모든 상황을 포괄합니다.

마침내 '시인'은 탁송 사무실 옆으로 걸어가는 사람을 알아봅니다. 그는 그 얼굴을 전에 본 적이 있어요. 같은 동네에 살던 사람. 그는 언젠가, 하루에도 여러 번씩, 다른 시간에, 다른 여러 장소에서 그를 봤습니다. 그것은 아스타포보(톨스토이는 아스타포보의 역장실에서 사망했음/역주)에서 관을 싣기 위한 짐차를 특별열차에 연결할 때, 그리고 네 개의 철도가 만나고, 갈라지고, 돌아오는 길에 가로지르는 복잡한 철도 분기점에서, 뜻밖에 벌어진 사정에 따라서, 하루 종일 뒤엉키고 밀치면서, 낯선 사람들의 무리가 역에서 여러 기차로 흩어지던 때였어요.

회전 무대를 돌게 하는 지레처럼, 여기에서는 순간적인 어떤 염려스러운 분위기가 대기실에서 기다리던 '시인'에게 벌어진 모든 상황을 휘저었는데, 이런 식이죠 — 그는 여기가 툴라이고, 오늘밤은 툴라의 밤이고, 톨스토이와 관련된 여러 곳에서의 밤이라는 사실을 깨닫습니다. 여기서 나침반의 바늘들이 춤을 추기 시작한다는 사실은 이상할 까닭이 없습니다! 발생하는 모든 일은 장소의 본질로부터 발생하니까요. 이것은 '의식의 영토'에서 벌어지는 일이어서, 그것은 나름대로의 광석을 품은 지역에서 발생합니다. '시인'은 없을 것입니다. 그는 당신에게 맹세를 할 터이니, 그가 영사막에서 「고난의 시대」를 볼 때마다 (그러니까, 그 영화가 상영될 때마다)—그는 배우들이 보다 훌륭한 배우들이 되기 전에는, 우파를 배경으로 한 장면들은 그로 하여금 한없이 고독을 느끼게 할 것이고, 그리고 정기(精氣)가 묻힌 지역을 언젠가 하루 종일 짓밟았기 때문에, 그들은 그들의 무지와 교만 속에서 온전하지 못하고, 이 '꿈꾸는 사람들'은……."

이 대목을 써내려가는 동안에 작은 석유 등잔들이 선로원들의 대기소에서 나와 선로를 따라 기어갔다. 호루라기 소리가 들려오기 시작했다. 철도가 잠에서 깨어났다. 훼손이 된 쇠사슬들이 비명을 질렀다. 화물차들이 승강단을 지나 조용히 미끄러져갔다. 짐차들은 아까부터 지나다녔으며, 수효가 너무 많아서 헤아리기가 불가능했다. 짐차들 너머에서는 숨을 몰아쉬는 무엇이, 밤의 한 부분을 이루는 어떤 희미한 형체가 다가오며 모습을 갖추었다. 그래서인지 조금씩 조금씩, 기관차 저편에서, 도로들을 갑자기 씻어내면서, 텅 빈 승강단의 지평선 위에 예기치 않았던 밤이, 까치발 신호기들과 별들을 온통 덮은 고요함의 유령이 나타났고— 조용한 시골이 자리를 잡았다. 이 한 순간은 화물 열차 뒤에서 하품을 하고는, 나지막한 차양 밑으로 낮게 수그리면서, 점점 다가오다가 슬그머니 달아났다.

이 대목을 쓰는 사이에 사람들은 엘렛츠로 가는 기차에 객차들을 연결하기 시작했다.

글을 쓰던 남자는 승강단으로 나갔다. 촉촉이 젖은 러시아의 의식 전체를 밤이 뒤덮었다. 등불들이 그것을 비추었다. 철도를 굽어보며 화물 트럭들은 방수포 밑에 놓인 풍구들 옆을 천천히 지나갔다. 그림자들이 기차를 짓밟았고, 수평아리들처럼 밸브에서 도망쳐 나오는 너덜너덜한 수증기 소리에 귀가 먹먹해졌다. 글을 쓰던 남자는 걸어서 역을 한 바퀴 돌았다. 그는 건물 정면을 따라 이동했다.

이 대목을 쓰는 동안에 양심의 벌판 전체에서는 달라진 것이 하나도 없었다. 벌판에서는 부패와 진흙의 냄새가 풍겼다. 저 멀리, 다른 쪽 끝에서 자작나무 하나가 반짝였고, 떨어지는 귀고리처럼 보이는 작은 개울이 시야에 들어왔다. 대합실에서 새어나온 불빛의 띠들은 긴 의자들 밑을 지나 기찻길 바닥에 드리웠다. 그리고 이 띠들은 서로 싸움질을 했다. 맥주를 마시는 소란스러움, 광기와 악취가 뒤쪽 긴 의자들 밑으로 떨어졌다. 그리고 여전히, 역의 창문들이 잠잠해질 때마다, 근처의 어디에선가 코를 골거나 딸그락거리는 소리가 들려왔다. 글을 쓰던 사람은 오르락내리락 서성거렸다. 그는 온갖 생각을 했다. 그는 자신의 예술을, 올바른 길을 찾는 방법을 생각해보았다. 그는 누구와 함께 왔으며, 고향에서 누구를 만날 계획이고, 편지를 쓰는 대상이 누구인지도 잊어버렸다. 그는 자신에게는 귀를 그만 기울이고, 완전한 육체적 평정이 그의 영혼을 가득 채운 다음에야 모든 시작이 찾아오리라고 상상했다. 입센의 방식이 아니라, '청각적'으로.

그는 그렇게 생각했다. 차가운 전율이 그의 몸을 타고 달려 내려갔다. 동쪽에서 부옇게 동이 터왔고, 그리고 여전히 깊은 밤 속에 잠긴 의식의 표면 전체로, 당황한 이슬이 서둘러 내렸다. 표를 살 시간이 되었다. 수탉들이 울었고 매표소가 잠에서 깨어났다.

2 그런 다음에야 포솔스카야의 셋집에서는 보기 드물게 이상한 어느 노인이 드디어 잠자리에 들었다. 주인공이 역에서 편지를 쓰는 동안에, 방은 그의 가벼운 발걸음으로 흔들렸고, 창가의 촛불은 침묵으로 걸핏하면 난질이 되던 속삭임을 자꾸만 옮아서 붙들었다. 방 안에 다른 사람이 아무도 없기는 했지만, 그것은 노인의 목소리가 아

니었다. 모두가 무척 이상했다.

 노인은 대단히 유별난 하루를 지냈다. 그것은 작품이 아니라, 방종한 환상이고, 그래서 그것은 영화관에서 보여줄 때만 작품이 되는 모양이라고 깨달은 다음, 그는 한없이 슬픈 표정을 지으며 강변의 낮은 풀밭을 떠났다. 멀리 떨어진 저쪽의 강둑에서 펄럭거리던 귀족 아이들과 기사들을, 그리고 밧줄로 함께 포박한 사람들을 끌고 가며, 그들의 모자를 쳐서 쐐기 풀밭으로 떨어뜨리는 검은 피부의 남자들이 나오는 장면을 처음 보면서, 금작화 덤불 뒤의 언덕을 힘겹게 기어오르는 폴란드 사람들 그리고 태양쯤은 아랑곳하지 않으며 아무 소리도 내지 않는 그들의 도끼를 처음 보면서, 노인은 자신의 지식을 샅샅이 뒤지기 시작했다. 그는 이런 역사는 찾아내지 못했다. 그러자 그는 이것이 모두 네다섯 번의 생애 이전에, 오제로프와 수마로코프(18세기의 극작가들/역주) 시대에 일어난 사건들이라는 결론에 이르렀다. 그러자 그들은 그에게 촬영기사를 소개했으며, 그가 전적으로 경멸하는 형식인 영화예술을 거론하면서, 당신은 흘러간 다른 시대에 살았던 늙고 외톨박이인 사람이라고 그에게 일깨워주었다. 그는 깊은 슬픔에 젖어, 그곳을 떠났다.

 자신을 사브부슈카라고 불러줄 사람이 세상에 아무도 없음을 깨달은 그는 낡은 난징(南京) 무명 바지 차림으로 거닐었다. 그날은 휴일이었다. 땅바닥에 뿌려놓은 해바라기 씨가 햇볕을 쬐었다.

 그들은 천박하고 거만한 말투를 썼고 침까지 뱉었다. 높은 하늘에서는 구멍이 숭숭 뚫린 동그란 달이 녹아내렸다. 하늘은 이상하게 멀고도 차가워 보였다. 그들의 목소리는 그들이 먹고 마신 것들로 기름이 질질 흘렀다. 갈색 버섯, 호밀빵, 비계와 보드카는 다른 쪽 둑에서 사라져가는 메아리까지도 삼켜버렸다. 몇 군데 길거리는 사람들로 붐볐다. 치마들과 여자들은 조악한 주름 장식 때문에 더욱 잡다해 보였다.

들판의 무성한 잡초가 지나가는 사람들과 보조를 맞추었다. 먼지가 하늘로 날아올라서, 그들의 눈에 달라붙고, 윗가지 울타리에 부딪치는 우엉들을 뒤덮고, 사람들의 옷에 매달렸다. 그의 지팡이는 노쇠성 경화증의 파편 같았다. 그는 통풍에 걸린 딱딱한 피부와 발작을 일으키듯이 응어리가 진 핏줄의 연장인 지팡이에 몸을 기댔다.

★　★　★

그는 극도로 소란스러운 난장판 속에서 하루 종일을 정신없이 보낸 듯싶었다. 그것은 영화가 가져다준 결과들 가운데 하나였다. 비극을 말하는 인간 언어에 대한 그의 열망은 만족스럽지 못했다. 이 과묵한 탈음(脫陰)이 노인의 귓속에서 울렸다.

바닷가에서 들려오는 오운각(五韻脚)을 단 하나도 듣지 못했기 때문에 그는 하루 종일 앓았다.

그리고 밤이 되자 그는 책상에 앉아서 두 손으로 턱을 고이고는 말없이 깊은 생각에 잠겼다. 그는 이것이 그의 죽음이라는 결론에 이르렀다. 이런 내적인 투쟁은 괴롭고 굴곡이 없었던 그의 지난날들과 조금도 닮지 않았다. 그는 찬장에서 돈을 꺼내고 누구에겐가— 누구이건 간에, 문지기에게라도 연락을 해야겠다고 판단했지만— 그러면서도 그냥 계속 자리에 앉아, 아무 일도 아닐 테니까 이런 기분이 사라지기만을 바랐다.

말이 끄는 궤도차가 딸랑거리면서 지나갔다. 역으로 가는 마지막 차였다.

반시간이 흘렀다. 별이 하나 반짝였다. 그의 주변에는 아무도 없었다. 벌써 시간이 늦었다. 촛불이 떨리면서 타올랐다. 어둡고 매끄러운 내 개의 선으로 이루어진 책장의 흐릿한 윤곽이 물결치며 솟아올랐다. 그러는 사이에 밤은 길고 깊은 소리를 냈다. 저 멀리서. 거리에서는 문이 닫히느라고 쾅 소리를 냈고, 봄날 저녁에 어울리는 목소리도 사람들이 흥분해서 떠들기 시작했지만, 창문을 열어놓은 위층 방에는 촛불이 하나뿐이었고, 주변에는 아무도 없었다.

노인은 몸을 일으켰다. 그는 변신을 했다. 드디어. 그는 무엇인가를 발견했다. 자기 자신과 소녀를. 그들이 그를 도왔다. 그리고 그는 이 막연한 암시를 도우려고, 그들 둘 모두를 놓치지는 않으려고, 그들이 사라지지 못하게 하려고, 그들에게 매달려 영원히 그들과 함께 있으려고, 몸을 앞으로 던졌다. 두 눈을 반쯤 감고, 한 손으로는 턱을 가리고 다른 손은 휘저으면서, 몇 걸음 나아가자 그는 문에 이르렀다. 그는 기억했다. 갑자기 그는 꼿꼿하게 서서, 자신의 걸음걸이가 아닌 이상한 발걸음으로, 용감하게 되돌아 걸어갔다. 분명히 그는 연기를 하고 있었다.

"오, 눈보라여, 눈보라여, 류보프 페트로브나여!" 그는 소리를 지르고, 손수건에다 침을 뱉고, 침을 질질 흘리면서, 그리고는 다시―"오, 눈보라여, 류보프 페트로브나여!"라고 소리를 질렀는데, 이번에는 기침조차 하지 않았고, 비슷하게 흉내를 내는 데에 성공했다.

그는 마치 눈보라를 헤치고 나오기라도 하는 듯이, 마치 목도리를 풀어버리고 털외투를 벗기기라도 하는 듯이, 두 손을 휘둘러 허공을 때리기 시작했다. 그는 칸막이 뒤에서부터 대답이 들려오기를 기다렸고, 마치 이제는 더 이상 기다릴 수가 없다는 듯, 이렇게 말했다. "어째서 당신은 집에 없는가, 류보프 페트로브나?" 언제나 변함없는 이상한 목소리였고, 그는 그가 기대했던 대로, 25년의 세월이 흘러간 다음에, 저기 칸막이 뒤에서, 명랑하고 사랑스러운 목소리가 들려오자, 몸을 떨었다. "집에 있어어요오!" 그러더니 다시 한번, 이번에도 똑같은 목소리로, 비슷한 상황에서 동료의 자부심을 높여주었을 환상의 힘을 빌어서, 그는 담배쌈지를 찾으려고 더듬기라도 하는 듯이 손을 뻗고는, 곁눈으로 칸막이를 살펴보면서, 더듬더듬 중얼거렸다. "어머니이―

죄송해요, 류보프 페트로브나 — 하지만 사브바 이그나테비치는 집에 없나요?"

너무나 벅찼다. 그는 두 사람을 다 보았다. 자기 자신과 소녀를. 노인은 소리 없는 흐느낌에 숨이 막혔다. 여러 시간이 흘러갔다. 그는 흐느끼고 훌쩍였다. 이상할 만큼 고요했다. 그리고 노인이 몸을 떨며 손수건으로 눈과 얼굴을 하염없이 닦아내고, 경련을 일으키면서 손수건을 구겨버리고, 킬킬거리며 웃는 사람처럼, 신이 용서를 해주었기에 놀라고 목이 멘 사람처럼, 머리를 저으며 두 손으로 허공을 휘젓기는 했어도, 그는 아직도 온전했고 이런 경험이 그를 폐인으로 만들지는 않으며 — 철로에서는 사람들이 엘렛츠로 가는 객차를 연결하기 시작했다.

★　★　★

한 시간 내내 그는 눈물을 흘리면서, 자신의 젊음을 정신적으로 지속시켰고, 눈물을 거둘 때가 되자 모든 것이 스러지고, 소용돌이치고, 사라졌다. 그는 먼지에 뒤덮인 듯 당장 사라졌다. 그리고는 죄의식을 느끼는 듯이 한숨을 짓고는, 하품을 하면서, 잠자리에 들었다.

★　★　★

이야기에 등장하는 다른 모든 사람처럼 노인도 역시 콧수염을 깎았다. 주인공이나 마찬가지로 그는 육체의 평정을 추구했다. 이야기 속에서 그는 낯선 자로 하여금 스스로 이야기를 털어놓도록 만들어서, 평정을 찾은 유일한 사람은 노인이었다.

★　★　★

기차는 모스크바 쪽으로 움직였으며 여기에서는 거대한 진홍빛 태양이 수많은 잠든 사람들 위에서 빛났다. 태양은 방금 전에 산 뒤켠에 시 나타나 하늘로 높이 솟아올랐다.

(1918년)

해설

　보리스 레오니드비치 파스테르나크는 르네상스 시대의 전인(全人, universal man)이라는 개념을 생각나게 하는 사람으로서, 젊은 시절을 끝없는 예술 및 사상적 추구에 바쳤다. 1890년 2월 10일 모스크바에서 태어난 그는 어린 시절부터 배움과 예술의 분위기 속에 파묻혀 살았으며, 그의 자서전 「어느 시인의 죽음」에서 자세히 서술했듯이, 창조적 이상을 찾아 방황하느라고 젊은 나날을 보냈다.

　「어느 시인의 죽음」에서 그는, 어릴 적에 만난 라이너 마리아 릴케와 레오 톨스토이에 대한 까마득한 기억을 감격스럽게 회상하고, 예술에 바친 그의 일생을 이야기하며, 이 책이 완성되기 1년 전인 1930년에 권총으로 자살한 러시아의 미래파 혁명시인 마야콥스키의 충격적인 죽음으로 끝을 맺는다.

　파스테르나크는 여기에서 약 30년 동안에 걸쳐 격동적인 한 시대를 목격한 증인으로서, 혁명의 이상적 과업과 현실의 시달림 사이에 포박되었던 시인의 고뇌를 곳곳에서 고통스럽게 내비친다. 그러나 그의 생애에 일어난 사건들을 그는 연대기적인 자서전으로서가 아니라 시적인 수필로 엮어나간다.

　한 시인의 생애는 자서전이 아니라, 그 시인이 다른 사람들의 마음과 머릿속에 남겨준 인상과 느낌의 총화에서 추출할 수 있다는 이야기를 파스테르나크는 스스로 이 책에서 시인 라이너 마리아 릴케에 대한 회고를 하면서 밝힌다. 변천을 겪는 세계와, 끊임없이 변신하는 시인의 모습과, 감각적으로 포착된 사실들을 영혼의 눈으로 풀이하여 보여주면서 관념을 추구하는 감정의 힘, 이 모두가 한 명의 시인을 구성하는 요소들이다. 따라서 그는 여기에 그가 보고, 경험하고, 기억하는 사건들을 그대로 기록하는 데에 그치지를 않고, 그의 생애에서 일어났던 크고 작은 사건들을 자신의 반추와 해석을 통해서 정리하고, 그로부터 맺은 열매를 시적인 영상과 수필적인 해석을 곁들여 서술한다.

우리는 여기에서 파스테르나크가 어렸을 때 어느 꽃집 지하실에서 보았던 만발한 꽃들과, 전봇대 위에서 춤추는 회오리바람과, 철학도들과 둘러앉아 밤새워 나누던 얘기들이 그의 영혼에 어떤 영향을 미쳤는지를 알게 되며, 이상을 추구하는 그가 어째서 음악을, 그리고 철학을 포기하고 새로이 문학에서 자기를 표현할 힘과 길을 찾았는지 알게 된다.

그러나 이 작품은 파스테르나크의 일생을 잘 알지 못하는 사람에게는 조금쯤 난해하다. 왜냐하면 그는 자기의 생애를 서술체로 기록하는 대신, 그의 영혼이 밟아온 길을, 어긋나는 어휘들을 병립시키는 난해한 문체로, 함축한 시어(詩語)로 그리기 때문이다. 역사적인 사실은 파스테르나크라는 시인에게는 별로 감각적인 의미가 없었고, 다만 그는 변모하는 영혼만을 집요하게 추적할 뿐이다.

그의 아버지인 레오니드 파스테르나크는 유명한 화가였으며, 어머니 로사 코프만 파스테르나크는 음악가였다. 따라서 그들의 맏아들인 보리스는 두 예술의 세계 속에서 태어났고, 어릴 때부터 창조의 신비 속에 깊이 파묻히게 되었다. 그는 음악을 숨 쉬고 살았으며 음악에 대한 그의 동경은 그의 집인과 가까이 지냈던 스크랴빈을 통해서 더욱 깊어졌다. 스크랴빈은 보리스가 신격화하고 동경한 첫 예술가였다.

아버지는 이름난 초상화가여서 레닌이나 아인슈타인 같은 사람들의 초상화도 남겼고, 그리고 친분이 깊었던 톨스토이나 릴케의 초상화도 그렸다. 보리스는 이들 두 문인을 어렸을 때 만나고, 그때부터 예술에 대한 동경이 무르익는다.

스크랴빈의 세계를 동경하는 어린 보리스는 음악에 심취하고, 스크랴빈을 만나기 위해서 가슴을 두근거리며 기다리지만, 그는 곧 자기가 가진 음악의 재능이 완숙하지 못하다는 좌절감에 음악을 버리고 법률로 관심을 돌린다.

1910년부터 1912년까지 그는 모스크바 대학에서 법철학을 공부하지만, 지식에 대한 그의 갈증은 풀어지지 않고, 드디어 어머니의 도움을 받아 철학을 공부하기 위해서 모스크바를 떠나서 독일의 마르부르크로 간다. 마르부르크 대학교에서 그는 또다른 사상의 거인인 헤르만 코헨 교수를 만나며, 이상주의적 사상의 추구를 거듭하지만, 결국 코헨 교수의 사상에도 불만을 느끼고 만다. 파스테르나크는 전통에 의지하고 물려받은 철학의 사상적 유산에만 기대려는 코헨이 못마땅했다.

그는 철학을 버리고 대신 예술의 세계에서 꿈을 추구하려고, 친구의 충고에 따라 이탈리아로 가서, 베네치아의 아름다움에 젖는다. 그는 이곳의 미술과 건축에서 감명을 받아 그것을 가슴속에 품고 모스크바로 돌아가서 세 번째 변신 과정으로 접어든다.

전쟁이 터지기 얼마 전에 파스테르나크는 시의 세계와 접한다. 그때의 러시아 시단은 사상의 대립이 두 파로 갈렸었는데, 파스테르나크는 미래파의 선봉에 선 마야콥스키를 알게 되고, 그는 자기보다 나이가 어린 마야콥스키를 존경하고 숭배하기에 이른다. 그의 자전적 에세이는 마야콥스키의 자살 사건과 함께 끝난다.

파스테르나크는 식물학에도 관심이 깊었고, 그러한 경향이 그의 시에서 나타난다. 그의 시는 차라리 산문에 가까워서, 그 흐름이 산책하는 사람의 발걸음과 같다.

그는 처음에는 상징주의자로 알려졌다가 나중에 미래파 시인이라고 불렸지만, 파스테르나크의 시는 고유한 독창성을 강하게 드러낸다.

그는 정치를 멀리했는데, 정권에 대한 그의 솔직한 견해는 그가 1931년에 쓴 「울타리를 넘어서」에서 잘 드러났으며, 그 이외에도 시와 단편, 그리고 베를렌, 괴테, 셸리, 셰익스피어 번역에서 그가 보여준 경향에도 반영되었다. 그의 솔직성은 또한 그가 1936년 러시아 작가 연맹에서 한 연설이나 그의 장편소설 「의사 지바고」에서도 나타난다.

소설 「의사 지바고」는 1956년 러시아의 문학잡지인 「노비 미르」가 출판을 거절했고, 1957년 이탈리아어로 번역 출판되어 빛을 보게 되었다. 이 작품은 1958년 영어로 번역되어 영국에서 출판되었으며, 작가 파스테르나크는 노벨 문학상의 수상자로 지명되었다. 처음에 파스테르나크는 노벨상 수상에 대해서 감사를 표명했지만, 나중에 다시 수상을 거부하여 물의를 일으켰고, 1960년 5월 30일 모스크바에서 그의 일생을 마치기에 이르렀다.

파스테르나크는 마야콥스키가 러시아의 비극을 상징하는 인물이라고 생각했다. 그는 마야콥스키가 두 차례의 혁명을 치르고 지성적으로 붕괴되어 혼란을 야기한 반세기를, 그리고 그 시대의 혼돈과 좌절의 소용돌이를 상징한다고 믿었다.

파스테르나크는 이 자서전을 라이너 마리아 릴케에게 바쳤으며, 그토록 마야콥스키를 존경했어도, 그의 시는 마야콥스키나 릴케보다도 홉킨스나 딜런 토머스와 더 많은 공통점을 지녔다.

「의사 지바고」의 시에서 우리는 두보(杜甫)를 엿보기도 하고, 다른 작품에서는 푸슈킨, 조이스, 발레리의 면모도 떠오른다. 그의 시는 자연을, 그리고 사랑을 이야기한다. 꽃잎에 매달린 물방울, 폭풍이 불기 전의 짤막한 순간, 웅장한 산을 처음 보았을 때의 감격, 한 번의 입맞춤, 그리고 이별, 사춘기의 문턱을 넘어서는 소녀, 이러한 것들이 그의 작품 밑에서 번득이며 흐르는 영상이다.

그의 초기 작품들은 힘차고 감각적이며, 시간이 흐를수록 그는 비극적 모호함 속에서 헤매는 인간의 상황을 그리게 된다. 그는 인간이 지성을 이겨내고 감정을 되찾는 힘을 지녔다고 믿었다. 그리고 그는 인간의 삶을 초월하는 힘을 찾아내고는, 그 힘을 예술이라고 이름하였다.

안정효